DAS BESONDERE KRÄUTERKOCHBUCH

DAS BESONDERE KRÄUTERKOCHBUCH

Jekka McVicar

Aus dem Englischen von Stefan Leppert

Prestel
München · London · New York

Das Buch ist auch als eBook erhältlich.

MIX
Papier aus verantwortungsvollen Quellen
FSC® C106600
FSC
www.fsc.org

Aus dem Englischen übersetzt von Stefan Leppert

Prestel Verlag, München London New York,
in der Penguin Random House Verlagsgruppe GmbH,
Neumarkter Str. 28, 81673 München
Dieses Buch erschien erstmals 2012 unter dem gleichen Titel
bei der Deutschen Verlags-Anstalt, München, in der
Verlagsgruppe Random House GmbH

Titel der englischen Originalausgabe:
Jekka's Herb Cookbook
2010 erstmals erschienen bei Ebury Press,
an imprint of Ebury Publishing
A Random House Group Company
www.randomhouse.co.uk

Umschlaggestaltung: Lisa Wagner
Layout: Will Webb
Satz der deutschen Ausgabe: Monika Pitterle
Herstellung: Andrea Cobré
Repro: Reproline mediateam, München
Druck und Bindung: DZS GRAFIK d.o.o., Ljubljana, Slowenien
Gedruckt in Slowenien

ISBN 978-3-7913-8958-5

www.prestel.de

Gewidmet
meiner Großmutter Ruth,
meiner Mutter Clare
und
meiner Tochter Hannah

Inhalt

VORWORT

Ich kenne Jekka McVicar nun schon viele Jahre und weiß, dass sie vielen Dingen im Leben mit Leidenschaft begegnet – den Kräutern aber mit einer ganz besonderen. Jedes Mal, wenn wir uns treffen, lerne ich etwas Neues über diese wundervollen Pflanzen. Für Jekka gehören Kräuter zum Vortrefflichsten, was die Welt zu bieten hat, und wenn man ihrer Schwärmerei länger zuhört, muss man ihr einfach zustimmen.

Dabei weiß sie nicht nur alles über Anzucht, Zubereitung und das Haltbarmachen von Kräutern, sondern auch über deren Wirkungen auf das Befinden des Menschen. Ich habe keinen Zweifel daran, dass es um die Gesundheit in unserem Land besser bestellt wäre, wenn mehr Menschen eigene Kräuter ziehen, zubereiten und verzehren würden.

In meinen Büchern bezeichne ich Jekka als die »herb queen« von England, doch tatsächlich weiß sie nicht nur alles über die Kräuter, die einem in diesem Land begegnen, sondern kennt ebenso gut die nutzbaren Kräuter aus der ganzen Welt. Wenn Sie ein Feinschmecker sind wie ich, so werden Sie staunen über die stetig wachsende Kräutersammlung auf Jekkas Farm.

Heutzutage erhalten Sie Kräuter in jedem Supermarkt, auch solche, die den meisten Menschen vor wenigen Jahren noch exotisch vorkamen. Bemerkenswert an diesem Buch finde ich, dass Jekka eine »Top-50-Liste« ihrer liebsten Küchenkräuter angelegt hat, mit zahlreichen Tipps für delikate Gerichte. Wenn Sie Kräuter dauerhaft als Zutat in Ihren Speiseplan aufnehmen, werden Sie schmackhaftere, gesündere Nahrung zu sich nehmen. Ich bin mir sicher, dass Sie – wie ich – Jekkas abwechslungsreiche Rezepte und die vielen nützlichen Hinweise und Ratschläge schätzen und lieben werden. Lassen Sie sich von diesem großartigen Buch inspirieren zu einer neuen, guten Küche.

Jamie Oliver

EINFÜHRUNG

Meine Leidenschaft für Kräuter begann vor mehr als 50 Jahren – ich ging noch nicht zur Schule. Meine Mutter war eine begeisterte Kräuter- und Gemüsegärtnerin, die uns nahezu vollständig mit selbst Angebautem versorgte und über 25 verschiedene Kräuter kultivierte. Es gab Zitronenthymian, Französischen Estragon, Dill, Meerrettich und Minze, um nur einige zu nennen. Ständig kochte sie, backte und legte für den Winter ein. Sie lehrte mich, welche Minze man für eine Minzsauce nimmt und wie man sie zubereitet – einige Jahre lang war das mein Beitrag zum Sonntagsessen. In meiner Schulzeit hatte ich einen Kleingarten, wo ich Salat zog, auch Portulak und gruselig aussehende Rettiche, die ich stolz fürs Abendessen mit nach Hause brachte.

Mein erstes Geld verdiente ich im Fernsehen und in anderen befristeten Jobs. Dann landete ich bei der Kräutergärtnerei »Tumbler's Bottom Herb Farm«. Nach meinen Erfahrungen in Mutters Garten glaubte ich, viel zu wissen – doch schon bald merkte ich, wie begrenzt mein Wissen war. Ich war begeistert von der Artenvielfalt auf der Farm, und mit meinem keimenden Wissensdrang und dem Zugriff auf eine breite Kräuterauswahl expandierte mein eigener Kräutergarten in Bristol rasant. Dort kam ich auf die Idee, eine eigene Kräutergärtnerei zu gründen. Eines Tages saß ich mit meinen zwei kleinen Kindern zu Hause, als eine Freundin vorbeikam und mich nach Französischem Estragon für ein bestimmtes Rezept fragte. Mir dämmerte alsbald, dass sie das Kraut in keinem Geschäft hatte finden können. Innerhalb weniger Monate gestalteten mein Mann und ich unseren kleinen Wohngarten in eine Öko-Kräuterfarm um und versorgten Gemüsegeschäfte sowie Gartencenter mit schmackhaften Küchenkräutern in Töpfen. Bald reichte der Platz nicht mehr und wir verlegten die Gärtnerei an ihren heutigen Ort in South Gloucestershire. Von da an wuchs das Geschäft stetig und in den frühen 1990er Jahren begannen wir, Küchen- und Heilkräuter auf den Blumenschauen der Royal Horticultural Society (RHS) auszustellen. Dort haben wir mittlerweile mehr als 60 Goldmedaillen gewonnen. Heute bieten wir über 650 Kräutersorten an, mit denen wir Kunden im ganzen Königreich versorgen, vorwiegend im Postversand.

An Kräutern fasziniert mich besonders ihre Vielseitigkeit. Obwohl sie seit Jahrhunderten zur Menschheitsgeschichte gehören, kennen wir oft immer noch nicht ihr Potenzial. Sie aromatisieren nicht nur Gerichte, sondern sind auch gut für die Verdauung, haben medizinische Wirkung und dienen gelegentlich als Haushaltsmittel. So weiß man zum Beispiel vom Öl des Thymians, dass es Fäulnis vorbeugt, oder von einem natürlichen Konservierungsmittel im Salbei, welches Lagerobst länger haltbar macht. Bekannt ist auch, dass sich mit Französischem Estragon fettiges Essen besser verdauen lässt.

In diesem Buch beschränke ich mich auf meine 50 Lieblingskräuter. Dazu gehören bekannte Arten wie Petersilie und Rosmarin, aber auch Exoten wie Curryblätter oder Vietnamesischer Koriander. Alle Kräuter ziehe ich auf meiner Farm und verwende sie in der Küche. In jedem Kapitel zu den einzelnen Kräutern werden Sie Wissenswertes zur Anzucht, zu kulinarischen Besonderheiten und verfügbaren Sorten erfahren. Dann folgen Rezepte, die Sie zum Kochen mit Kräutern animieren sollen. Abgerundet werden die Kapitel mit Hinweisen, wie man den Überschuss zur Haupterntezeit im Jahr verwenden kann, denn vielfach fehlt es an Ideen, wie die Ernte für den Winter haltbar zu machen ist. Mein Ziel ist es, die breite Palette an Kräutern vorzustellen und zu zeigen, wie man sie zubereiten und kombinieren kann – nicht nur in herzhaften Gerichten, sondern auch in Desserts.

Als passionierte Köchin experimentiere ich ständig mit neuen Kräutern und Düften für meine Gerichte. Zum größten Verdienst von Kräutern zählt ihre Fähigkeit, Nahrung einen Geschmack zu verleihen oder diesen zu intensivieren: Sie verwandeln ein einfaches Stück Fleisch, geben einer Nudelsauce Pfiff und fügen Gemüse oder Eiern eine neue Dimension hinzu. Inspiriert zu meiner Arbeit haben mich meine Freunde und vor allem meine Familie. Ich wuchs inmitten von begnadeten Köchen auf und so ist dieses Buch getränkt vom Talent und der Leidenschaft von vier Generationen. Meine Großmutter, Ruth Lowinsky, schrieb Kochbücher zwischen 1930 und 1950 und hat mich zum Schreiben inspiriert. Meine Mutter Clare hob viele handgeschriebene Rezepte auf und ihr habe ich meine Liebe zum Kochen zu verdanken. Und meine Tochter Hannah, ebenfalls kochbegeistert, hat dieses Buch mit wundervollen Zeichnungen gefüllt. (Damit folgt sie einer Familientradition, denn auch mein Großvater Thomas Lowinsky illustrierte die Kochbücher meiner Großmutter.) Eine Reihe von namhaften Küchenchefs – Jamie Oliver, Heston Blumenthal, Michael Caines und Rick Stein, um nur wenige zu nennen – fanden im Laufe der Jahre ihren Weg zu meiner Gärtnerei. Sie haben mich ermuntert, neue Ideen beim Kochen mit Kräutern auszuprobieren.

Ich hoffe, meine Leserinnen und Leser mit diesem Buch für das Heranziehen und Zubereiten von Kräutern zu begeistern, und wünsche viel Freude mit diesen bemerkenswerten Pflanzen.

Anmerkungen zu den Rezepten

Erzeugnisse

Seit mehr als 25 Jahren arbeite ich nun als Ökogärtnerin und es versteht sich von selbst, dass ich bei meinen Rezepten auf Ökostandards Wert lege. Aber ich überlasse Ihnen natürlich die Wahl.

Kräuter – In allen Rezepten verwende ich frische Kräuter. Bei getrockneten Kräutern sollte man die angegebene Menge halbieren, denn sie haben eine intensivere Wirkung.
Eier – Wenn nicht anders angegeben, sind Eier mittlerer Größe gemeint. Möglichst Eier von Bio-Höfen verwenden.
Milch – Ich verwende fettarme Milch.
Butter – Ich nehme nur ungesalzene Bio-Butter; man kann immer nach- aber nie entsalzen.
Zucker – Wenn nicht anders angegeben, verwende ich Raffinade-Zucker.
Fisch – Der Raubbau an den weltweiten Fischbeständen hat dramatische Ausmaße angenommen; daher versuche ich, auf einwandfrei gezüchtete oder gefangene und auf ausreichend vorkommende Fischarten zurückzugreifen.

Herstellung von Marmelade, Gelee oder Chutney

Wenn man die Ernte einmacht, lässt sie sich ausgezeichnet auch im Winter genießen. Dabei sind jedoch ein paar einfache Regeln zu beachten, denn Botulismus (eine Bakterieninfektion) kann sehr gefährlich sein. Da die Bakterien in winzigen Mengen auftreten, sind die Krankheitsauslöser nur schwer zu erkennen. Eingemachtes ohne Essig, Salz oder Einmachhilfen sind empfänglicher für Bakterienbefall, weil ihnen die Säure fehlt, die Bakterien an ihrer Entwicklung hindert.

So vermeidet man Komplikationen:

- Nur makellose Früchte, Gemüse und/oder Kräuter verwenden.
- Einmachgläser/-flaschen gründlich reinigen, sterilisieren (siehe Seite 12) und trocknen.
- Die Deckel sollten neu sein oder mit Backpapier aufgeschraubt werden und dicht abschließen.
- Einmachgut nur mit sauberem Besteck aus den Gläsern entnehmen.
- Geöffnete Gläser kühl und dunkel oder im Kühlschrank aufbewahren und schnell verzehren. Sobald der Inhalt verdächtig aussieht, sollte man ihn in den Mülleimer oder auf den Kompost befördern.

Entkeimen von Gläsern und Flaschen

Es gibt hierzu verschiedene Methoden, von denen ich folgende bevorzuge:

- Backofen auf niedrigster Stufe vorheizen. Vor dem Gebrauch Gläser, Flaschen und Verschlüsse in heißem Spülwasser reinigen, abspülen und für mindestens 15–20 Minuten in die Backofenhitze stellen. Dann Gläser und Flaschen aus dem Ofen nehmen, befüllen, verschließen und je nach Rezept gegebenenfalls noch kühlen.
- Gläser und Flaschen in heißem Spülwasser reinigen, abspülen und abtropfen lassen. In einen mit kaltem Wasser gefüllten Kochtopf legen, diesen zum Kochen bringen und 10–15 Minuten köcheln lassen. Gläser und Flaschen mit einer sauberen Küchenzange herausholen, abtropfen lassen, bis sie vollkommen trocken sind, dann befüllen.

Häuten von Tomaten

Gewaschene Tomaten in eine Schüssel legen, mit kochendem Wasser begießen, bis sie vollständig bedeckt sind und 3–4 Minuten im Wasser liegen lassen. Behutsam zum Abtropfen in ein Sieb legen. Vorsicht, die Tomaten sind heiß! Die Haut mit einem scharfen, spitzen Messer einritzen und abziehen.

Die unten beschriebene Sauce lässt sich mit verschiedenen Kräutern ergänzen, je nach dem Gericht, zu dem sie serviert werden soll. Wenn man sie durch ein Sieb streicht, wird sie geschmeidiger.

Nützliche Basis-Rezepte

GRUNDREZEPT TOMATENSAUCE

Ergibt 2 Portionen
25 g Butter
1 EL Olivenöl
1 kleine Zwiebel, fein gehackt
1 Knoblauchzehe, zerdrückt
250 g frische Tomaten, gehäutet (siehe oben) und fein gehackt, oder
400 g gehackte Dosentomaten
½ TL brauner Zucker
Salz und frisch gemahlener schwarzer Pfeffer

Butter und Öl in einem Topf oder einer Pfanne erhitzen. Zwiebeln zugeben und glasig andünsten. Knoblauch dazugeben und 1 Minute köcheln lassen, dann die Tomaten dazugeben und mit Zucker, Salz und Pfeffer abschmecken.

HÜHNERFOND

Ergibt 1 Liter
1 Suppenhuhn mit Innereien (gewaschen)
1 große Zwiebel, geviertelt
1 große Möhre, geschält und in 4 Teile geschnitten
1 TL Salz
Bouquet garni (siehe Seite 150)
2 l kaltes Wasser (im Schnellkochtopf 1 l)

Suppenhuhn in Stücke zerlegen und in einen großen Kochtopf oder Schnellkochtopf legen. Der Schnellkochtopf ist aufgrund des niedrigen Energieverbrauchs ein ökologisch sinnvolles Küchenutensil; zudem geht es damit viel schneller. Die übrigen Zutaten dazugeben und bei offenem Topf zum Kochen bringen. Aufsteigenden Schaum mit einem Löffel abschöpfen. Bei niedriger Hitze zugedeckt 1,5 Stunden köcheln lassen, im Schnellkochtopf etwa die Hälfte der Zeit und dann langsam den Druck reduzieren.

Den Fond in eine große Schüssel abgießen, abkühlen lassen und das Fett abschöpfen. Im Kühlschrank aufbewahren und innerhalb von 3 Tagen verbrauchen.

GEMÜSEFOND

Ergibt 1,5 Liter
2 große Zwiebeln, in Scheiben geschnitten
4 große Möhren, geschält und in Scheiben geschnitten
50 g Weiße Rüben oder Steckrüben, geschält und in Scheiben geschnitten
1 Stange Lauch, in Scheiben geschnitten und gewaschen
Bouquet garni (siehe Seite 150)
1 TL Salz
4 Pfefferkörner
2,8 l kaltes Wasser (im Schnellkochtopf 1,4 l)

Alle Zutaten in einem großen, offenen Kochtopf zum Kochen bringen. Sich bildenden Schaum abschöpfen.

Zugedeckt bei niedriger Hitze 1 Stunde köcheln lassen. Im Schnellkochtopf 15 Minuten kochen lassen, dann den Druck langsam reduzieren.

Den Fond in eine große Schüssel abgießen und abkühlen lassen. Im Kühlschrank aufbewahren und innerhalb von 3 Tagen verbrauchen.

AFRIKA-
NISCHER
ROSMARIN

(auch bekannt als Südafrikanischer Rosmarin)
Eriocephalus africanus

Ich schätze mich glücklich, diese Pflanze in ihrer Heimat Südafrika gesehen zu haben. Sie sticht nicht besonders heraus, weil sie dort von Hunderten anderer fantastischer Pflanzen umgeben ist. Erst wenn man die Blätter zwischen den Fingern zerreibt, bemerkt man ihr Potenzial für die Küche, und es wundert mich, dass diese Alternative zum gewöhnlichen Rosmarin bei uns kaum bekannt ist.

Beschreibung

Dieses Kraut ist eine nicht ganz winterharte immergrüne Pflanze mit schmalen, silbern behaarten, aromatischen Nadeln, die in Quirlen entlang der Zweige wachsen. Den attraktiven Büscheln aus weißen Blüten mit einem magentafarbenen Auge folgen Samen, die von unzähligen weißen, kurzen Haaren eingehüllt sind. Die Zweige hängen breit über, so dass die Pflanzen mit ihren behaarten Samen einer Welle gleichen, die sich an der Felsküste bricht.

Man kann Afrikanischen Rosmarin aussäen, aber es ist sicherer, sich im späten Frühjahr Ableger zu besorgen. Die erstaunlich trockenheitsverträgliche Pflanze sollte nicht in schweren Lehm- oder feuchten Moorboden gepflanzt werden. Volle Sonne und ein gut dränierter Platz sind ideal, außerdem liebt sie die hohe Luftfeuchtigkeit und den Wind von Küstenstandorten. In warmen Klimazonen kann man sie zu Hecken oder kugeligen Pflanzen formen, in kühleren Regionen dagegen ist es eine anspruchslose Topfpflanze, die allerdings vor Frost geschützt werden muss.

Als Küchenpflanze

Mir fehlen historische Nachweise über die Küchennutzung, ich bin mir aber sicher, dass die Ureinwohner Südafrikas die Pflanze seit Jahrhunderten nach dort bekannten Rezepten zubereiten.

Ernte und Verwendung

Blätter

Als Immergrüne sind die Blätter jederzeit zu ernten. Sie haben zwei prägnante Geschmacksnoten: mild im frischen Wuchs bis zum Frühsommer und sehr intensiv nach einem langen Sommer. Mit Ausnahme der frisch getriebenen Blätter sollte das Kraut stets gekocht werden, am besten in Gerichten, die eine lange Kochzeit benötigen wie Eintöpfe oder Aufläufe, sowohl vegetarische als auch solche mit Fleisch.

Eigenschaften

Afrikanischer Rosmarin wurde traditionell als vielseitiges Heilmittel genutzt, etwa gegen Husten, Erkältung, Blähungen und Koliken. Außerdem wirkt es harn- und schweißtreibend, also ähnlich wie herkömmlicher Rosmarin *(Rosmarinus officinalis)*.

Weitere Arten

Es gibt verschiedene Arten von *Eriocephalus*, als küchentauglich ist mir allerdings keine bekannt.

GESCHMORTES HÄHNCHEN MIT AFRIKANISCHEM ROSMARIN

Dieses Gericht lässt sich leicht zubereiten und schmeckt vorzüglich. Der Afrikanische Rosmarin passt wunderbar zu Hühnerfleisch und der entstehende Saft ist die Grundlage einer außerordentlich aromatischen Sauce. Schmeckt am besten mit Kartoffelpüree.

Ergibt 6–8 Portionen
1,5 kg schweres Hähnchen
330 ml trockener Cidre
2 große Zwiebeln, geschnitten
4 Stangen Lauch, nur die weißen Teile, geschnitten und gewaschen
4 Zweige Afrikanischer Rosmarin, Blätter abgestrippt
Salz und frisch gemahlener Pfeffer
150 ml Schlagsahne

Den Backofen auf 170 °C vorheizen. Das Hähnchen in eine große Kasserolle legen, mit dem Cidre begießen, Zwiebeln, Lauch und Rosmarin einrühren. Würzen, abdecken und 45 Minuten backen.

Den Deckel abnehmen und weitere 45 Minuten backen, bis das Hähnchen außen goldbraun und innen durchgebraten ist. Auf einen großen Teller geben und 5 Minuten ruhen lassen.

In der Zwischenzeit die Kasserolle auf dem Herd bei niedriger Hitze warm halten, die Sahne einrühren und die Sauce abschmecken.

Das Hähnchen zerlegen und mit dem Lauch und der Sauce servieren.

LAMMEINTOPF MIT AFRIKANISCHEM ROSMARIN

Dieses aromatische Herbstgericht war das erste, das ich mit diesem Kraut würzte. Ich habe es bereits in frühere Bücher aufgenommen und da es immer gut ankam, möchte ich es auch hier erwähnen. Bekanntermaßen passt Rosmarin gut zu Lamm – und der Afrikanische setzt diesem Fleisch die Krone auf. Mit Reis und Salat oder grünen Bohnen servieren.

Ergibt 4–6 Portionen
100 g getrocknete Kichererbsen
4 EL mildes Olivenöl
1 große Zwiebel, fein gewürfelt
500 g mageres Lammfleisch, gewürfelt
Salz und frisch gemahlener Pfeffer
Saft von 2 Zitronen
2 Lorbeerblätter
3 Zweige Afrikanischer Rosmarin, je 10 cm lang
3 Stangen Lauch, geschnitten und gewaschen
250 g Spinat
200 g glatte Petersilie
1 Limette, in Scheiben geschnitten

Die Kichererbsen über Nacht einweichen. Am nächsten Tag in frischem, ungesalzenem Wasser 15–20 Minuten kochen. Abtropfen lassen, unter kaltem Wasser abspülen und beiseitestellen.

2 Esslöffel Olivenöl in einem großen, schweren Topf erhitzen und darin die Zwiebeln dünsten. Das Lamm von allen Seiten braun anbraten und mit Salz und Pfeffer würzen. Den Zitronensaft darübergießen, kochendes Wasser zugeben und das Lamm mit den Lorbeerblättern und dem Afrikanischen Rosmarin zugedeckt 30 Minuten köcheln lassen.

Lauch, Spinat und Petersilie in 2 Esslöffeln Olivenöl dünsten und mit den Kichererbsen und Limettenscheiben zu dem Lamm geben. Die Flüssigkeit muss das Lammfleisch stets bedecken. Den Eintopf noch 1 Stunde köcheln lassen und von Zeit zu Zeit prüfen, dass nichts ansetzt.

Vor dem Servieren die Rosmarinzweige und Limettenscheiben herausnehmen. Mit ihnen kann man die Servierplatte dekorieren.

TORTILLAS MIT AFRIKANISCHEM ROSMARIN

Diese Tortillas sind ausgesprochen vielseitig. Man kann sie zu Suppen servieren, mit würzigem Hackfleisch füllen oder mit Tomaten, Käse und Salat. Afrikanischer Rosmarin ist raffinierter als gewöhnlicher Rosmarin und verleiht diesen Broten einen delikaten Geschmack.

Ergibt 6–8 Portionen
250 g Weizenmehl, zusätzlich etwas zum Bestäuben
2 TL Salz
2 TL fein gehackter Afrikanischer Rosmarin (alternativ normaler Rosmarin)
4 TL Backpulver
2 EL Margarine oder Bratfett
150 ml warmes Wasser (auch mehr, falls nötig)

Mehl, Salz, Rosmarin und Backpulver in einer großen Schüssel verrühren. Mit den Händen nach und nach Margarine oder Bratfett einarbeiten, bis es in der Masse aufgegangen ist. Genügend warmes Wasser zugeben, so dass ein weicher, aber nicht klebriger Teig entsteht. 30 Minuten unter einem sauberen Geschirrtuch ruhen lassen. Auf einer leicht mit Mehl bepuderten Fläche 5 Minuten kneten, den Teig in 8 gleiche Stücke teilen und Bälle daraus formen. Diese 2–3 Zentimeter dick ausrollen.

Eine schwere Pfanne bei mittlerer Hitze erwärmen und die Tortillas eine nach der anderen von beiden Seiten etwa 30 Sekunden braun anbraten. Die gebratenen Tortillas jeweils mit einem sauberen Handtuch abdecken, um sie warm zu halten. Warm servieren.

ÜBERSCHÜSSIGER AFRIKANISCHER ROSMARIN

Weil es eine immergrüne Pflanze ist, kann man die Blätter jederzeit ernten; daher ist die Vorratshaltung nicht von Belang.

ANGELIKA

(auch bekannt als Arznei-Engelwurz, Echte Engelwurz)
Angelica archangelica

Ich erinnere mich noch, wie ich als Kind süße, grün durchscheinende Stückchen von meinem Geburtstags-Nachtisch pickte, um sie ganz zuletzt als krönenden Abschluss zu vernaschen. Es waren kandierte Angelikastängel, mit denen traditionell Kuchen und zu besonderen Anlässen auch Nachspeisen wie »Trifle« dekoriert wurden. (Das Rezept für meine Lieblingsvariante dieses typisch englischen, schmackhaften Desserts gibt es auf Seite 22.) Aber die Stängel sind nicht die einzigen essbaren Pflanzenteile: Auch die Blätter haben einen einzigartigen Geschmack, der gut zu vielen Fruchtdesserts passt.

Beschreibung

Mit der Blüte wird Angelika zur wirklich imposanten Pflanze und wie kaum eine andere verleiht sie Kräuterbeeten ein skulpturales Element. Ein besonderes Erlebnis ist auch ihr süßer Blütenduft, den eine warme Frühsommerbrise durch den Garten trägt. Angelika ist eine interessante Staude, denn sie blüht und fruchtet nach 2–4 Jahren und stirbt dann ab. Ihre grünweißen Blütenköpfe erscheinen im späten Frühling und sie kann 2,5 Meter hoch werden. Die großen, tief eingeschnittenen Blätter werden stielaufwärts kleiner. Zerreibt man sie, verströmen sie einen Duft, der an süßen Muskateller-Wein oder auch an Gin denken lässt – Angelika gehört zu den Zutaten dieser Spirituose.

Die Aussaat empfiehlt sich in kleinen Töpfen im Herbst. Im frühen Stadium muss man besonders darauf achten, dass die Samen und Pflanzen nicht austrocknen. Ausgepflanzt wird im folgenden Frühjahr in tiefgründigen, frischen Boden, wobei die Wurzeln im Schatten und die Blüten in der Sonne stehen sollten. Aufgrund der stattlichen Höhe sollte man sie nicht im Topf belassen und sich die Pflanzstelle wohl überlegen. Angelika gehört entweder ganz an den Rand oder in die Mitte des Gartens. An windigen Plätzen sollte man sie anbinden, damit sie in blühendem Stadium nicht abknickt.

Als Küchenpflanze

Immer schon wurde Angelika als Gemüse verwendet. In Schweden, Finnland und Grönland nutzt man die jungen Schösslinge für Suppen und Eintöpfe. Traditionell gehört Angelika zur Rezeptur zahlreicher Spirituosen wie Absinth, Anislikör oder Gin, der auch Wacholder enthält. Wer Angelika in der Natur sammelt, sollte sich auskennen, denn die Pflanze hat Ähnlichkeit mit dem hochgiftigen Schierling *(Conium maculatum)*. Anders als bei Angelika verströmen die Schierlingblätter beim Zerreiben allerdings einen unangenehmen Duft. Außerdem hat der Schierling flache Blütenteller und dunkelrote Flecken auf den Stängeln.

Ernte und Verwendung

Blätter

Für die frische Verwendung werden die jungen Blätter im späten Frühling geerntet, solange sie noch weich sind. Getrocknet schmecken sie leicht bitter, haben einen Beigeschmack von Anissamen und sollten sparsam eingesetzt werden. Frisch schmecken sie gut in Salaten, blanchiert als Gemüse oder als Kräuter in Suppen und Eintöpfen. Zusammen gekocht mit Früchten wie Stachelbeere oder Rhabarber, reduziert Angelika die Säure und damit die benötigte Zuckermenge in Desserts. Es ist ratsam, die Blätter während des Kochens fest zusammenzubinden, damit sie sich nicht mit den Früchten vermengen und nach dem Kochen leicht entnommen werden können. Beließe man die Blätter bis zum Servieren zwischen den Früchten, würden sie deren Geschmack überlagern.

Blüten

Man sollte die Blüten gleich nach dem Öffnen im späten Frühling oder zeitigen Sommer pflücken, also meist im zweiten oder dritten Lebensjahr der Pflanze. Sie duften süßlich und haben einen vollen, anisähnlichen Geschmack. Geeignet als Beigabe zu Fruchtsalat, Sirup, Frischkäse, Crème fraîche und Fruchtsorbet.

Stängel

Den Stängel im zweiten Wachstumsjahr der Pflanze abschneiden, bevor die Pflanze im späten Frühling Blütenköpfe gebildet hat. Junge, zarte Stängel können als Gemüse gedünstet, aber auch kandiert oder Marmeladen beigegeben werden (siehe Rezept auf Seite 25). Vor der Zubereitung müssen die Stängel gekocht, von der äußeren Haut befreit und erneut gekocht werden. Sie können auch nach dem Enthäuten 12 Stunden in Salzwasser (3 Esslöffel auf 1 Liter gekochtes Wasser) eingelegt und dann gedünstet werden.

Samen

Die Samen müssen im zweiten oder dritten Wuchsjahr im Frühherbst gesammelt werden und zwar, wenn ihre Farbe von mattem Grün in fahles Braun übergeht und sie abzufallen beginnen. Ihr aromatischer, moschusähnlicher Geschmack passt exzellent in Suppen, Eierspeisen und Vanillesauce.

Wurzeln

Bevor die Pflanze im zweiten oder dritten Jahr Blüten ansetzt, sollte man die Wurzel im Frühsommer ausgraben. Medizinisch wird sie bei Verdauungskrankheiten eingesetzt. Früher wurden die Wurzeln auch als Gemüse verzehrt. Ich habe sie probiert und war nicht gerade begeistert, denn sie schmecken streng nach Anis und Alkohol und haben eine faserige Struktur.

Eigenschaften

Blatt und Stängel von Angelika sollen appetitanregend wirken. Außerdem enthalten sie viel Kalium und Magnesium.

Weitere Arten

Wald-Engelwurz

Angelica sylvestris

Hoch wachsende Staude mit weißen Blütendolden, die häufig von einem rosa Hauch überzogen sind. Sie sitzen auf der Spitze der purpurfarbenen Stängel. Die großen, unten sitzenden Blätter sind schmal und scharf gezähnt, die kräftigen Wurzeln sind außen grau. Heimisch ist die Wald-Engelwurz in ganz Europa, sie kommt in feuchten Wiesen und Hecken vor. Junge Blätter können als aromatisches Kraut in Salaten verwendet werden. Konditoreien nehmen die im September reif werdenden Samen gerne für ihr Gebäck.

Amerikanische Engelwurz

Angelica atropurpurea

Hohe Staude mit grünweißen, vom Früh- bis Hochsommer erscheinenden Blüten. Die mittelgrünen Blätter sind sehr groß, die Wurzeln purpurfarben. Frisch geerntet hat die ganze Pflanze ein kräftiges Aroma. In ihrer Heimat Kanada und im Norden der östlichen Hälfte der USA findet man sie an feuchten Plätzen. Verwendet wird sie wie *Angelica archangelica.*

Alisander

(auch bekannt als Pferdeteppich, Gespenst-Gelbdolde)

Smyrnium olusatrum

Hohe Staude mit großen Dolden aus kleinen grüngelben Blüten, die vom späten Frühling bis zum Frühsommer erscheinen. Wenn sie gehackt werden, verströmen die mittelgrünen, großen, ovalen Blätter ein angenehmes Aroma. Alisander ist wild auch in Europa zu finden, vorwiegend auf Felsen und feuchten Dünen an der Küste. Die jungen Blätter können wie die von Angelika verwendet werden. In Frankreich galt Alisander lange als wichtiges Gemüse.

TRIFLE MIT ANGELIKA

Dieses typisch englische Schichtdessert wird mit Massen von Früchten zubereitet und ist aufgrund der Eiweiße auch nicht zu mächtig. Die Blätter der Angelika mildern die Säure der Früchte und fördern deren Geschmack, sollten aber vor dem Hinzufügen des Eiweißes herausgenommen werden, sonst dominiert ihr Geschmack.

Meine Mutter machte Trifle immer an Geburtstagen und servierte ihn mit Kerzen in der Baiserhaube.

Vorsicht Der Verzehr roher oder nur schwach gekochter Eier erhöht das Risiko einer Salmonellenvergiftung. Für schwangere Frauen, alte Menschen und Kleinkinder ist dieser Nachtisch daher nicht zu empfehlen. Im Zweifelsfall kann man dieses Dessert auch ohne Eiweiß zubereiten, es wird dann aber mächtiger.

Ergibt 8 Portionen

750 g Kochäpfel, geschält, entkernt, in Stücke geschnitten
100 g junge kleine Angelikablätter, zum problemlosen Entfernen mit einem Faden zusammengebunden
75 g Zucker
150 g Datteln, entsteint
100 ml Apfelsaft, weitere 2–4 EL zum Tränken der Löffelbiskuits
6 Löffelbiskuits
2 EL Calvados (wahlweise)
3 Eiweiß
Mini-Baisers, zum Dekorieren
Puderzucker, zum Bestäuben
kandierte Angelikastängel

Die Äpfel mit den Angelikablättern, dem Zucker und 100 Milliliter Wasser in einen mittelgroßen Topf geben. Zum Kochen bringen und bei niedriger Hitze zugedeckt 10 Minuten köcheln lassen, zwischendurch umrühren, bis die Äpfel zu einem Mus zerfallen.

Angelikablätter herausnehmen, Äpfel pürieren, in einer Schüssel abkühlen lassen.

Datteln mit dem Apfelsaft pürieren, allerdings nicht zu flüssig. Den Boden einer großen Schüssel mit den Löffelbiskuits bedecken, die gezuckerte Seite nach unten. Mit je 2 Esslöffeln Apfelsaft und Calvados besprenkeln, oder aber mit 4 Esslöffeln Apfelsaft. Das Dattelpüree darauf verteilen.

Die Eiweiße steif schlagen und unter das abgekühlte Apfelpüree heben. Diese Masse über der Dattelschicht verstreichen. Mindestens einen halben Tag zugedeckt im Kühlschrank durchziehen lassen.

Vor dem Servieren mit Mini-Baisers dekorieren, mit Puderzucker bestäuben und mit kandierten Angelikastängeln bestreuen.

GEDÜNSTETER SALAT MIT ANGELIKABLÜTEN

Meine Großmutter kochte häufig Salat. Dies ist eines der von ihr übernommenen Rezepte. Dabei harmonieren die süßaromatischen Angelikablüten mit dem Salat und mildern den salzigen Geschmack des Schinkenspecks.

Ergibt ein leichtes Mittagessen, besonders schmackhaft mit krustigem Brot.

Ergibt 2–4 Portionen
4 feste Salatköpfe, möglichst Romana
Butter zum Einfetten
4 Scheiben Schinkenspeck
1 Möhre, fein gewürfelt
1 Zwiebel, fein gehackt
1 EL Angelikablüten ohne Stielansätze
300 ml kräftiger Hühner- oder Gemüsefond
1 EL gehackte Petersilie zum Garnieren

Salatköpfe waschen, beschädigte Außenblätter entfernen, im Ganzen in einen großen Topf legen. Kaltes Wasser dazugeben und zum Kochen bringen. Dann sofort von der Platte nehmen, Wasser abgießen und Salat unter kaltem Wasser spülen. So viel Wasser wie möglich abschütteln und Salatköpfe auf Küchenpapier trocknen.

Backofen auf 180 °C vorheizen. Feuerfeste Form einfetten und mit dem Schinkenspeck belegen. Darauf Möhre, Zwiebeln und die Hälfte der Angelikablüten verteilen. Die Spitzen der äußeren Salatblätter einschlagen und den Salat auf die Zwiebel-Möhren-Mischung setzen. Mit dem Fond begießen, mit Backpapier abdecken und 45 Minuten im Ofen backen.

Die Salatpakete auf Tellern oder einer Servierplatte verteilen, warm halten. Die Brühe mit Schinkenspeck und Gemüse durch langsames Köcheln reduzieren und damit die Salate übergießen. Petersilie und restliche Angelikablüten darüberstreuen.

STACHELBEERKOMPOTT MIT ANGELIKA

Wenn wir zum Essen bei meiner Tante waren, wartete sie stets mit einer Riesenauswahl an Dessertvariationen auf. Darunter waren auch immer zwei verschiedene Kompotte. Sie hatte die großartige Idee, Stachelbeeren beim Kochen eine Handvoll Angelikablätter beizugeben, um die Fruchtsäure durch den süßen Muskateller-Geschmack zu mildern. Die Menge der Angelikablätter kann man natürlich den persönlichen Vorlieben anpassen. Mit Joghurt oder Crème fraîche servieren und etwas Muskat darüberreiben.

Ergibt 6–8 Portionen
900 g Stachelbeeren, geputzt
225 g Angelikablätter, mit einem Faden fest zusammengebunden
Saft und Schale einer Bio-Orange
150 ml kaltes Wasser
50 g Zucker

Alle Zutaten in einen großen Topf geben und sachte kochen, bis das Obst weich ist. Gleich nach dem Kochen die Angelikablätter und Orangenschale herausnehmen.

Überschüssige Angelika

Kandierte Angelikastängel

Die Zubereitung von Angelikastängeln kostet Zeit, aber es lohnt sich. Durch das mehrmalige Kochen werden sie zart und schmackhaft. Zubereitet nach diesem traditionsreichen Rezept, eignen sich die kandierten Stängel für die Dekoration von Desserts und Kuchen, aber auch als knuspriges Extra zu Fruchteisbechern.

Vorsicht Für die Ernte werden langärmelige Hemden empfohlen, da die Angelikastängel toxische Stoffe beinhalten, die bei Berührung Hautirritationen und allergische Reaktionen auslösen können.

- einige zweijährige Stängel
- Zucker (passend zur Menge der gekochten Angelikastängel, siehe unten)
- Wasser
- 1 TL Backpulver oder Natron
- feiner Streuzucker, zum Bestreuen

Straffe, saftige Stiele auswählen, keine blassen, schwächlichen oder purpurfarbenen. Alle Blätter entfernen und die Stängel in 8–13 Zentimeter große Stücke schneiden. In einem Kochtopf mit Wasser bedecken und sachte köcheln lassen, bis sie zart sind – je nach Stängeldicke zwischen 25 und 45 Minuten. Abgießen, zurück in den Topf geben, erneut mit kaltem Wasser bedecken und weitere 5 Minuten kochen lassen. Abgießen und äußere Haut abziehen.

Stängel wieder in den Topf geben, Backpulver oder Natron dazugeben und mit Wasser bedecken. Zum Kochen bringen, bis 5 zählen, von der Herdplatte nehmen, abgießen und abkühlen lassen.

Nach dem Abkühlen die Angelikastängel wiegen und mit der gleichen Menge Zucker in eine Schüssel geben, beides vermengen, die Schüssel abdecken und 2 Tage an einen kühlen Platz stellen. Nach dieser Zeit wird aus dem Zucker ein Sirup geworden sein.

Backofen auf geringster Stufe vorheizen. Stängel und Sirup in einem Topf zum Kochen bringen. Die Hitze herunterdrehen, leicht köcheln lassen, gelegentlich umrühren, bis die Angelikastängel eine leicht durchscheinend grüne Farbe angenommen haben.

Danach alle Flüssigkeit abschütten und die Stängel reichlich mit feinem Streuzucker bestreuen. Zum Trocknen in den warmen Backofen stellen (etwa 1,5–2 Stunden) – wenn sie nicht völlig durchgetrocknet sind, werden sie später schimmeln.

Die kandierten Stücke lagenweise zwischen Backpapier in einem luftdichten Gefäß aufbewahren, so sind sie maximal 3 Monate haltbar.

Angelikakonfitüre

Dies ist eine hervorragende Methode, Angelika haltbar zu machen, besonders wenn die Zeit zum Kandieren fehlt. Oft wurde ich gebeten, den Geschmack zu beschreiben, und am treffendsten scheint mir »Gin auf Toast« zu sein!

Ergibt 1,3–1,8 Kilogramm
Angelikastängel (genug für 900 g Kochgewicht)
700 g Zucker
425 ml Wasser
Saft und Schale von 1 Bio-Zitrone

Nur junge, zarte Stängel einer zweijährigen Pflanze kommen für diese Konfitüre in Frage. Alle Blätter entfernen und die Stängel so zerkleinern, dass sie später in den Topf passen. Den Topf mit Wasser füllen, zum Kochen bringen und die Stängelstücke dazugeben. Köcheln lassen, bis die Stängel weich sind, was je nach Stärke zwischen 25 und 45 Minuten dauert. Abgießen.

Den Topf erneut mit kaltem Wasser füllen und die Stängel über Nacht (mindestens 12 Stunden) einweichen, dann das Wasser abgießen. Wenn Sie ausgewachsene, derbe Stängel verwendet haben, müssen diese jetzt geschält werden. Die Stängel abwiegen – für 900 Gramm Angelikastängel benötigt man 700 Gramm Zucker.

Die gekochten Stängel in mundgerechte Stücke schneiden und in einen großen Topf geben. Mit dem Zucker und Wasser bei schwacher Hitze köcheln lassen, stetig umrühren, bis sich der Zucker aufgelöst hat. Zitronensaft und -rinde dazugeben und kochen lassen, bis die Konfitüre fest genug ist. Diesen Punkt kann man mit einem Zuckerthermometer ermitteln (es muss dann 110 °C anzeigen) oder indem man eine kleine Menge Konfitüre in ein Schälchen gibt: Mit dem Abkühlen sollte die Konfitüre fest und, wenn man mit dem Finger über die Oberfläche streicht, runzelig werden.

Die Masse etwas abkühlen lassen, bevor man sie in die angewärmten, sterilisierten Gläser (siehe Seite 12) füllt. Gläser sofort fest verschließen. Die Konfitüre ist 1 Jahr haltbar; angebrochene Gläser im Kühlschrank lagern und innerhalb von 4 Wochen verbrauchen.

ANIS-RIESENYSOP

(auch bekannt als Fenchel-Agastache, Duftnessel, Anis-Ysop)

Agastache foeniculum

Interessanterweise findet man dieses attraktive, aber unterschätzte Küchenkraut kaum in Kochbüchern oder dem Kochen gewidmeten Kräuterbüchern. In seiner Heimat Nordamerika und Ostasien wird es traditionell als Grippetee und Speisewürze verwendet. Ich schätze den Anis-Ysop nicht nur als kulinarische Bereicherung vieler Gerichte, sondern auch wegen seiner visuellen Qualitäten als Zierstaude im Garten.

Beschreibung

Diese kurzlebige Krautpflanze ist eine große Freude, denn den ganzen Sommer über trägt sie blau-purpurfarben blühende Ähren, die in Scharen Bienen und Schmetterlinge anlocken. Als ausdauernde Staude zieht sie im Herbst ein und erscheint im Frühjahr wieder.
Der Riesenysop kann aus Samen gezogen werden, die im Frühling unter Glas gesät werden, oder aus Stecklingen, die man im Hochsommer von den nichtblühenden Trieben schneidet. Ausgepflanzt werden die Jungpflanzen im späten Frühling, wenn die Erde sich erwärmt hat und die Frostgefahr vorüber ist. Am wohlsten fühlt sich *Agastache foeniculum* in voller Sonne und nährstoffreichem, frischem Boden, ist aber mit Ausnahme von zu trockenen Standorten recht anpassungsfähig. Auch in großen Töpfen gedeiht der Anis-Riesenysop ausgezeichnet.

Als Küchenpflanze

Tausende von Jahren nutzten die Indianer Nordamerikas *Agastache foeniculum*, die Chinesen die verwandte Art *Agastache rugosa*. Die wenigen Hinweise in Büchern, die ich gefunden habe, nennen eine Verwendung als Tee in Nordamerika und als Zugabe in Marinaden und zu Fisch in Asien.

Ernte und Verwendung

Blätter

Die Blätter schmecken mild nach einer Mischung aus Minze und Anis, was gut zu Fisch, Hühnchen, Gemüse, Desserts und Saucen passt. Man sollte die jungen Blätter vom Früh- bis zum Hochsommer pflücken. Neben dem frischen Verzehr kann man die Blätter ganz oder gehackt einfrieren, in Öl und Essig einlegen oder in Saucen mischen (siehe Seite 31).

Blüten

Die Blüten müssen frisch verwendet werden, aber das ist kein Problem, denn die Pflanze blüht den ganzen Sommer bis zum Frühherbst, und so stehen ständig frische Blüten bereit. Zur Ernte muss man die Triebe nicht abschneiden, so dass die Pflanze ihre Form behält.

Stängel

Stängel werden im Frühsommer geschnitten, denn später werden sie zäh und faserig. Wenn man sie 5 Zentimeter über dem Boden abschneidet, reagiert die Pflanze mit einem neuen buschigen Austrieb. Die Stiele eignen sich auch ausgezeichnet als Grillspieße für Gemüse.

Eigenschaften

Als Minzgewächs hat der Anis-Riesenysop die typischen medizinischen Wirkungen: Er regt den Appetit an und dem ätherischen Öl der Pflanze, das für das charakteristische Minzaroma sorgt, spricht man eine verdauungsfördernde Wirkung zu. Über die Jahre habe ich heraus-gefunden, dass man in Rezepten Minze mit Riesenysop ersetzen kann, wenn man zusätzlich einen leichten Lakritzgeschmack haben möchte.

Weitere Arten

Ostasiatischer Riesenysop

(auch bekannt als Blaue Bergminze)
Agastache rugosa
Kurzlebige Staude mit purpurfarbenen Blütenähren im Sommer. Die mittelgrünen Blätter duften nach Minze und können als Gewürz verwendet werden. Sie ergeben auch einen guten Tee bei Katerkopfschmerz!

SALAT MIT ÄPFELN UND ANIS-YSOP

Als ich dieses Kraut anzupflanzen begann, verwendete ich es zunächst nur in Salaten. Dieses Gericht gehörte zu meinen ersten Rezepten, und über die Jahre habe ich es immer weiter verfeinert. Der milde Anisgeschmack, kombiniert mit der Apfelsüße und dem kühlen, leicht bitteren Geschmack des Salats, lässt sämtliche Geschmacksknospen aufspringen.

Ergibt 4 Portionen

1 Salatgurke
Salz
2 Cox-Äpfel, entkernt und in Scheiben geschnitten
½ Eisbergsalat, geschnitten
½ Chinakohl, geschnitten
1 Endiviensalat, geschnitten
1 EL Blätter vom Anis-Riesenysop, fein gehackt
5 blühende Ähren vom Anis-Riesenysop, Einzelblüten abzupfen

Für das Dressing

3 EL Basilikum-Olivenöl (siehe Seite 40)
(oder ein mildes neutrales Olivenöl)
1 EL Balsamico-Essig

Die Gurke gründlich waschen oder schälen (raffiniert sieht es aus, wenn Sie abwechselnd einen Längsstreifen schälen und einen auslassen). In dünne Scheiben schneiden, mit Salz bestreuen und mindestens 1 Stunde beiseitestellen. Dann das Salz mit kaltem Wasser abwaschen, die Gurke abtropfen lassen.

Die Äpfel entkernen und in Scheiben schneiden – wenn sie gut gewaschen sind, braucht man sie nicht zu schälen. Apfel, Eisbergsalat, Chinakohl, Endivien, Gurke und Ysop-Blätter mischen. Blüten einstreuen, aber einige zum Garnieren aufbewahren.

Essig und Öl für das Dressing mischen, über den Salat geben und vermengen. Die restlichen Blüten darüberstreuen und den Salat servieren.

ANIS-YSOP-SORBET MIT KANDIERTEN YSOP-BLÄTTERN

Sorbet ist ein einzigartiges Nahrungsmittel. Die Alten Römer aßen es zwischen jedem Gang, um den Gaumen zu reinigen und die Verdauung anzuregen. Der minzige Anisgeschmack der Ysop-Blätter passt gut zu Melonen, besonders zu Galia-Melonen (siehe gegenüber). Mit den kandierten Blättern bekommt die Speise eine besondere Dekoration, sie ergänzen das Sorbet ebenso perfekt wie die Melone. Dieses Gericht kann schon einige Tage im Voraus zubereitet werden und bietet sich darum an, wenn Sie ein großes Essen planen.

Vorsicht Der Verzehr roher oder nur schwach gekochter Eier erhöht das Risiko einer Salmonellenvergiftung. Für schwangere Frauen, alte Menschen und Kleinkinder ist dieser Nachtisch daher nicht zu empfehlen.

Ergibt 4–6 Portionen
425 ml Wasser
225 g Zucker
1 Bio-Zitrone
1 große Handvoll Blätter vom Anis-Riesenysop (junge Blätter haben einen stärkeren Anisgeschmack)

Für die kandierten Ysop-Blätter
12 oder 24 gleich große Ysop-Blätter
2 Eiweiß
1 EL feiner Streuzucker

Als Erstes die kandierten Ysop-Blätter herstellen, denn diese müssen einen Tag vor dem Servieren fertig sein. Dazu die Blätter von Stilansätzen befreien, waschen und mit Küchenpapier trocken tupfen. Die Eiweiße verquirlen und damit die Blätter von beiden Seiten bestreichen. Das restliche Eiweiß für das Sorbet aufbewahren. Dann die Blätter mit Streuzucker bestreuen, vorsichtig auf ein mit Backpapier belegtes Backblech legen und für 12 Stunden an einen warmen Platz stellen.

Wasser und Zucker in einem kleinen Topf auf niedriger Stufe erhitzen, dabei umrühren, bis sich der Zucker aufgelöst hat. Einen Streifen Zitronenschale in das Wasser geben. Zum Kochen bringen, Hitze reduzieren und 5 Minuten köcheln lassen. Von der Herdplatte nehmen und ein paar Minuten abkühlen lassen.

Die Ysop-Blätter hacken und in einer kleinen Schüssel mit dem Saft der Zitrone vermengen. Den heißen, aber nicht kochenden Zuckersirup dazugeben. Bis zum Erkalten des Sirups beiseitestellen, damit sich die Aromen durchdringen können.

Den Sirup durch ein Sieb in eine andere Schüssel gießen und für 2 Stunden in den Gefrierschrank stellen, bis die Kristallisierung einsetzt. Das restliche Eiweiß steif schlagen, unter den halbgefrorenen Sirup heben und bis zum Servieren mindestens 4 Stunden in den Gefrierschrank stellen.

MELONE MIT ANIS-YSOP-SORBET

1 reife Melone, möglichst Galia

Die Melone in 4–6 Stücke schneiden (je nach Anzahl der Gäste) und die Kerne entfernen. Wenn Sie besonders zuvorkommend sein möchten, schneiden Sie das Fruchtfleisch ein, so dass es sich einfach von der Schale löst.

Jedes Melonenstück auf einen separaten Teller geben, je einen Löffel Sorbet auf die Mitte des Melonenstücks geben und mit den kandierten Ysop-Blättern dekorieren.

Überschüssiger Anis-Ysop

Man kennt das: So mancher kulinarische Unfall entpuppt sich als Glücksfall. So kam ich rein zufällig zu diesem Rezept. Ich wollte Lammkoteletts mit Minzsauce machen, aber aus irgendwelchen Gründen war ich unkonzentriert und nahm statt Minze Anis-Ysop aus meiner Gärtnerei mit. In der Küche bemerkte ich es, begriff aber den Fehlgriff als Chance für ein Experiment – und es funktionierte! Wenn Sie also mal Anis-Ysop im Überfluss haben sollten, kann man die Blätter auf diese Weise wunderbar haltbar machen oder sofort verwenden.

Anis-Ysop-Sauce

Diese Sauce passt gut zu kaltem oder warmem Lamm- und Schweinefleisch

1 Bund Anis-Riesenysop
Streuzucker (genug, um die gehackten Blätter zu bedecken)
Balsamico-Essig

Die Blätter von den Stielen zupfen und sehr fein hacken. Den Zucker darüberstreuen und nochmals hacken – so vermengen sich die Öle und Aromen des Ysops mit dem Zucker. Wenn sich alles miteinander verbunden hat, Ysop und Zucker in eine kleine Schüssel geben. Etwas Balsamico-Essig bis zur Zähflüssigkeit in die Masse einrühren. Die Süße prüfen und je nach Geschmack noch Zucker dazugeben. In einem verschließbaren Glas hält dies im Kühlschrank 1 Woche.
Vor dem Gebrauch gut umrühren und, falls der Essig ausgetrocknet sein sollte, etwas frischen Essig hinzufügen.

BASILIKUM

(auch bekannt als Basilienkraut, Königskraut)
Ocimum basilicum

Als ich vor 30 Jahren mit meiner Kräutergärtnerei begann, riet man mir zu sparsamem Gebrauch von Basilikum, weil sein Geschmack schnell zu dominant würde. Rückblickend denke ich, dass wir nur zu unerfahren waren, um es richtig einzusetzen. Basilikum war damals vollkommen neu. Nun hat es sich längst etabliert und auch ich verwende es vielfältig in meiner Küche, von Nudelgerichten bis Desserts, als Tee, zu Salaten und Saucen. Es gehört zu den Kräutern, die ein einfaches Essen in ein Festmahl verwandeln können.

Beschreibung

Das populärste Basilikum *Ocimum basilicum* trägt im Sommer kleine, weiße, in Büscheln angeordnete Röhrenblüten und grasgrüne, ovale und spitz zulaufende Blätter, die beim Zerreiben wunderbar duften.

In den meisten Fällen ist Basilikum einjährig – es lebt im Garten und in Töpfen nur eine Saison und muss in jedem Frühling neu ausgesät werden. Im Frühbeetkasten und Gewächshaus kann man Basilikum im zeitigen Frühjahr aussäen, direkt ins Freiland ab Ende Mai, wenn sich die Erde erwärmt hat und die Frostgefahr vorüber ist. Ein zumindest leicht vor der Mittagssonne geschützter Platz mit lockerem, nährstoffreichem Boden gefällt ihm am besten.

Dieses Kraut lässt sich auch gut in Töpfen ziehen, was sich besonders in kühleren Klimazonen empfiehlt, um den Pflanzen bei rauen Wetterumschwüngen oder drohender Schneckengefahr geschützte Plätze bieten zu können. Für die Topfkultur eignet sich am besten gut verrottete Komposterde.

Basilikum ist ein guter Pflanzennachbar, wirkt es doch gegen Weiße Fliege, Blattläuse, Tomatenschwärmer, Spargelhähnchen und Fruchtfliege und außerdem, wenn es auf der Fensterbank steht, gegen Stubenfliegen.

Als Küchenpflanze

Bevor Basilikum unsere mitteleuropäische Küche eroberte, wurde es weltweit schon lange verwendet. Auf dem ganzen Erdball ist es in verschiedenen Arten zu finden und überall nutzte man es unterschiedlich. Tausende Jahre lang setzten es die Ägypter zur Entgiftung des Körpers ein. Im antiken Griechenland soll man den Menschen geraten haben, die Aussaat zu beschreien und zu beschwören, damit besonders kräftig duftendes Basilikum daraus erwachsen möge. In Indien ist die Verwendung von Basilikum seit über 1000 Jahren nachgewiesen. Es wird dort als heilige Pflanze verehrt und zur Entgiftung und Herzstärkung eingesetzt. Im 17. Jahrhundert äußerte sich der berühmte englische Botaniker Nicholas Culpeper zum fast aufdringlichen und unberechenbaren Charme des Basilikums: Entweder habe man es zum Feind oder zum Liebhaber, dazwischen gäbe es nichts.

Ernte und Verwendung

Blätter

In kühlen Klimazonen der Erde kann man die Blätter vom späten Frühling bis zum Spätsommer ernten, in warmen Gegenden das ganze Jahr über. Sie schmecken wunderbar würzig und passen gut zu Tomaten, Zitronen, Fisch, Geflügel, Pasta, Pizza, Marinaden, Salaten und Dressings. Auch Tee lässt sich damit aufbrühen. Doch Vorsicht: Das Aroma von Basilikum wird ruiniert, wenn man es zu lange kocht, daher sollte man die Blätter erst am Ende der Kochzeit dazugeben. In zahlreichen Küchen weltweit ist Basilikum vertreten, besonders im Mittelmeerraum, aber auch in Thailand und anderen Ländern, wo es in Suppen- und Fischgerichte kommt. In Indien wird es selten gekocht, eher zur Bereitung von erfrischendem Tee verwendet, häufig als Beigabe zu anderen Blättern und Samen.

Einfrieren kann man Basilikum nicht, weil die Blätter beim Auftauen matschig werden. Haltbar bleiben sie nur in Öl, Essig und Saucen (siehe Seite 39 und 40).

Blüten

Die Blüten erntet man während der Sommermonate. Dabei pflückt man die Einzelblüten vorsichtig von den Ähren ab und streut sie über das Essen. Sie passen gut zu Salat, aber auch zu Süßem wie Birnengelee oder Feigenkonfitüre.

Eigenschaften

Basilikum gehört zu den Minzgewächsen und wirkt daher verdauungsfördernd und antioxidativ. Weiterhin wird es gegen Bronchitis, Erkältungen, Fieber und Stress eingesetzt. Sein Saft ist gut für die Haut und das aus Basilikum gewonnene Öl zeigt bei Ohrentzündungen und Insektenstichen lindernde Wirkung. Neueren Forschungen zufolge kann Basilikum den Blutzucker senken und wird daher in der Diabetes-Behandlung eingesetzt.

Weitere Arten

Blaues Afrikanisches Basilikum

Ocimum 'African Blue'

Purpur-blaue, ovale, stark duftende Blätter mit einem fruchtigen Geschmack. In seiner Heimat ist diese Sorte ausdauernd.

Zimt-Basilikum

Ocimum basilicum 'Cinnamon'

Grünbraune, ovale, spitz zulaufende, leicht gesägte Blätter mit einem scharfen Geschmack. Passt gut zu Gebratenem.

Basilikum 'Dark Opal'

Ocimum basilicum var. *purpurascens* 'Dark Opal'
Tief purpurfarbene, ovale, spitz zulaufende Blätter mit einem scharfen, nelkenähnlichen Geschmack. Großartig zu Reis und Nudeln, nicht nur wegen des Geschmacks, auch aufgrund der Farbe.

Buschbasilikum

Ocimum minimum 'Greek'
Kleine, grüne, ovale, spitz zulaufende Blätter. In Griechenland stehen Basilikumtöpfe als Willkommenszeichen auf Torpfosten oder zur Fliegenabwehr auf dem Tisch. Passt gut zu Tomaten.

Indisches Basilikum, Tulsi

Ocimum tenuiflorum
Die behaarten und leicht gesägten Blätter haben einen scharfen Duft und Geschmack. Wird häufig in thailändischen Gerichten verwendet.

Zitronen-Basilikum

Ocimum x *citriodorum*
Mit den nach Zitrone schmeckenden Blättern gelingt jedes Salatdressing. Auch gut für Sorbets und Desserts geeignet.

Großblättriges Basilikum

Ocimum basilicum 'Napolitano'
Hellgrüne, gekräuselte Blätter. Eignet sich für Saucen, Pesto (siehe Seite 36) und Basilikumöl (siehe Seite 40).

Basilikum 'Mrs Burns'

Ocimum basilicum 'Mrs Burns'
Grüne, ovale, intensiv nach Zitrone schmeckende Blätter. Großartig zu Fisch, Geflügel, Reis und Nudeln, gut in Dressings und Saucen.

Thai-Basilikum

Ocimum basilicum 'Horapha'
Attraktive, dunkelrote Blätter mit einem Anisduft und -geschmack. Wichtig in der thailändischen Küche.

MILDE BASILIKUM-GNOCCHI

Wenn man Gnocchi einmal selbst gemacht hat, wundert man sich nicht nur, wie gut sie schmecken, sondern auch wie schnell sie zubereitet sind. Wenn man das Basilikum in die Gnocchi statt in die Sauce gibt, kann sich sein Geschmack am besten entfalten.

Ergibt 4–6 Portionen

Für die Sauce

400 g gehackte Dosentomaten
1 Schalotte, fein gehackt
2 Knoblauchzehen, fein gehackt
1 Zweig Rosmarin, 2 Zweige Thymian, einige Lorbeerblätter
Salz und frisch gemahlener schwarzer Pfeffer
etwas Zucker (wahlweise)

Für die Gnocchi

500 g festkochende Kartoffeln, geschält und gewürfelt
15 g milde Basilikumblätter, fein gehackt
200 g Mehl
Salz und frisch gemahlener schwarzer Pfeffer
60 g Rucola, gewaschen, getrocknet und grob gehackt

Zuerst die Sauce zubereiten: Die Dosentomaten in einen kleinen Topf geben, die Dose zur Hälfte mit Wasser füllen und dazugießen. Schalotte, Knoblauch, Kräuter, Salz und Pfeffer einrühren. (Meine Mutter gab immer noch eine Messerspitze Zucker dazu, um den Geschmack der Tomaten zu verstärken.) Zum Kochen bringen und mindestens 1 Stunde sachte köcheln lassen, bis alles zähflüssig und dunkelrot ist. Die Kräuter herausnehmen.

Während die Sauce köchelt, die Kartoffeln gar kochen, abgießen und so fein wie möglich pürieren, denn jeder Klumpen fällt in den Gnocchi auf. Mit Basilikum, Mehl und reichlich Salz und Pfeffer bestreuen. Mit einem Holzlöffel oder den Händen alles zu einem festen Teig vermengen. Diesen ein paar Minuten durchkneten, zu 1 Zentimeter dicken Würsten ausrollen und diese in 2,5 Zentimeter lange Stücke teilen.

Einen großen Topf mit Wasser zum Kochen bringen, dann die Temperatur auf den Siedepunkt reduzieren. Die Gnocchi für 1 bis 2 Minuten in das siedende Wasser geben und mit einem Schaumlöffel abschöpfen, sobald sie zur Oberfläche aufsteigen. Die Tomatensauce über die Gnocchi geben, mit dem Rucola bestreuen und servieren.

VICKIS BASILIKUM-PAPRIKA-GEMÜSE MIT CHILI UND PESTO

Vicki arbeitet in meiner Gärtnerei und ist wie viele meiner Mitarbeiter versessen auf frische Zutaten. Das Pesto passt nicht nur gut zu Paprika, es ist auch eine gute Möglichkeit, Basilikum ein paar Tage haltbar zu machen. Übrig gebliebenes Pesto kann unter gekochte Nudeln oder in einen Tomatensalat gerührt werden. Dieses Gericht passt wunderbar zu frischem Salat, Reis oder pochiertem Lachs.

Ergibt 4 Portionen

4 rote Paprika, halbiert
Olivenöl, zum Einfetten und Beträufeln
4 EL Frischkäse
1 mittelgroße Chilischote, fein gehackt, Samen entfernt
1 EL gehackter Majoran
Salz und schwarzer Pfeffer

Mit dem Pesto beginnen: Pinienkerne, Basilikumblätter, Knoblauch und Parmesan mit einem Pürierstab unter langsamem Zugeben des Öls zu einer zähen Paste pürieren. Mit Salz abschmecken. Die Masse in einer verschließbaren Dose im Kühlschrank aufbewahren. Dort hält sich das Pesto bis zu 1 Woche, sofern es nicht austrocknet. Gegebenfalls frisches Öl ergänzen.

Backofen auf 200 °C vorheizen. Die Paprikahälften in eine leicht eingefettete Auflaufform legen. Auf jede Paprikahälfte 1 Esslöffel Frischkäse, 1 Prise Chili und 1 Esslöffel Pesto geben. Majoran über

Für das Pesto
1 EL Pinienkerne
4 EL gehackte Basilikumblätter, keine scharfe Sorte
2 Knoblauchzehen, geschnitten
75 g Parmesan
6 EL Sonnenblumen- oder Olivenöl

alle Paprikahälften streuen, mit Olivenöl besprenkeln und mit Salz und Pfeffer würzen. Für 20–25 Minuten im Backofen auf der mittleren Schiene garen.

BASILIKUM-MAYO

Diese Mayonnaise passt gut zu kaltem Fisch oder Huhn und schmeckt hervorragend zu gekochten Eiern. Ich gebe zu, dass ich sie mit der Küchenmaschine herstelle – es geht schneller und gelingt immer. Meine Mutter war schockiert, als ich ihr zeigte, wie schnell es mit der Maschine geht, verurteilte diese Methode aber als Betrug und unredliches Kochen!

Vorsicht Der Verzehr roher oder nur schwach gekochter Eier erhöht das Risiko einer Salmonellenvergiftung. Für schwangere Frauen, alte Menschen und Kleinkinder ist dieses Gericht daher nicht zu empfehlen.

Ergibt 300 Milliliter
2 mittelgroße Eigelb
1 EL Zitronensaft
1 TL Dijon-Senf
Salz und frisch gemahlener schwarzer Pfeffer
300 ml mildes Olivenöl, anderes Pflanzenöl oder eine Mischung von beidem
2–4 EL fein gehacktes Basilikum (Zitronen-Basilikum eignet sich besonders gut)

Die Eigelbe, 2 Teelöffel Zitronensaft, den Senf und eine Prise Salz in die Küchenmaschine geben und rühren, bis die Masse fest zu werden beginnt.

Das Öl in einen Messbecher gießen und bei laufendem Motor in einem dünnen Strahl der Eigelbmasse zugeben. Gelegentlich stoppen und die Seitenwände abschaben. Rühren, bis die Mischung steif, cremig und blassgelb ist. Auf den richtigen Ölfluss kommt es an, damit die Mischung nicht zu schnell steif wird. (Wenn das passiert, reichen 2 Teelöffel heißes Wasser, um die Mayonnaise etwas zu verflüssigen und dann mit dem Öl fortzufahren.)

Den Rest Zitronensaft und das Basilikum einrühren und abschmecken. In ein luftdichtes Glas füllen, Frischhaltefolie über das Glas spannen, dann den Deckel aufschrauben. Im Kühlschrank ist die Mayonnaise 3 Tage haltbar.

BASILIKUM-ZITRONENSORBET

Die Kombination von Basilikumblättern einer milden Sorte mit der Säure von Zitronen ist brillant. Dies ist ein simpler Sommernachtisch, der bei meiner Familie und Freunden stets gut ankommt.

Ergibt 4 Portionen
150 ml Wasser
150 g Streuzucker
Schalen von 2 Bio-Zitronen
1 großes Bund Basilikumblätter, einige davon zum Dekorieren
150 ml Zitronensaft

Wasser, Zucker und Zitronenschalen in einen kleinen Topf geben, zum Kochen bringen und 4 Minuten sieden lassen. Vom Herd nehmen und abkühlen lassen.

Basilikumblätter von den Stielen zupfen und in einem Mörser oder mit einem Pürierstab zerkleinern. Zitronensaft und Basilikumpüree mit dem Zitronenschalen-Sirup verrühren, etwa 30 Minuten abkühlen lassen, damit sich die Aromen vermischen können. Wenn Sie möchten, streichen Sie die Masse durch ein Sieb. Ich aber liebe die kleinen Blattstückchen darin und gebe die Mischung daher gleich in ein Kunststoff- oder Steingutgefäß und stelle es in den Gefrierschrank.

Generell braucht Sorbet 2 Stunden zum Setzen. Damit es nicht steinhart wird, die Masse nach 30 Minuten mit einer Gabel umrühren und wieder in das Gefrierfach stellen. Diesen Vorgang 3-mal wiederholen. So kristallisiert das Sorbet, ohne zu vereisen. Mit einigen frischen Basilikumblättern dekorieren und servieren.

PANNA COTTA MIT BASILIKUM

Als ich in Jamie Olivers Restaurant »Fifteen« einmal vor seinen Auszubildenden einen Vortrag über Kräuter hielt, überraschte mich ein Lehrling besonders. Er richtete eine Panna Cotta mit Basilikum an, inspiriert durch ein indisches Milchgetränk mit Basilikum, das dort den Kindern als Gutenacht-Trunk gegeben wird. Dieses Rezept ist meine Abwandlung dieser Idee. Am besten mit frischen Früchten wie Feigen, roten Johannisbeeren, Pfirsichen oder Nektarinen servieren.

Ergibt 4 Portionen
2 große Sträuße Basilikum ('Dark Opal', Zimt-, Zitronen- oder Thai-Basilikum)
70 ml Milch
2 Vanilleschoten
fein geriebene Schale von 1 Bio-Zitrone
375 ml Schlagsahne
1 ½ Blätter Gelatine, in Wasser getränkt
Puderzucker

Basilikumblätter von den Stielen zupfen und sehr fein hacken, einige ganz lassen zum Dekorieren. Milch, Vanilleschoten, ausgeschabtes Vanillemark sowie die Zitronenschale und die Hälfte der Sahne in einen kleinen Topf geben, langsam zum Kochen bringen und köcheln lassen, bis sich die Masse um ein Drittel reduziert hat. In eine Schüssel gießen, die Schoten entfernen, die gehackten Basilikumblätter und die getränkte Blattgelatine einrühren, bis sie sich aufgelöst hat. Etwas abkühlen lassen, dann die Schüssel in den Kühlschrank stellen, gelegentlich umrühren, bis die Mischung am Löffel haften bleibt. Aus dem Kühlschrank nehmen und die Masse zum Entfernen des Basilikums durch ein feines Sieb streichen. Wenn Sie, wie ich, das Basilikum stärker durchschmecken möchten, verzichten Sie auf das Sieben.

Die restliche Sahne zusammen mit dem Puderzucker schlagen und mit der Panna Cotta mischen. Die Masse in 4 kleine Gläser füllen, abdecken und mindestens 1 Stunde in den Kühlschrank stellen.

Zum Servieren die Gläser in heißes Wasser tauchen und die Panna Cotta auf eine Servierplatte stürzen. Mit Basilikumblättern dekorieren.

BASILIKUM-BISKUIT

Das Backen von Biskuit gehörte zu meiner Kindheit und zu der meiner Kinder. Stunden brachten wir am Küchentisch zu und probierten neue Formen und Rezepte aus. Dieses Rezept hat sich bewährt und die Biskuits können zu Fruchtpüree, Sorbets oder aber einfach so gegessen werden.

Ergibt 15–20 Stück
100 g Butter
50 g Zucker
50 g gemahlene Mandeln
100 g Mehl
1 gehäufter EL gehackte Basilikumblätter (Zitronen-, Zimt-Basilikum oder ˋDark Opal´)

Butter und Zucker vermengen, Mandeln dazugeben, gut vermischen und mit Mehl auf einer bestäubten Fläche zu einem Teig kneten. Die Basilikumblätter einkneten, dann zu einer 5 Zentimeter dicken Wurst ausrollen und diese in 1 Zentimeter lange Stücke schneiden.

Die Stücke auf einem gut gefetteten oder mit Backpapier belegten Backblech verteilen. 10–15 Minuten backen, bis sich die Biskuits golden färben. Sofort herausnehmen und auf einem Drahtgitter abkühlen lassen.

Überschüssiges Basilikum

Basilikumsauce

Diese Sauce passt gut zu Käse, Tomaten, Salat sowie kaltem Fleisch und Fisch. Zitronen-Basilikum hat sich besonders zu Lachs oder kalter Forelle bewährt.

1 Bund Basilikum (Busch-, Zitronen-Basilikum oder ‘Blue Opal’)
Streuzucker (genug, um die gehackten Blätter zu bedecken)
Weißweinessig

Die Basilikumblätter von den Stielen zupfen und sehr fein hacken. Den Zucker dazugeben und weiter hacken, damit der Zucker die Öle und das Aroma aufnimmt. Dann die Mischung in eine kleine Schüssel geben. Weißweinessig dazugießen, bis die Sauce flüssig wird – nicht zu viel, denn es soll keine Essigsauce werden. Die Süße prüfen und, wenn nötig, noch etwas Zucker hinzufügen.

Basilikumöl

Dies ist eine herrliche Methode, große Mengen Basilikumblätter zu verbrauchen. Allerdings muss man bei der Herstellung von Ölen mit frischen Zutaten gut aufpassen, denn die Beigabe frischer Kräuter, besonders von Knoblauch, erhöht die Gefahr von Botulismus. Dem Öl zugegebener Zitronensaft wirkt wie ein natürliches Konservierungsmittel und verlängert die Haltbarkeit des Öls.

Dieses Basilikumöl schmeckt nicht nur großartig auf Salaten, sondern auch zu hartgekochten Eiern, Tomaten, Fisch und kaltem Huhn.

Ergibt 250 Milliliter
3 Handvoll Basilikumblätter
250 ml mildes Olivenöl
2 TL Zitronensaft

Die Blätter waschen, auf Küchenpapier trocknen, fein hacken (geht auch in der Küchenmaschine), Öl und Zitronensaft dazugeben und gut vermischen. In ein gut verschließbares Gefäß gießen, in den Kühlschrank stellen und innerhalb von 5 Tagen verbrauchen. Vor Gebrauch schütteln, weil sich der Zitronensaft absetzt.

Man kann das Öl auch nach 2 Tagen durch einen ungebleichten Kaffeefilter in ein fest verschließbares Glas gießen. Im Kühlschrank maximal 3 Tage aufbewahren. Vor Gebrauch gut schütteln.

Vorsicht Legen Sie keine frischen Kräuter des schönen Aussehens wegen in Öl ein. Wenn der Ölstand sinkt und die Kräuter Luftkontakt bekommen, werden sie matschig und verunreinigen das Öl, was zu Salmonellenvergiftungen führen kann. Verwenden Sie daher nur komplett getrocknete Kräuter zum Einlegen in Öl.

BOHNEN-KRAUT

(auch bekannt als Berg-Bohnenkraut, Winter-Bohnenkraut)
Satureja montana

Meine Mutter zog nur das einjährige Sommer-Bohnenkraut *(Satureja hortensis)*, das sie reichlich zu Dicken Bohnen gab und damit exzellente Sommergerichte zauberte. Erst als ich meine Gärtnerei gründete, stellte ich fest, dass es noch viele andere schmackhafte Sorten gibt.

Beschreibung

Winter-Bohnenkraut stammt aus dem Mittelmeerraum und ist in kühleren Klimazonen nur teilweise immergrün – es bleiben dann nur ein paar Blätter zum Pflücken hängen. Die kleinen, weißen Blüten ähneln denen des Thymians, die zugespitzten Blätter sind klein und duften aromatisch beim Zerreiben. Direkt von der Pflanze geerntet haben sie einen leicht pfeffrigen Geschmack.

Alle Bohnenkrautarten bevorzugen eine sonnige Lage in gut dräniertem, magerem Boden, der im Herbst nicht gedüngt wurde. Das Winter-Bohnenkraut kann auch zur Beeteinfassung verwendet werden, denn es sieht im Sommer hübsch aus, besonders zur Blütezeit. Im Winter macht es natürlich einen eher spärlichen Eindruck.

Da Winter-Bohnenkraut in warmem Fels seinen natürlichen Standort hat, eignet es sich in kühleren Klimazonen vor allem als Topfpflanze für sonnige, geschützte Plätze. Als Substrat empfiehlt sich eine Mischung aus Kompost und Feinsplitt.

Als Küchenpflanze

Seit über 2000 Jahren ist die Nutzung als Nahrungsmittel nachgewiesen. So nahmen es die Alten Römer für Saucen und als Würzkraut für Essig. In seiner Heimat Süditalien wurde es nicht nur zu gegrilltem Fisch und Lammfleisch verwendet, sondern auch zur Desinfektion von Weinfässern vor dem Befüllen mit der neuen Ernte. Bunde des Winter-Bohnenkrauts wurden damals vor die Fässer gehängt, um sie vor Fruchtfliegen zu schützen, während der Wein fermentierte.

Ernte und Verwendung

Blätter

Die Blätter kann man vom zeitigen Frühling bis zum Spätherbst ernten. Am kräftigsten und saftigsten schmecken die neuen Triebe. Wie dem Namen zu entnehmen ist, kommt das Kraut vor allem zu Bohnen zum Einsatz, von frischen grünen bis zu Dicken Bohnen, aber auch zu allen anderen Hülsenfrüchten. Die Blätter duften süßlich und da sie recht scharf schmecken, können sie auch als Pfefferersatz dienen. Aber beachten: Beim Kochen verliert das Kraut seinen Geschmack.

Blüten

Sobald die Blüten im Frühjahr erscheinen, kann man sie pflücken. Die kleinen Blüten haben ein kraftvolles Aroma, das ausgezeichnet zu Käse, Salaten sowie zu Pflaumen und Birnen passt.

Eigenschaften

Die Blätter unterstützen die Verdauung, wirken Koliken, Blähungen und Völlegefühl entgegen.

Weitere Arten

Sommer-Bohnenkraut, Garten-Bohnenkraut

Satureja hortensis

Dieses einjährige Kraut blüht im Sommer in kleinen, weißen Blüten mit einem rosa Hauch. Die lanzettlichen Blätter sind mittelgrün und duften scharf. Wird vor allem in Europa und den USA zu Bohnengerichten gegessen.

Berg-Bohnenkraut

Satureja montana ssp. *illyrica*

Die halbimmergrüne Staude hat im Sommer kleine, malvenfarbene Blüten und dunkelgrüne, schmale, kleine Blätter. Hat wie Winter-Bohnenkraut einen kräftigen Geschmack und wird daher gerne in Marinaden, zu Grillfleisch, Gemüse und Hülsenfrüchten verwendet.

Kriechendes Bohnenkraut

Satureja spicigera

Diese Art hat im Spätsommer kleine, weiße Blüten, die hellgrünen, lanzettlichen Blätter haben ein überaus kräftiges Aroma. Wild ist es auf Sardinien zu finden, wo es unter anderem in Salami verarbeitet wird.

Thymbra-Bergminze

Satureja thymbra

Eine halbimmergrüne Staude mit hübschen, kleinen, purpurfarbenen Blüten und dünkelgrünen, schmalen Blättern, die aromatisch duften. Dieses Kraut hatte früher verschiedene Namen und wurde sogar zur Thymian-Gattung gezählt. Schmeckt exzellent zu gegrilltem Fisch, Lammfleisch und Pilzen.

Afrika-Zitronenkraut

Satureja biflora

Die Blätter dieses halbimmergrünen Krauts schmecken scharf und nach Zitrone. Die Pflanze blüht weiß und passt gut zu Hülsenfrüchten sowie anderen Gemüsegerichten.

DICKE BOHNEN MIT BOHNENKRAUTCREME

Pfeffriges Bohnenkraut passt ideal zu Dicken Bohnen. In diesem Rezept meiner Mutter habe ich nur eine Zutat verändert: Sie bevorzugte Schlagsahne, ich dagegen Crème fraîche. Wenn Sie Zeit und Geduld haben, können Sie die Haut der Bohnen nach dem Kochen abziehen, denn so sind die Bohnen lebhafter grün und schmecken milder. Mit kaltem Schinken servieren.

Ergibt 2 Hauptgerichte oder 4 Beilagen

- 340 g junge Dicke Bohnen
- 2 Zweige Sommer-Bohnenkraut
- 30 g Butter
- 1 EL Sommer-Bohnenkrautblätter, fein gehackt
- 150 ml Crème fraîche
- 1 Eigelb
- Salz und frisch gemahlener schwarzer Pfeffer

Einen Topf mit Wasser zum Kochen bringen, zu diesem Zeitpunkt aber noch kein Salz zufügen, da ansonsten die Haut der Dicken Bohnen hart wird. Dicke Bohnen und Bohnenkrautzweige ins kochende Wasser geben, so lange kochen, bis die Bohnen weich sind. Abgießen und Bohnenkrautzweige entfernen.

In einem zweiten Topf die Butter schmelzen, Hitze zurücknehmen und die Bohnen sowie das gehackte Bohnenkraut dazugeben. Crème fraîche und Eigelb verrühren und zu den Bohnen geben. Unter ständigem Rühren auf niedriger Stufe für einige Minuten erhitzen, bis die Crème fraîche andickt. Die Sauce darf auf keinen Fall kochen, da sie sonst gerinnt! Würzen und abschmecken, in eine vorgewärmte Servierschüssel geben und sofort servieren.

TOPINAMBURAUFLAUF MIT BOHNENKRAUT UND SCHINKEN

Topinambur erzeugt erwiesenermaßen Blähungen. Zusammen mit Bohnenkraut verzehrt, schmeckt die Knolle interessanter und wird leichter verdaut.

Ergibt 4–6 Portionen

- 225 ml Crème fraîche
- Saft von 1 Zitrone
- 2 Knoblauchzehen, fein gehackt
- 1 Handvoll Bohnenkrautblätter (Winter-, Sommer- oder Kriechendes Bohnenkraut), fein gehackt
- 3 Handvoll Parmesan, gerieben
- Salz und frisch gemahlener schwarzer Pfeffer
- 4 Scheiben gekochter Schinken, in Quadrate geschnitten
- 1 kg Topinambur, geschält und in Scheiben geschnitten
- 2 Handvoll frische Semmelbrösel
- Olivenöl

Backofen auf 220 °C vorheizen. In einer Schüssel Crème fraîche, Zitronensaft, Knoblauch, die Hälfte des Bohnenkrauts und drei Viertel des Parmesans mischen und würzen. Mit Topinambur und Schinken verrühren und in eine feuerfeste Form geben.

Die Semmelbrösel mit dem restlichen Bohnenkraut und Parmesan mischen, etwas salzen und pfeffern. Die gewürzten Semmelbrösel über den Auflauf streuen, mit Olivenöl beträufeln.

Etwa 30 Minuten im Ofen backen, bis die Topinambur zart und die Semmelbrösel goldbraun sind.

GESCHMORTER ROTKOHL MIT WINTER-BOHNENKRAUT

Als Kind war mir der Geschmack von Rotkohl zu streng, aber später habe ich ihn dann lieben gelernt. Es ist ein sehr praktisches Gemüse, da man es warm oder kalt essen und mehrere Tage im Kühlschrank aufbewahren kann. Meine Mutter streute zu unserer Verlockung Rosinen hinein. Ich dagegen nehme Bohnenkraut, denn sein pikanter, pfeffriger Geschmack passt ausgezeichnet zu Kümmel und Kohl. Warm servieren mit kaltem Fleisch oder gegrilltem Hähnchen, oder kalt mit Cheddar-Käse und frischem Krustenbrot.

Ergibt 4–6 Portionen
1 mittelgroßer Rotkohl
25–50 g Butter
1 großer Kochapfel, geschält und geschnitten
2 mittelgroße Zwiebeln, geschält und gehackt
2 Knoblauchzehen, zerdrückt
Schale und Saft von 1 Bio-Orange
3 Zweige Winter-Bohnenkraut
1 Lorbeerblatt
1 Bund glatte Petersilie
1 TL Kümmelsamen
¼ TL frisch geriebene Muskatnuss
¼ TL Zimt
Salz und frisch gemahlener schwarzer Pfeffer
2 EL brauner Zucker
1 Glas Rotwein (am besten von einer am Vorabend geöffneten Flasche)

Backofen auf 150 °C vorheizen. Beschädigte äußere Blätter des Rotkohls entfernen. Vierteln, den Strunk herausschneiden, dann so fein wie möglich schneiden. Butter in einer feuerfesten Kasserolle auf der Herdplatte zerlassen, den Rotkohl dazugeben, abdecken und 5 Minuten dünsten. Apfel, Zwiebeln, Knoblauch, Orangenschale und -saft, Bohnenkrautzweige, Lorbeerblatt, Petersilie sowie Gewürze dazugeben und mit Pfeffer und Salz abschmecken. Alles gut mischen, Zucker und Wein hinzufügen, erneut umrühren, zudecken und für 3 Stunden in den Backofen stellen. Nach der Hälfte der Zeit die Flüssigkeit prüfen und gegebenenfalls etwas heißes Wasser nachgießen.

AUFLAUF MIT BOHNENKRAUT, KNOBLAUCH UND PILZEN

In Griechenland wird Bohnenkraut häufig mit Pilzen kombiniert. Dies ist ein einfaches Rezept für ein leichtes Mittag- oder Abendessen, in dem das Bohnenkraut gut zur Geltung kommt. Mit gemischtem Kräutersalat und frischem Krustenbrot servieren, um den Pilzsaft aufzutunken.

Ergibt 2 Portionen
25 g Butter, plus etwas zum Einfetten
12 große Hutpilze
(je frischer, desto besser)
2 EL Olivenöl
6 EL grobe Semmelbrösel
2 Knoblauchzehen, fein geschnitten
1 gehäufter TL Bohnenkrautblätter, fein gehackt
Salz und frisch gemahlener schwarzer Pfeffer
Muskat

Backofen auf 170 °C vorheizen. Eine Auflaufform einfetten.

Wenn man das Glück hat, die Pilze selbst zu pflücken, muss man sie nicht nur waschen, sondern auch die Haut abziehen. Trocknen lassen und in Scheiben schneiden. Gekaufte dagegen brauchen nur gewaschen und können dann getrocknet und geschnitten werden.

Das Olivenöl in einer Pfanne erhitzen, die Semmelbrösel hineinstreuen und unter Rühren bräunen. Sobald sie braun werden, Knoblauch, Bohnenkraut, Salz, Pfeffer und Muskat (bei frischen, selbst geernteten Pilzen kann man darauf verzichten) dazugeben. So lange schmoren, bis der Knoblauch glasig, aber nicht braun geworden ist.

Die Pilze in die Auflaufform geben, die gewürzten Semmelbrösel darüberstreuen und die Form für 25 Minuten in den Backofen schieben.

Überschüssiges Bohnenkraut

Sommer-Bohnenkrautbutter

Wenn es von diesem einjährigen Kraut einmal eine überreiche Ernte gibt, lässt es sich so eine Weile konservieren. Ich nehme diese Butter anstelle von Rosmarin für gegrillten Fisch oder Lamm.

Ergibt 125 Gramm
125 g weiche Butter
1 Handvoll Bohnenkrautblätter

Die Bohnenkrautblätter durch sachtes Auf- und Abstreichen von den Zweigen lösen. Die Blätter fein hacken, um die ätherischen Öle freizusetzen, und mit der Butter vermengen. (Das geht am besten mit einer Gabel.)

Wenn alles gut vermischt ist, die Butter in Backpapier einrollen und 24 Stunden lang in den Kühlschrank stellen. Mit jeder Stunde wird der Geschmack intensiver.

Man kann die Butter auch in einer Gefrierdose einfrieren; dann innerhalb von 6 Monaten verbrauchen.

BORRETSCH

(auch bekannt als Gurkenkraut)

Borago officinalis

An dieses Kraut habe ich schöne Erinnerungen: von der Herstellung von Halsketten aus aneinandergereihten Blüten im Teenie-Alter über das Einfrieren der Blüten in Eiswürfel für besondere Gelegenheiten in meinen Zwanzigern bis zum heutigen Tag, wenn ich meine Französischen Bohnen ernte. Neben ihrer Schönheit ist die Borretschblüte auch wichtig für die Bestäubung anderer Gemüsearten im Garten. Alle Insekten steuern sie an, und nicht umsonst nennen wir sie im Englischen auch »Bienen-Brot«. Dabei werden die geschmacklichen Qualitäten der Pflanze häufig übersehen. Schnell lassen sich viele Menschen von den behaarten Blättern abschrecken, obgleich sie bestenfalls etwas kitzeln, aber nie Schaden anrichten. Auf jeden Fall sollte man in Salaten die jungen, saftigen Blätter verwenden. Sie schmecken frisch nach Salatgurke und die kleinen Haare stören nicht, sie zergehen auf der Zunge.

Beschreibung

Borretsch ist eine attraktive Pflanze mit hübschen blauen Blüten, die im Zier- wie im Gemüsegarten gut aussieht. Sie lebt nur eine Saison, sät sich aber freizügig im Garten aus. Die Sämlinge lassen sich leicht jäten, wenn sie Ihnen zu viel werden sollten – aber auch diese Sämlinge gehören in den Salat.

Man sollte den Borretsch nicht mit der Gemeinen Ochsenzunge *(Anchusa officinalis)* verwechseln, die ähnlich aussieht und zur gleichen Familie gehört. Letztere ist ausdauernd und erscheint in jedem Jahr am gleichen Standort. Wenn man die Pflanzen kennt, sind sie leicht zu unterscheiden: Die Blätter der Ochsenzunge sind schmal und lang, Borretschblätter dagegen oval und mittelgroß, bei beiden sind sie behaart. Beide Pflanzen blühen blau, aber Borretsch hat schwarze Staubgefäße, die einem Vogelschnabel ähneln und nach unten hängen. Die der Ochsenzunge schauen nach vorn oder oben und haben eine weiße Mitte – ähnlich denen des verwandten Vergissmeinnichts.

Ausgesät wird Borretsch vom Frühling bis zum Hochsommer direkt ins Freiland oder in Töpfe, die aufgrund der sich bildenden Pfahlwurzel recht tief sein sollten. Borretsch bevorzugt einen leichten, versickerungsfähigen Boden, aber er wächst auch in meinem schweren Lehmboden, dort allerdings nur in voller Sonne.

Als Küchenpflanze

Der Gebrauch von Borretsch ist in Schriften der Alten Römer und Griechen nachgewiesen. Medizinisch wurde er als fiebersenkendes Mittel in Tees eingesetzt, bei den Römern fand er zudem als Kräuterbeigabe in Eintöpfen Verwendung.

Ernte und Verwendung

Blätter

Die jungen Blätter dieses Krauts gehören mit zum besten, was man in der Küche verwenden kann. Im Frühjahr zeigen sich die Sämlinge an immer wieder neuen Plätzen. Stets die Blätter vor dem Blühen ernten. Frisch schmecken sie nach Gurke und sind eine exzellente Beigabe zu Salaten, Fisch und Gemüse oder in Frischkäse. Gekocht hat Borretsch einen erfrischenden Geschmack, immer gut für eine Sommersuppe.

Blüten

Vom späten Frühjahr über den Sommer bis zum ersten Frost kann man Blüten pflücken. Sie sind ideal zu Frucht- und pikanten Salaten, Reisgerichten, Desserts und in Eiswürfeln.

Eigenschaften

Blätter und Blüten enthalten viel Magnesium und Calcium, wirken blutreinigend und stärkend, besonders für die Funktion der Nebennieren. Borretsch ist damit besonders wichtig bei einem stressigen Lebensstil.

Weitere Arten

Weißblütiger Borretsch

Borago officinalis 'Alba'
Kann genauso wie die blaublütige Wildform verwendet werden.

BORRETSCHSUPPE

Dies ist eine vielseitige Suppe, denn sie kann warm und kalt serviert werden. Für Mitteleuropa also ein perfektes Sommergericht – wenn das Wetter sowohl heiß als auch kühl sein kann.

Ergibt 4 Portionen
50 g Butter
50 g Langkornreis
750 ml heißer Hühner- oder Gemüsefond
225 g Borretschstiele mit jungen Blättern und ein paar Blüten zum Garnieren
Salz und frisch gemahlener schwarzer Pfeffer
175 g Crème fraîche oder Schlagsahne

Die Butter in einem großen Topf zerlassen, den Reis dazugeben und bei schwacher Hitze unter ständigem Rühren einige Minuten erhitzen. Den Fond dazugeben, abdecken und 15 Minuten köcheln lassen.

Die Blüten von den Borretschstielen abzupfen und beiseitestellen. Die Blätter ebenfalls abzupfen, waschen und in den Topf geben. Mehrere Minuten köcheln lassen, bis der Reis gar ist.

Von der Herdplatte nehmen, würzen und mit einem Pürierstab die Suppe pürieren. Heiß mit einem Klecks Crème fraîche oder Schlagsahne servieren – oder in eine Schüssel gießen und abkühlen lassen, dann in den Kühlschrank stellen.

Vor dem Servieren die kalte Suppe kräftig umrühren. Auch hier mit Crème fraîche oder Schlagsahne verfeinern und mit ein paar Blüten garnieren.

SALAT MIT BORRETSCH, BIRNEN UND HIMBEEREN

Ein farbenfroher Sommersalat: Die jungen Borretschblätter mit ihrem kühlen Gurkengeschmack werden wunderbar ergänzt von den Birnen und Himbeeren.

Ergibt 2 Portionen
10 junge Borretschblätter, fein geschnitten
1 Handvoll Rucola, grob gehackt
4 EL Himbeeren
3 Birnen (Conference, Williams oder Comice), geschält, entkernt, geschnitten und mit Zitronensaft beträufelt
3 EL kalt gepresstes Olivenöl
1 EL Balsamico-Essig
Borretschblüten

Borretschblätter und Rucola in einer Salatschüssel mischen. Erst die Himbeeren, dann die Birnen dazugeben. Die Birnen sollte man vorher mit Zitronensaft beträufeln, damit sie sich nicht braun verfärben.

Ein Dressing aus Olivenöl und Essig herstellen, über den Salat gießen und vermengen. Die Borretschblüten darüberstreuen und servieren.

BORRETSCH-BLÜTEN-EISWÜRFEL

Mit diesen hübschen Eiswürfeln kommt Farbe in Drinks und Fruchtsalate. Die Borretschblüten erst ernten, wenn sie ganz geöffnet sind.

Borretschblüten
Kaltes abgekochtes Wasser

Damit die Eiswürfel klar werden, muss man abgekochtes Wasser verwenden. Eine Eiswürfelschale mit Wasser füllen, in jede Vertiefung eine Blüte geben. Unter Umständen dabei eine Pinzette verwenden. Mindestens 12 Stunden ins Gefrierfach stellen, dort halten sie sich bis zu 3 Monate ohne Farbverlust.

EISSCHÜSSEL MIT BORRETSCH-BLÜTEN

Nicht ganz einfach zu machen, aber spektakulär anzuschauen! Für spezielle Anlässe oder um einfach mal aufzufallen ist es den Aufwand wert. Eine perfekte Schale für das Servieren von Früchten wie Erdbeeren, Nektarinen-, Pfirsich- oder Melonenscheiben.

Borretschstängel mit Blüten und Blättern
kaltes abgekochtes Wasser

Die Blüten von den Stängeln zupfen. Nehmen Sie 2 ineinanderpassende Glasschüsseln und füllen Sie die größere Schüssel zur Hälfte mit kaltem abgekochten Wasser. Die kleinere Schüssel einsetzen und mit Steinchen oder Gewichten beschweren, so dass sie mittig in 2 Zentimetern Abstand zur größeren Schüssel schwimmt. In dieser Position mit Klebeband fixieren.

Die Blüten und Blätter im mit Wasser gefüllten Zwischenraum der beiden Schüsseln arrangieren. Wenn Sie fertig sind, die Schüssel vollständig mit Wasser auffüllen und für mindestens 24 Stunden ins Gefrierfach stellen. Erst kurz vor dem Servieren aus dem Gefrierfach nehmen, das Klebeband abziehen, die Steinchen herausnehmen und das Eis anschmelzen lassen, so dass sich die Schüsseln vorsichtig vom Eis ablösen lassen. Eisschüssel mit Früchten füllen und servieren.

Überschüssiger Borretsch

Borretsch kann überreich blühen, am besten, man kandiert einen Teil der Ernte. Die Blüten können dann vielfältig genutzt werden, etwa zum Dekorieren von Nachtisch, Kuchen oder hausgemachter Schokolade.

Kandierte Borretschblüten

Beim Schreiben eines Buches über das Kochen mit Blumen entdeckte ich zahlreiche Methoden des Kandierens von Blüten. Am weitesten verbreitet ist das Eintauchen in geschlagenes Eiweiß mit Zucker – mit oder ohne Alkohol. In meiner Variante kommen *Gummi arabicum* und Rosenwasser zum Einsatz, denn damit halten sich die Blüten mehrere Monate in einem luftdichten Gefäß. Aber diese Methode kostet Zeit und verlangt Geduld.

Rosenwasser kann man in jeder Apotheke kaufen. Man sollte erwähnen, dass man es zum Kochen verwenden will, dann bekommt man es mit Leitungswasser, anstatt mit gereinigtem, vollkommen entsalzenem Wasser (Die Salze sind zur Abwehr von Bakterien nötig!). *Gummi arabicum* ist ebenfalls in Apotheken erhältlich, aber auch in gut sortierten Drogerien oder Reformhäusern.

1 EL Rosenwasser
1 TL *Gummi arabicum*
Borretschblüten
Puderzucker oder feiner Streuzucker

Für das Kandieren von Blüten sollte man sich gut vorbereiten, denn je frischer die Blüten, desto besser das Resultat. Zuerst also die *Gummi arabicum* -Lösung herstellen: Dazu das Rosenwasser in ein fest verschließbares Glasgefäß mit einem ausreichend großen Hals schütten, um die Blüten leicht hineinstreuen und vor allem wieder herausholen zu können. Dann das pulverisierte *Gummi arabicum* dazugeben und das verschlossene Glas 1–2 Minuten schütteln, bis sich das Pulver aufgelöst hat. Auf keinen Fall das Pulver vor dem Rosenwasser ins Glas streuen, denn dann löst es sich unmöglich vollständig auf.

Am späten Vormittag die größten und schönsten der Borretschblüten pflücken. Von den Stängeln zupfen und darauf achten, dass nichts Grünes daran ist. Jede Blüte einzeln in Wasser tauchen, um Insekten und Staub zu entfernen, dann sachte auf Küchenpapier trocknen.

Den Backofen auf 110 °C vorheizen. Die Blüten eine nach der anderen in die *Gummi arabicum* -Lösung streuen und vorsichtig untertauchen, danach mit einem feinen Pinsel herausholen und auf ein mit Zucker bestreutes Backpapier legen. Weiteren Zucker über die Blüten streuen und eventuell entstandene Klumpen im Herz der Blüten mit dem Pinsel entfernen.

Nun die Blüten auf einen mit sauberem Backpapier ausgelegten Backrost legen und im geöffneten Backofen trocknen lassen. Das wird zwischen 2–3 Stunden dauern. Wenn die Blüten bei Berührung hart sind, aus dem Ofen nehmen. Lagenweise auf Backpapier in luftdicht verschließbaren Behältern aufbewahrt, halten sie bis zu 6 Monate.

CURRYBLÄTTER

(auch bekannt als Currybaum)
Bergera koenigii, Syn. *Murraya koenigii*

Seit ein paar Jahren hüte ich den Sämling eines Currybaumes wie einen Schatz, bringe ihn durch den Winter und ernte jedes Jahr nur wenige Blätter. Ich bin sehr stolz auf diese Pflanze und würde sie gerne in unserem kühlen Klima vermehren. Stellen Sie sich vor, wie erstaunt ich war, als ich zum ersten Mal eine ausgewachsene Pflanze in einem Garten stehen sah. Ich war gerade in Sydney angekommen, um im Kräutergarten der Royal Botanic Gardens einen Vortrag zu halten. Noch unter Jetlag leidend spazierte ich durch den Garten und stand dann vor diesem kräftigen, großartigen Exemplar. Mir wurde klar, dass meine kleine Pflanze daheim noch immer ein Baby war und es noch eine ganze Weile dauern würde, bis ich irgendwann regelmäßig Blätter würde ernten können.

Beschreibung

Der Currybaum ist ein immergrüner Kleinbaum aus den Tropen und Subtropen. Er blüht vom Spätsommer an in Rispen aus kleinen, weißen, süßlich duftenden Blüten, denen dann kleine schwarze Früchte folgen. Während das Fruchtfleisch genießbar ist, hat der Samen eine giftige Wirkung. Die langen, glänzenden Blätter bestehen aus 11–31 Fiederblättchen, die beim Zerreiben ein umwerfendes Aroma entwickeln, ebenso exzellent schmecken und dabei an ein mildes indisches Korma erinnern. Wirklich ertragreich lässt es sich nur in tropischen oder subtropischen Gärten ziehen, dort in fruchtbarem Boden im Halbschatten. Außerhalb dieser Klimazone braucht es Schutz, sobald die Nachttemperaturen unter 13 °C sinken.

Im Warmhaus kann es bei uns im Herbst aus dem frischen, reifen Samen gezogen werden, aber leichter ist die Vermehrung im Frühsommer aus nicht ganz ausgereiften Stecklingen.

Als Küchenpflanze

Schon im ersten nachchristlichen Jahrhundert wird die Verwendung von Curryblättern als aromatisierendes Gewürz zu Gemüsegerichten in tamilischer Literatur erwähnt. Gerichte aus Südindien und Sri Lanka erhalten ihre typische Geschmacksnote von den Blättern des Currybaums.

Ernte und Verwendung

Blätter

Die beste Zeit zum Ernten der Blätter liegt in den Tropen während der Blütezeit, in kühleren Klimazonen von Frühling bis Hochsommer. Dabei bleiben die geernteten Blätter nur kurz frisch und sollten daher schnell ins Gefrierfach, wenn man sie nicht gleich verbrauchen sollte. Dort kann man sie bis zu 1 Woche aufbewahren. Man kann sie auch trocknen, und zwar so, wie bei Stevia (siehe Seite 275) und Zitronenverbene (siehe Seite 346) beschrieben. In einigen Rezepten werden die Blätter kurz vor Verwendung im Backofen getrocknet oder schnell in Butter oder Öl gebraten – dieses aromatisierte Öl wird dann über das Gericht gegossen. Man kann die Blätter auch in heißes Öl tauchen und dann unter die Speise rühren. Da die südindische Küche vorwiegend vegetarisch ist, findet man Curryblätter sehr selten in Fleischgerichten. Am häufigsten werden Curryblätter in Linsengemüse, Gemüsecurrys und Füllungen für Samosas (südostasiatische Teigtaschen) verwendet. Dank ihrer weichen Konsistenz brauchen sie vor dem Servieren nicht aus dem Essen herausgenommen zu werden.

Eigenschaften

Frisch geerntete und roh verzehrte Blätter sollen ein gutes Mittel gegen die Darmerkrankung Ruhr sein. Gepresstem Blättersaft wird nachgesagt, gegen Erbrechen zu helfen. Eine seit Längerem vermutete positive Wirkung bei Diabetes hat große Aufmerksamkeit erregt, und bei medizinischen Forschungen wurden in den Curryblättern tatsächlich Bestandteile entdeckt, die schon bald bei der Herstellung entsprechender Medikamente eine Rolle spielen könnten.

Weitere Arten

Keine

POCHIERTE FORELLE MIT CURRYBLÄTTERN

Es ist schwer zu beschreiben, wie elegant die Curryblätter den Geschmack des Fisches abrunden, ohne ihn zu übertünchen. Ein einfaches, perfektes Sommeressen, das man mit neuen Kartoffeln und frischem Salat serviert.

Ergibt 4 Portionen
4 Forellen, ausgenommen und gewaschen
Salz
6 schwarze Pfefferkörner
12 Fiederblättchen Curryblatt, weitere 4 zum Garnieren
1 kleine Zwiebel, in dünne Ringe geschnitten
1 Bio-Zitrone, in dünne Scheiben geschnitten, 4 Scheiben davon zum Garnieren
100 ml Weißwein
75 g Butter

Forellen in eine große Bratpfanne legen, mit Salz und den Pfefferkörnern bestreuen. In jede Forelle 3 Curryblätter und auf den Fisch zuerst Zwiebelringe und darauf die Zitronenscheiben legen. Den Weißwein und so viel Wasser angießen, dass die Forellen eben bedeckt sind. Bei großer Hitze zum Kochen bringen, Hitze reduzieren und 6 Minuten bei offenem Deckel köcheln lassen. Dann die Fische sachte aus der Flüssigkeit heben und auf Tellern anrichten. Einen Klecks Butter auf jede Forelle setzen und mit 1 Curryblatt sowie 1 Zitronenscheibe dekorieren.

CURRYBLÄTTER-REIS

Dieser Duftreis mit Curryblättern ist eine passende Beilage zu vielen Speisen wie Spinat, Pilzen oder gegrilltem Fisch.

Ergibt 4 Portionen
550 g Basmatireis
3 EL kalt gepresstes Olivenöl
20 Fiederblättchen Curryblatt, fein gehackt (getrocknete Blätter reibt man in das Öl)
1 Zwiebel, fein geschnitten
2 Knoblauchzehen, fein gehackt
Salz und frisch gemahlener schwarzer Pfeffer
½ TL Garam Masala
2 TL Semmelbrösel
3 ganze Curryblätter zum Garnieren

Reis in einem feinen Sieb mit gekochtem, aber etwas abgekühlten Wasser waschen, dann in kochendem Wasser garen, das Wasser abgießen und den Reis unter kaltem Wasser abspülen, damit er nicht verklebt. Zur Seite stellen.

Olivenöl in einer Bratpfanne erhitzen, die gehackten Curryblätter, Zwiebel, Knoblauchzehen und eine Prise Salz einrühren. Hitze herunterdrehen und bei niedriger Temperatur etwa 5 Minuten weiterbraten, bis man die Curryblätter riecht und die Zwiebeln zart sind. Die Blätter dürfen nicht anbraten. Das Garam Masala dazugeben und 1 Minute braten, die Semmelbrösel einstreuen und 1 Minute umrühren. Den Reis in die Pfanne geben, mit einem Pfannenwender mit den Gewürzen vermengen, dabei darauf achten, dass der Reis nicht zu weich wird. Mit Salz und Pfeffer abschmecken. Mit ganzen Curryblättern garnieren und servieren.

CURRYBLATT-KEDGEREE

Das typisch englische Gericht »Kedgeree« gab es in unserer Familie oft, und zwar immer freitags. Ich weiß noch, dass der geräucherte Schellfisch hellgelb wurde und der freigesetzte Farbstoff die Milch färbte. Meine Mutter servierte immer gekochte Eier und Erbsen zu ihrem Schellfisch und vor dem Servieren rührte sie stets Schlagsahne, Massen von frisch gemahlenem Pfeffer und eine Handvoll gehackter Petersilie hinein. Ich habe ihr Rezept mit Curryblättern abgewandelt.

Ergibt 4 Portionen

500 g ungefärbter, geräucherter Schellfisch
275 ml Milch
3 EL Sonnenblumenöl
3 Zwiebeln, gehackt
12–14 frische oder getrocknete Fiederblättchen Curryblatt
4 Kardamomkapseln, geöffnet
1 Zimtstange, 4–6 cm lang, in Stücke zerteilt
400 ml Wasser
280 g Basmatireis
½ TL Kurkuma
1 Messerspitze Salz
50 g Butter
2 Eier
1 Handvoll Korianderblätter, fein gehackt
1 Bio-Limette oder -Zitrone, in Spalten

Den Fisch in eine tiefe Bratpfanne (mit Deckel) legen, mit der Milch übergießen und zugedeckt 4 Minuten köcheln lassen. Hitze herunterdrehen und weitere 10 Minuten garen lassen.

In der Zwischenzeit das Öl in einer tiefen Bratpfanne (mit Deckel) erhitzen. Ein Drittel der gehackten Zwiebeln, alle Curryblättchen, Kardamom und die Zimtstange dazugeben und unter häufigem Rühren 7–8 Minuten dünsten, bis die Zwiebeln weich und goldgelb sind.

Den Fisch mit einem Schaumlöffel aus der Milch heben, von der Haut und etwaigen Gräten befreien, zum Warmhalten zugedeckt beiseitestellen. Die Milch in 400 Milliliter Wasser gießen und falls nötig bis zur Gesamtmenge von 600 Millilitern auffüllen.

Den Reis in einem Sieb abwaschen, abtropfen lassen und bei mittlerer Hitze in die Zwiebeln und Gewürze rühren. Eine Minute lang umrühren, dann die Milch-Wasser-Mischung dazugießen und Kurkuma einrühren. Zum Kochen bringen und 10 Minuten zugedeckt köcheln lassen. Hitze reduzieren, falls die Masse am Boden anzusetzen droht.

In einer weiteren Pfanne die restlichen Zwiebeln mit einer Messerspitze Salz (so bewahrt man Zwiebeln vor dem Anbrennen) auf mittlerer Hitze rösten, gelegentlich umrühren, bis sie goldbraun sind. Danach auf Küchenpapier knusprig werden lassen.

Wenn der Reis gar ist, vom Herd nehmen, die Butter zum Schmelzen daraufgeben und auf die Butter dann den Fisch legen. Zudecken und den Aromen Zeit zur Entwicklung geben.

In der Zwischenzeit die Eier in kaltes Wasser legen, zum Kochen bringen und 6 Minuten lang kochen. Von der Herdplatte nehmen, abschrecken, schälen und vierteln.

Zum Schluss den Fisch mit einer Gabel in größere Stücke teilen, mit dem Reis vermengen, am Ende die Eierviertel dazugeben. Abschmecken, die Röstzwiebeln darüberstreuen und mit Limetten- oder Zitronenspalten servieren.

Überschüssige Curryblätter

Curryblätter-Chutney

Wer das Glück hat, Zugriff auf große Mengen frischer Curryblätter zu haben, dem sei dieses exzellente Chutney empfohlen, das sich einige Wochen im Kühlschrank hält. Empfehlenswert als Beilage zu Currys oder Papadams, den knusprigen indischen Linsenfladen.

250 g Fiederblättchen Curryblatt, gewaschen und getrocknet
20 grüne Chilischoten, fein gehackt, ohne Samen
2 TL Pflanzenöl
1 TL zerstoßene Kichererbsen
½ TL helle Senfsamen
Saft von 1 Zitrone
Salz

Curryblätter und Chilischoten in einem Mörser oder in der Küchenmaschine zu einer Paste zerstoßen.

Das Öl in einem Topf erhitzen, die zerstoßenen Kichererbsen sowie die Senfsamen kurz anbraten, bis sie knistern. Von der Herdplatte nehmen und mit der Paste vermischen. Den Zitronensaft dazugeben und abschmecken. Abkühlen lassen, in ein luftdicht verschließbares Gefäß füllen und im Kühlschrank aufbewahren.

DILL

(auch bekannt als Dille, Gurkenkraut)

Anethum graveolens

Ich finde, dass dieses Kraut unbedingt in eine gute Küche gehört, denn es ist enorm nützlich. Duft und Geschmack des Dills führen mich zurück in meine Kindheit. Meine Mutter verwendete Dill wie andere Mütter Petersilie: Die Blätter wurden ins Kartoffelpüree oder über Zucchini gestreut, die Blüten kamen in Pickles und die Samen in Suppen und Saucen. Heute findet man Dill in vielen Fisch-Fertiggerichten, besonders in Senfsaucen zu Graved Lachs.

Beschreibung

Dieses feinblättrige einjährige Kraut ist mit seinen gelben Blütendolden und den flachen aromatischen Samen eine attraktive Pflanze im Garten. Dabei kann man es optisch leicht mit Fenchel verwechseln, aber wenn man nur ein kleines Blättchen probiert, erkennt man den Unterschied sofort. Fenchel schmeckt nach Anis – der Geschmack von Dill hingegen ist schwer zu beschreiben, es ist eben Dill, ein leichtes Aroma, das zu vielen Speisen passt.

Am besten, man sät Dill in Reihen im Garten aus oder in tiefen Töpfen, aber immer in voller Sonne. Als Einjährige blüht Dill ungestüm drauflos, wenn man ihn verpflanzt oder wenn die Erde im Topf austrocknet. Braucht man schnell Blüten oder Samen, ist das großartig, aber man bringt sich so um das wunderbare Aroma der Blätter.

Als Küchenpflanze

Dill hat eine lange Geschichte, er wird bereits um 1500 v. Chr. im Papyrus Ebers erwähnt, einer der ältesten Schriften der Welt. Dill wurde damals vor allem in eingemachten Speisen verwendet.

Ernte und Verwendung

Blätter

Vor der Blüte haben die Blätter am meisten Aroma. Sie können zu Zucchini, Gurken, Kartoffeln, Möhren und Fischgerichten verwendet werden.

Blüten

Die Blüten kann man pflücken, sobald sie sich geformt haben, also vom Frühsommer an. Sie schmecken süßer als die Blätter, aber weniger kräftig als die Samen, und eignen sich für Salate.

Samen

Sie können vom Hochsommer bis zum Herbst geerntet werden, für den sofortigen Gebrauch oder zum Einmachen. Man kann sie auch in braunem Zustand, kurz vor dem Abfallen, pflücken und für den ganzjährigen Gebrauch aufbewahren. Sie schmecken in vielen Gerichten.

Eigenschaften

Auf der ganzen Welt wird Dill wegen seiner medizinischen Eigenschaften geschätzt. Vor allem das in den ätherischen Ölen vorhandene Carvon ist gesund, es wirkt krampflösend, harntreibend und Blähungen entgegen. Damit wird die ganze Pflanze nicht nur aus Geschmacksgründen genutzt, sondern auch wegen ihrer verdauungsfördernden Eigenschaften. Vor allem Blätter und Samen sollen den Appetit anregen.

Weitere Arten

Es gibt viele Arten und Sorten von Dill auf dem Markt. Einige wurden eher für die Blatt-, andere für die Samenernte gezüchtet.

Beachtenswerte Arten und Sorten sind:

Indischer Dill

Anethum sowa
Diese aus Indien stammende Art schmeckt etwas schärfer.

Bouquet

Anethum graveolens
Eine weit verbreitete Sorte aus Amerika.

Dukat

Anethum graveolens
Eine beliebte Sorte für die Blatternte.

Mammoth

Anethum graveolens
Exzellent zum Einmachen.

Vierling

Anethum graveolens
Diese Sorte hat dunkles, blaugrünes Laub, das großartig in Salaten und Gemüsegerichten schmeckt.

PFANNKUCHEN MIT ZUCCHINI, DILL UND PETERSILIE

Zucchini mit Dill war eine der Lieblingskombinationen meiner Mutter. Dieses Rezept zeigt, wie wunderbar beides zusammengeht. Als zusätzliche Geschmacksnuance und wegen der satten grünen Farbe habe ich noch Petersilie dazugenommen. Die Pfannkuchen können warm, aber auch kalt mit grünem Salat serviert werden.

Ergibt 6–8 Pfannkuchen
6–7 EL Olivenöl oder Sonnenblumenöl
1 große Zwiebel, gerieben
2 Zucchini, gerieben
2 TL Dillsamen
75 g Fetakäse
2 EL Dillblätter
2 TL glatte Petersilie, gehackt
2 EL Mehl
2 Eier
Salz und frisch gemahlener schwarzer Pfeffer

1 Esslöffel Öl erhitzen und die Zwiebel darin langsam glasig dünsten. Die Masse der geriebenen Zucchini in der Hand zusammendrücken, um die letzte Flüssigkeit auszupressen. Dillsamen und Zucchini zu den Zwiebeln geben, 2–3 Minuten braten und dann beiseitestellen.

Käse, Dillblätter, Petersilie, Mehl und Eier in einer Rührschüssel miteinander vermengen, mit Salz und Pfeffer würzen, dann den Pfanneninhalt dazugeben und gut mischen.

Die Pfanne auswischen und mit neuem Öl den Pfannenboden reichlich bedecken. Sobald das Öl heiß ist, esslöffelweise Teigmasse in die Pfanne geben, dabei zwischen den einzelnen Fladen etwas Platz lassen. Goldbraun backen und dann wenden.

Aus der Pfanne nehmen, kurz auf Küchenpapier abtropfen lassen und servieren.

LACHS-KARTOFFELSUPPE MIT DILL

Suppen sind ein nahrhaftes und preiswertes Mittagessen. Dieses Rezept erfüllt alle Kriterien, die ein Essen an einem düsteren Sommertag mitbringen muss, damit wenigstens in der Küche die Sonne lacht. Dillsamen und -blätter bringen wie kein anderes Kraut den Geschmack des Lachses zur Geltung. Mit grünem Salat und gutem Brot servieren.

Am besten gelingt dieses Gericht mit frischem Lachs. Fragen Sie den Fischhändler nach Gräten und Flossen für den Fischfond. Im Supermarkt sollte man möglichst Lachs mit Haut kaufen, um diese für den Fond zu nutzen.

Ergibt 6–8 Portionen

- 1 kg Lachs, am Stück oder in Filets
- 900 g Kartoffeln, geschält und in große Würfel geschnitten
- 30 g Butter
- 1 große Handvoll Dillblätter, ohne Stängel, gehackt (die Stängel für den Fond verwahren)
- 200 ml Schlagsahne
- Salz und frisch gemahlener schwarzer Pfeffer

Für den Fond

- 8 schwarze Pfefferkörner
- 2 TL Dillsamen, in einem Mörser zerstoßen
- Schale von 1 Bio-Zitrone
- 1 große Möhre, geschält und gewürfelt
- 1 große Handvoll Sellerieblätter (vom Kraut), plus Stiele, gewaschen und grob gehackt (oder 2 Selleriestangen, in Stücke geschnitten, plus die Blätter)
- 3 Lorbeerblätter
- 1 Handvoll glatte Petersilie, plus Stiele, gewaschen und grob gehackt
- 1 große Zwiebel, geschält und grob gehackt

Sämtliche Gräten und die Haut vom Lachs entfernen und den Fisch in große Stücke schneiden.

Als nächstes wird der Fond gemacht. Dazu in einen großen Topf 3 Liter Wasser gießen, Gräten und Haut des Lachses, Pfefferkörner, zerdrückte Dillsamen, Zitronenschale, Möhre, Sellerieblätter, Lorbeerblätter, Petersilien- und Dillstängel sowie die gehackte Zwiebel dazugeben. Zum Kochen bringen, auftretenden Schaum abschöpfen, dann die Hitze reduzieren und 30 Minuten köcheln lassen. Durch ein feines Sieb in einen sauberen Topf gießen. Wenn dies keine 1,5 Liter Fond ergibt, lässt sich die fehlende Menge einfach mit Wasser ergänzen.

Den Fond auf großer Stufe erhitzen und die Kartoffeln dazugeben. Mindestens 15 Minuten köcheln lassen, bis die Kartoffeln weich sind. Dann die Lachsstücke dazu und bei niedriger Hitze weitere 10 Minuten köcheln lassen, bis der Lachs gar ist. Von der Herdplatte nehmen, die Butter, gehackte Dillblätter und Sahne einrühren. Zurück auf die Herdplatte, langsam erhitzen, aber nicht kochen lassen, und mit Salz und Pfeffer abschmecken.

DILLSENF

Dieser Senf schmeckt besonders gut zu geräuchertem Lachs, Forelle oder Makrele. Weiterhin kann man ihn ausgezeichnet unter Kartoffelpüree rühren, in Salatdressings und Saucen verwenden, oder kombiniert mit Crème fraîche oder Frischkäse als Dip für Gemüse oder Salzbrezeln. Eine Warnung für die Verwendung von Senf in zu heißem Essen: Hitze zerstört die Schärfe von Senf, so dass man ihn Saucen und Eintöpfen erst nach dem Kochen zugeben sollte.

Ergibt 3 Gläser à 125 Milliliter

- 80 g schwarze Senfsamen
- 30 g weiße Senfsamen
- 600 ml Wasser
- 115 g Englisches Senfpulver
- 200 ml Apfelessig
- 1,5 TL Salz
- 50 g brauner Zucker
- 1 TL zerstoßene Dillsamen (einen Mörser verwenden)
- 1,5 TL Kurkuma
- 50 g gehackte Dillblätter

Die Senfsamen in einer Glasschale mit 600 Millilitern Wasser für 24 Stunden einweichen.

Am nächsten Tag Senfpulver, Essig, Salz, Zucker, zerstoßene Dillsamen und Kurkuma dazugeben und gut durchmischen. Die Schüssel so in einen Topf mit Wasser stellen, dass der Schüsselboden das Wasser nicht berührt. Bei niedriger Hitze die Senfsamen 4 Stunden lang erhitzen, gelegentlich umrühren. Immer wieder den Wasserstand prüfen und die Senfmischung nie kochen lassen, da der Senf sonst sein Aroma verliert und bitter wird. Nach 4 Stunden abkühlen lassen und die gehackten Dillblätter hinzufügen.

Den Kräutersenf abdecken und in den Kühlschrank stellen. Er wird dort 4 Wochen haltbar sein. In einem Glas mit Schraubverschluss hält der Senf weitaus länger. Nach dem Öffnen sollte er aber ebenfalls innerhalb von 4 Wochen verbraucht werden.

Sie können es sich auch einfacher machen: Mischen Sie 50 Gramm gehackte Dillblätter in 50 Gramm guten, grobkörnigen Senf und 50 Gramm glatten Dijon-Senf. Wenn Ihnen die Mischung zu fest sein sollte, fügen Sie eine kleine Menge Weißweinessig hinzu, und Sie werden die gewünschte Konsistenz erreichen.

Überschüssiger Dill

Dill lässt sich wunderbar einfrieren. Wenn Sie also eine üppige Ernte haben und frischen Dill auch im Winter genießen möchten, waschen Sie ihn, tupfen ihn mit Küchenpapier trocken und stecken ihn im Gefrierbeutel in den Gefrierschrank. Bei Bedarf nehmen Sie einen Beutel heraus und zerkleinern den gefrorenen Dill in der Hand. So bekommen sie ohne großen Aufwand gehackten Dill. Wenn man das ganze Bund auftauen lässt, wird Dill eher matschig.

Dillessig

Dieser Essig eignet sich für Salatdressing oder Fischmarinaden.

Ergibt 500 Milliliter
500 ml Weißweinessig
genügend Dillblätter zum Füllen einer Halbliterflasche
2 EL zerstoßene Dillsamen

Eine saubere, leere Flasche mit frischen Dillblättern und zerstoßenen Dillsamen füllen. Mit Weißweinessig auffüllen und verschließen. (Einen Kunststoffdeckel oder mit Kunststoffring versehenen Verschluss nehmen, denn Essig greift Metall an.) 4 Wochen lang an einen sonnigen Platz stellen, von Zeit zu Zeit schütteln.

Dann durch einen ungebleichten Kaffeefilter in eine saubere, sterilisierte Flasche (siehe Seite 12) füllen. Einen Dillstängel zur Dekoration (und als eine Art Etikett) in die Flasche stecken.

Für alle, denen die 4 Wochen Wartezeit zu lange ist, in der die Kräuteraromen im Essig aufgehen, habe ich eine Alternative: Die Kräuter mit dem Essig in eine verschließbare, hitzebeständige Schüssel füllen und diese auf einen mit Wasser gefüllten Topf setzen, ohne dass sie das Wasser berührt. Wasser zum Kochen bringen, dann sofort die Schüssel vom Topf nehmen. Den Essig 2 Stunden abkühlen lassen, bevor man ihn verwendet.

Welche dieser beiden Methoden Sie auch verwenden, der Essig hält sich, wie oben beschrieben in Flaschen gefüllt, mehrere Jahre lang.

ESTRAGON

(auch bekannt als Französischer Estragon, Deutscher Estragon)
Artemisia dracunculus

Meine Großmutter und auch meine Mutter verwendeten Estragon sehr häufig in der Küche und ich gebe gerne zu, dass dieses Kraut der Schlüssel zur Gründung meiner Kräutergärtnerei war. Eines Tages fragte mich eine Freundin nach Französischem Estragon für ein Gericht nach einem Rezept der berühmten Kochbuchautorin Elizabeth David (1913–1992). Mir wurde klar, dass man in England nirgendwo frischen Estragon kaufen konnte, und so fing ich an, ihn zu vermehren und Geschäfte damit zu beliefern. Die Nachfrage nach Französischem Estragon und anderen frischen Kräutern stieg stark an, meine Gärtnerei platzte bald aus allen Nähten und vor 23 Jahren zogen wir an den heutigen Standort.

Beschreibung

Französischer Estragon ist eine winterharte Staude, die sich mit dem Frost zurückzieht und im zeitigen Frühjahr wieder erscheint. Kleine, gelbe Blüten erscheinen im Sommer, in kühlem Klima aber nur spärlich. Die schmalen Blätter sind weich und schmecken leicht nach Anis.

Dieser Estragon kann nur durch Stecklinge von frischen Trieben oder durch Wurzelrisslinge vermehrt werden. Russischer Estragon, eine besonders wüchsige Art, kann dagegen im Frühjahr ausgesät werden. Während dieser recht anspruchslos ist, bevorzugt der Französische Estragon einen warmen, versickerungsfähigen, vollsonnigen und vor viel Feuchtigkeit geschützten Platz im Garten. Er gedeiht zudem in Töpfen mit guter Komposterde – aber auch hier zu viel Feuchtigkeit vermeiden und die Pflanze bei äußerst geringer Wasserzufuhr frostsicher überwintern.

Als Küchenpflanze

Schon vor undenklichen Zeiten war ein Getränk mit Estragon und Fenchel die Lieblingserfrischung der Könige von Indien. Diesem Kraut, dem Rolls-Royce der Küche, sagt man außerdem nach, ein Grund für die Scheidung Heinrichs VIII. von Katharina von Aragón gewesen zu sein, da sie es beim Kochen ständig verwendete.

Ernte und Verwendung

Blätter

Die Blätter werden vom zeitigen Frühling bis zum Frühherbst gepflückt, wobei sich das Aroma verändert. Zur Bereitung von Estragonessig sollte man die frischen Blätter und Zweige des Frühjahrs nehmen, denn sie schmecken süßlich nach Anis. Im Sommer werden sie dann derber und leicht bitter, was sie ideal für langkochende Gerichte wie Eintöpfe, Aufläufe und Geschmortes macht.

Eigenschaften

Estragon wirkt verdauungsfördernd, antioxidativ, harntreibend und beruhigend. Er enthält viel Vitamin A, B und C sowie Calcium, Magnesium und Kalium – gut für Leber, Herz und Magen.

Weitere Arten

Russischer Estragon

Artemisia dracunculoides

Diese winterharte Staude blüht klein und unscheinbar gelblich im Sommer. Die schmalen, mittelgrünen Blätter duften grasartig mit einem Hauch von Anis. In Sibirien liegt der Ursprung dieser Art, was den Namen und die erstaunliche Winterhärte erklärt.

Winter-Estragon, Yauhtli

Tagetes lucida

Im Spätsommer blüht diese nicht ganz winterharte Staude kräftig gelb, ihre lanzettlichen, gezähnten Blätter duften und schmecken intensiv nach Anis und Lakritz. Man sollte sie im Topf ziehen, damit man sie im Winter an einen frostsicheren Platz stellen kann.

CONSOMMÉ MIT ESTRAGON

Meine Großmutter bekam dieses Rezept von ihrer Freundin Lady Jekyll, einer Schwägerin der berühmten Gärtnerin Gertrude Jekyll, zu einer Zeit, als in England der Estragon noch in Pennies bezahlt wurde. Meine Großmutter empfahl diese Suppe zum Abnehmen – ich finde, es ist einfach eine perfekte Sommersuppe, zudem macht der Französische Estragon sie zu einem gut verdaulichen Start einer Dinnerparty. Am besten gelingt sie mit selbst gemachtem Hühner- oder Gemüsefond.

Ergibt 6 Portionen

1,5 l Hühner- oder Gemüsefond
8 Zweige Estragon, je 15 cm lang
2 Eiweiß
1 EL Estragonblätter, fein gehackt
Salz und frisch gemahlener schwarzer Pfeffer

Den Fond in einen großen Topf gießen, die Estragonzweige hineinlegen und auf niedriger Hitze 30 Minuten köcheln.

10 Minuten vor dem Servieren eine tiefe Bratpfanne mit Wasser füllen und dieses zum Kochen bringen. In einer Schüssel die Eiweiße zu einer festen Masse schlagen und den gehackten Estragon unterziehen. 6 Teelöffel dieser Masse im kochenden Wasser 3 Minuten pochieren, nach 1 Minute wenden.

Die heiße Suppe auf die einzelnen Teller verteilen, die pochierten Eier abtropfen und als Inseln auf der Suppe schwimmen lassen, dann servieren.

RUTHS VERSION VON PANNA (1931)

Dieses Rezept stammt aus Großmutters Kochbuch *Lovely Food* von 1931. Sie empfahl es als »ein schnelles Essen für gute Freunde, die häufig zu Besuch kommen und deren Gesprächsstoff zu kostbar ist, um ihn durch zahlreiche Gänge zu stören«. Mit frischem Toast servieren.

Ergibt 6–8 Portionen

1 Handvoll Spinatblätter
1 Zwiebel, fein gehackt
1 Zweig Französischer Estragon
1 Bund glatte Petersilie
2 hartgekochte Eier
3–4 Sardinen, aus der Konserve
einige Anchovis, aus dem Glas
30 g Butter
Salz und frisch gemahlener schwarzer Pfeffer

Spinat, Zwiebel, Estragon und Petersilie in einem großen Topf auf mittlerer Hitze erwärmen und mit einem hölzernen Kochlöffel so lange umrühren, bis der Spinat zusammengefallen ist.

Das Wasser aus dem gekochten Gemüse pressen, dieses mit den gekochten Eiern, Sardinen, Anchovis und der Butter vermischen und durch ein Sieb passieren.

Gut würzen und etwa 4 Zentimeter dick auf einem Backblech verstreichen. Bis kurz vor dem Servieren auf eine Lage Eis stellen. Zum Servieren die Masse in runde Stücke schneiden, jedem Gast in einer flachen silbernen Schale ein Stück auf zerstoßenem Eis servieren.

JEKKAS VERSION VON PANNA (2008)

Dieses Gericht wurde in unserer Familie von jeder Generation neu interpretiert und ich selbst habe es jedes Mal leicht variiert, bis ich dieses Rezept geschrieben habe. Es gehört zu den Gerichten, denen man neben den Hauptzutaten – Spinat, Eier, Fisch und Estragon – alles Mögliche beimengen kann, je nachdem, worauf man gerade Appetit hat und was noch im Vorratsschrank ist. So kann man anstatt der Sardinen und Anchovis auch 150 Gramm geräucherte Makrele verwenden. Aber der Französische Estragon ist unverzichtbar, denn er passt einfach wunderbar zum Fisch.

Dieses vielseitige Gericht kann man mit Toast oder Crackern als ersten Gang servieren, es macht sich mit Salat aber auch als Mittagessen hervorragend. Und Reste (die es davon selten gibt) können in einem Sandwich landen.

300 g Spinatblätter
1 Zwiebel, fein gehackt
2 Zweige Französischer Estragon, je 15 cm lang, Blätter abgezupft und gehackt
1 Bund glatte Petersilie, gehackt
2 hartgekochte Eier, geviertelt
1 Dose Sardinen in Olivenöl (Abtropfgewicht 88 g)
1 Glas Anchovis in Olivenöl (Abtropfgewicht 30 g)
60 g Butter
frisch geriebene Muskatnuss

Den Spinat in einen großen Topf geben und über mittlerer Hitze mit einem Holzlöffel so lange umrühren, bis er zusammengefallen ist. Von der Kochplatte nehmen und in einem Sieb abtropfen lassen.

Alle Zutaten mit Ausnahme der Muskatnuss in eine Küchenmaschine geben, obenauf der Spinat. Schnetzeln, ausschalten, erneut schnetzeln. Nicht pürieren, denn es schmeckt besser, wenn die Masse noch etwas grob ist.

Muskat gut einrühren, alles in eine Schüssel geben und bis zum Servieren in den Kühlschrank stellen.

HÄHNCHEN-ROULADE MIT ESTRAGON

Als ich zum ersten Mal nach diesem Rezept meiner Tante Anthea kochte, hatte ich dem Ausschuss für Gemüse, Früchte und Kräuter der Royal Horticultural Society ein kaltes Mittagessen zu servieren. 18 Personen waren angekündigt, aber 26 kamen. Dieses Gericht konnte ich fabelhaft verlängern.

Entscheidend ist der Französische Estragon, denn dessen Anisgeschmack passt wunderbar zu Frischkäse und Huhn und wird ergänzt durch den geräucherten Schinkenspeck. Eine großartige Kombination. Mit einem knackigen grünen Salat und mit Minze bestreuten neuen Kartoffeln servieren.

Ergibt 6–8 Portionen
6 Hähnchenbrustfilets
10 Scheiben Schinkenspeck
200 g Frischkäse
1 EL Französischer Estragon, fein gehackt
500 g Spinat, gekocht und gut abgetropft
Salz und frisch gemahlener schwarzer Pfeffer

Backofen auf 170 °C vorheizen. Die Hähncherbrustfilets möglichst weit ausgeklappt auf eine Frischhaltefolie legen. Die Filets sollen dicht liegen, sich aber nicht überlappen. Mit einer weiteren Folie abdecken und das Fleisch mit einem Fleischklopfer aus Holz oder mit einem Nudelholz klopfen.

Obere Folie abnehmen und die Hähnchenbrüste längs mit den Schinkenspeckscheiben belegen. Auf den Speck kommt eine mitteldicke Schicht Frischkäse, die mit dem Estragon bestreut wird. Darauf wiederum den Spinat verteilen, aus dem zuvor alle Flüssigkeit gedrückt wurde.

Dann kommt der kniffelige Teil. Ein Stück Backpapier vor den Hähnchenfilets auslegen und mit etwas Öl bestreichen. Die Frischhaltefolie am hinteren Ende aufnehmen und die Filets nach vorne aufrollen, dabei von der Folie ablösen. Die Roulade auf das Backpapier rollen und locker mit einem Stück Alufolie abdecken: Das Fleisch soll nur oben und etwas an den Seiten bedeckt sein, auf keinen Fall luftdicht eingerollt. Für 50 Minuten in den Backofen schieben.

Nach dem Backen das Fleisch abkühlen lassen. Wenn es kühl ist, in Frischhaltefolie einwickeln und vor dem Servieren 1 Stunde lang in den Kühlschrank stellen. In Scheiben geschnitten kalt servieren.

HÄHNCHENBRUST MIT ESTRAGON

Dieses Rezept ist von meiner Mutter. Es ist recht simpel und setzt ganz auf das Aroma des Estragons. Schmeckt besonders gut als Sommeressen mit Pellkartoffeln und knackigem grünen Salat.

Ergibt 2 Portionen
25 g Butter
Oliven- oder Sonnenblumenöl
2 Hähnchenbrustfilets
1 Schalotte, fein gehackt
1 Knoblauchzehe, fein gehackt
1 EL Französischer Estragon, Blätter abgezupft und fein gehackt, zusätzlich ein paar ganze Blätter zum Garnieren
2 EL Crème fraîche

Butter und einen guten Schuss Olivenöl in einer Bratpfanne mit Deckel erhitzen. Sobald die Butter geschmolzen ist, die Hähnchenfilets hineinlegen und von beiden Seiten goldbraun anbraten. Hitze reduzieren, zudecken und ca. 10 Minuten gar braten.

Filets aus der Pfanne nehmen, Schalotte und Knoblauch in die Pfanne geben und bei hoher Hitze und ständigem Rühren weich dünsten. Crème fraîche hinzugeben und 1 Minute erwärmen.

Das Fleisch wieder in die Pfanne geben und für 1 Minute in der Sauce wenden. Mit den ganzen Estragonblättern garniert servieren.

ESTRAGON-EISCREME

Dieses Rezept bekam ich von Jonray und Peter Sanchez-Iglesias, die mit ihren Eltern das vom Michelin ausgezeichnete Restaurant Casamia in Bristol führen. Diese beiden kreativen Jungköche erfassen mit sicherem Instinkt die Aromen von Kräutern und wissen originell mit ihnen umzugehen. Die Estragon-Eiscreme bildet keine Ausnahme – sie schmeckt fantastisch.

Ergibt 4–6 Portionen
300 ml Crème double
300 ml Vollmilch
1 Bund Französischer Estragon (ein paar Zweige zum Garnieren zurücklegen)
1 Blatt Gelatine
6 Eigelb
150 g Zucker

In einem Topf Milch und Crème double bis zum Siedepunkt erhitzen, dann den Estragon dazugeben. Von der Herdplatte nehmen und mindestens 4 Stunden ruhen lassen.

Die Masse durch ein feines Sieb gießen und wieder leicht erwärmen.

Die Gelatine in kaltem Wasser einweichen. Währenddessen die Eigelbe mit dem Zucker zu einer cremigen Masse verrühren, dann die Milch-Crème-Mischung kontinuierlich in die Ei-Masse einrühren.

Diese über mittlerer Hitze köcheln lassen und dabei ständig mit einem Holzlöffel umrühren. Sobald die Masse an der Rückseite eines kalten Löffels steif wird, von der Herdplatte nehmen, die Gelatine einrühren und dann alles in eine Schüssel gießen, die in Eiswasser steht. So kühlt alles schnell ab.

Nach dem Abkühlen durch ein Sieb in ein luftdichtes Gefäß gießen und 2–6 Stunden im Kühlschrank ruhen lassen. Dann kann es in eine Eiscreme-Maschine. Wenn Sie keine solche Maschine besitzen, geben Sie die Eiscreme in eine Gefrierdose und stellen sie diese 4 Stunden lang in den Gefrierschrank. Dabei muss man sie stündlich herausholen und gut durchrühren.

MÖHREN-ESTRAGON-WALNUSS-BROT

Natronbrot erinnert mich immer an meine frühe Kindheit in Irland, als ich beim Brotbacken half. Dieses Rezept ist an ein irisches Natronbrot angelehnt, mit Estragon und gerösteten Walnüssen zu einem schmackhaften Laib verfeinert.

Ergibt 1 Brotlaib
350 g Mehl, plus etwas zum Bestäuben
150 g Vollkornmehl
1 TL Salz
1 TL Natronpulver
150 g Möhren, geraspelt
1 EL geröstete Walnüsse, gehackt
1 EL Französischer Estragon, Blätter grob gehackt
300 ml fettarmer Joghurt
125 ml fettarme Milch

Backofen auf 230 °C vorheizen. Mehl, Salz und Natron in einer großen Schüssel vermengen, dann Möhren, Walnüsse, Estragon, Joghurt und so viel Milch einrühren, bis ein weicher, etwas klebriger Teig entsteht.

Den Teig aus der Schüssel nehmen und auf eine bestäubte Arbeitsfläche legen. Zu einem flachen Ball formen – man muss ihn nicht kneten. Auf ein mit Backpapier belegtes Blech legen, die Oberseite kreuzförmig einritzen und 30 Minuten lang backen, bis er aufgegangen und durchgebacken ist. Um das zu prüfen, sollte man auf den Laib klopfen – er muss hohl klingen.

Überschüssiger Estragon

Estragonessig

So kann man eine große Menge Estragon im Frühsommer zu einer sehr nützlichen Essigsorte verarbeiten, die sich für Salate, Marinaden und Mayonnaise eignet.

Ergibt 500 Milliliter
500 ml Weißweinessig
Genügend Blätter Französischer Estragon zum Füllen einer Halbliterflasche

Eine saubere Halbliterflasche mit Estragonblättern füllen. Mit Weißweinessig auffüllen und verschließen. (Einen Kunststoffdeckel oder mit Kunststoffring versehenen Verschluss nehmen, denn Essig greift Metall an.) 4 Wochen an einen sonnigen Platz stellen, hin und wieder sachte schütteln. Durch einen ungebleichten Kaffeefilter in eine saubere, sterilisierte Flasche (siehe Seite 12) füllen. Einen Zweig Estragon zur Dekoration und Identifizierung hineinstecken.

Wenn Sie keine 4 Wochen Zeit haben, probieren Sie diese schnelle Methode: Die Kräuter und den Essig in eine verschließbare, hitzebeständige Schüssel geben und diese auf einen mit Wasser gefüllten Topf setzen, ohne dass sie das Wasser berührt. Wasser zum Kochen bringen, dann die Schüssel vom Topf nehmen. Den Essig 2 Stunden abkühlen lassen, bevor man ihn verwendet.

FENCHEL

(auch bekannt als
Bronze-Fenchel)
Foeniculum vulgare
'Purpureum'

Ich erinnere mich gerne an einen Sommerurlaub auf Mallorca, als ich oft am Strand saß und meinen Kindern beim Segeln zusah – oder über die Insel radelte und entdeckte, dass sie mit wildem Fenchel übersät ist. Eines Abends erwähnte ich in einem Gespräch mit dem Inhaber des Restaurants, in dem wir aßen, den Fenchel. Darauf schenkte er uns ein Glas »Hierbas« ein, einen Likör unter anderem aus Fenchelsamen und wildem Majoran. Vorherrschend ist der Anisgeschmack des Fenchels – der Likör ist überaus verdauungsfördernd.

Beschreibung

Fenchel ist eine attraktive Staude, die sich im Winter zurückzieht und nach nicht zu starken und lang anhaltenden Barfrösten im Frühling wieder erscheint. Im Sommer blüht sie gelb in flachen Dolden, während des Herbstes verfärben sich die nach Anis duftenden Samen von grün bis braun. Auch die fedrigen, mittelgrünen Blätter schmecken nach Anis.

Im Garten variiert die Gestalt je nach den Bedingungen. An warmen, trockenen Plätzen wächst die Pflanze wie an Hängen des Mittelmeerraums: 1–1,5 Meter hohes, sparriges Gewächs mit dünnen Stielen und Blättern. In guter Gartenerde dagegen sieht der Fenchel eher wie eine Riesenportion grüne Zuckerwatte aus.

Fenchel kann im Frühsommer an einem sonnigen, versickerungsfähigen Platz im Garten ausgesät werden.

Als Küchenpflanze

Fenchel ist so lange bekannt wie der Papyrus im Alten Ägypten, auf dem seine Nutzung verzeichnet ist. Hochachtung vor dem Fenchel hatten auch die Griechen, die ihn zum Abnehmen und zur Behandlung von mehr als 20 Krankheiten verwendeten. Die Römer aßen seine Blätter, Wurzeln und Samen in Salaten und backten Brot und Kuchen damit. Zwischen dem 5. und 10. Jahrhundert unserer Zeitrechnung verzehrte man in England Fenchel während der Fastenzeit. Die Griechen hatten herausgefunden, dass er die Schmerzen des Hungers lindert.

Ernte und Verwendung

Blätter

Das stärkste Aroma haben die frischen Triebe, die zwischen ausgehendem Frühling und Spätsommer wachsen. Gehackt schmecken sie roh in Salaten und als gekochtes Gemüse, in Suppen oder als Füllungen von Fisch.

Blüten

Man sollte sie pflücken, wenn sie gerade aufgehen, und zu Eingelegtem oder Salaten essen.

Stängel

Die ebenfalls stark duftenden Stängel wachsen während des ganzen Sommers und können in Salaten oder zu Eingelegtem gegessen werden. Ausgereifte Stängel sind eine exzellent duftende Beigabe zur Grillkohle.

Samen

Die Samen in grünem Zustand im Spätsommer sammeln – wenn man sie trocknen will, müssen sie braun im Herbst gesammelt werden. Dazu mit Stängel abschneiden und diesen kopfüber in einem hellen, luftigen Raum aufhängen. Sobald die Samen trocken sind, von den Dolden abstrippen, in einem Küchensieb Staub und sonstige anhaftende Verunreinigungen abschütteln und die Samen in luftdichte Gläser füllen. Sie können in Saucen, Fisch- und Fleischgerichten und in selbst gebackenem Brot verwendet werden.

Eigenschaften

Fenchel wirkt verdauungsfördernd und wird als aromatisierender Stoff verschiedenen Likören zugesetzt. Er hilft auch gegen Blähungen. Wer am Ende einer Mahlzeit ein paar Samen kaut, reinigt nicht nur den Atem, sondern beugt auch Magenverstimmungen vor, besonders nach sehr scharfen Gerichten.

Weitere Arten

Bronze-Fenchel

Foeniculum vulgare 'Purpureum'

Diese winterharte Staude blüht ebenfalls in flachen Dolden im Sommer und hat weiche, bronzefarbene Blätter. Das Aroma ist etwas milder als bei der grünen Art, diese Sorte kann aber auch zum Kochen verwendet werden.

Süßfenchel, Gemüsefenchel

Foeniculum vulgare var. *dulce*

Diese Sorte ist als einjährige Pflanze bekannt, deren süßlich nach Anis schmeckende weiße Knolle man im frühen Herbst ausgräbt. Vor allem in Italien genießt dieses Kraut hohes Ansehen. Wenn man schöne Knollen haben möchte, sollte man die Pflanze nicht blühen lassen. Das grüne Laub ähnelt sehr dem der Wildart. Der Süßfenchel sollte im Frühsommer in flachen Rillen und in nahrhafter Komposterde ausgesät werden, damit die Knollen bis zum Herbst eine stattliche Größe erreichen können. Wenn sie bis zur Größe eines Golfballs angewachsen sind, sollte man etwas Erde um sie herum anfüllen. Weitere 2–3 Wochen später sind die Knollen ausgebleicht und weiter gewachsen. Wenn sie die Größe eines Tennisballs erreicht haben, sollten sie geerntet werden.

FENCHEL-ZUCCHINI-SALAT

Der Garten schenkt Gemüsefenchel und Zucchini zur gleichen Zeit im Überfluss. Wenn man beide Gemüse mit Orangen verfeinert, entfaltet der Salat seine volle Geschmacksvielfalt. Mit Lachs oder kaltem Schweinefleisch servieren oder auch nur mit frischem Krustenbrot.

Ergibt 2–4 Portionen

1 Zucchini, geraspelt, dann abgetropft
1 Fenchelknolle, fein geschnitten
Schale und Fruchtfleisch von 1 Bio-Orange
1 EL Mandelblättchen
100 g Rucola, grob gehackt
250 g Fetakäse, abgetropft und klein zerbröselt
1 EL Fenchelblätter, fein gehackt

Für das Dressing

2 TL klarer, flüssiger Honig
2 EL kalt gepresstes Olivenöl
3 TL Orangensaft
Salz und frisch gemahlener schwarzer Pfeffer

Allen Saft aus der geraspelten Zucchini auspressen, dann diese mit dem geschnittenen Fenchel und dem Fruchtfleisch sowie der Schale der Orange in einer großen Schüssel mischen.

Die Mandelblättchen in einer Bratpfanne ohne Öl 3–4 Minuten rösten, bis sie goldbraun sind. Zum Abkühlen beiseitestellen.

Für das Salatdressing alle Zutaten gut miteinander vermischen, über Fenchel und Zucchini geben, die Schüssel abdecken und mindestens 1 Stunde in den Kühlschrank stellen.

Den Rucola in eine große Salatschüssel streuen, dann Fenchel-Zucchini-Mischung in die Mitte geben, mit dem Feta und zum Schluss mit den Mandelblättchen und dem gehackten Fenchelgrün bestreuen.

WOLFSBARSCH MIT FENCHEL UND OLIVEN

Dieses Gericht haben wir auf Mallorca gegessen, wo man es mit wildem Fenchel zubereitet, der auf der ganzen Insel wächst. Serviert wird es dort häufig auf Holzbrettern. Für mich gehen der Anisgeschmack der Fenchelblätter und der frische Wolfsbarsch eine geradezu himmlische Verbindung ein.

Ergibt 2 Portionen

Olivenöl
2 Filets vom Wolfsbarsch, jedes etwa 100 g
2 EL Fenchelblätter, fein geschnitten
Meersalz und frisch gemahlener schwarzer Pfeffer
1 TL Fenchelsamen, zerstoßen
2 Fenchelknollen, halbiert und fein geschnitten
2 Knoblauchzehen, geschält und fein geschnitten
4 Handvoll grüne Mangoldblätter, fein geschnitten

Für die Sauce

1 Knoblauchzehe, fein geschnitten
6 Anchovis
4 EL Olivenöl
2 Handvoll kleine schwarze Oliven, entsteint
75 ml Crème double
2 EL glatte Petersilie, grob gehackt

Den Backofen auf mittlerer Hitze vorheizen und den Rost mit Backpapier belegen. Dieses mit Olivenöl bestreichen.

Mit einem scharfen Messer die Hautseite der Filets einritzen (etwa halb durch den Fisch) und mit den fein geschnittenen Fenchelblättern füllen. Mit dieser Seite nach oben auf den Backofenrost legen und mit reichlich Olivenöl, Salz, Pfeffer und zerstoßenen Fenchelsamen besprenkeln. 5–7 Minuten grillen, bis die Haut knusprig und der Fisch gar ist.

Die Fenchelscheiben und den Knoblauch mit einer guten Prise Salz in 2 Esslöffeln Olivenöl so lange sachte braten, bis sie weich sind und sich verfärbt haben. Den Mangold dazugeben und kurz dünsten, bis die Stiele weich sind.

Für die Sauce den Knoblauch und die Anchovis im Olivenöl dünsten, bis alles weich ist und die Anchovis zerfallen. Die eine Hälfte der Oliven hacken, die andere ganz lassen. Die gehackten Oliven in die Knoblauch-Anchovis-Masse rühren und 1 Minute dünsten. Von der Herdplatte nehmen, Crème double und Petersilie dazugeben, abschmecken und gegebenenfalls noch Pfeffer ergänzen.

Fisch und Gemüse mit der Sauce übergießen und mit den verbliebenen Oliven garnieren.

GESCHMORTER FENCHEL MIT HUHN

Der Fenchel verleiht diesem Eintopf einen angenehmen Anisgeschmack, der mit dem Hühnerfleisch eine delikate Kombination eingeht. Mit neuen Kartoffeln und grünen Bohnen servieren.

Ergibt 4 Portionen

- 3 EL Olivenöl
- 1,5–1,75 kg schweres Hühnchen, in 8 Stücke zerlegt
- Salz und frisch gemahlener schwarzer Pfeffer
- 12–16 Schalotten, geschält und ganz gelassen
- 125 g Pancetta (italienischer Bauchspeck)
- 2 Knoblauchzehen, fein gehackt
- 1 TL Fenchelsamen, zerdrückt
- 1 EL Pernod (wahlweise)
- 250 ml trockener Weißwein
- 350 ml heißer Hühnerfond
- 2 Lorbeerblätter
- 2 EL Thymianblätter
- 2 Fenchelknollen, in dicke Scheiben geschnitten
- 2 EL Butter, mit 2 EL Mehl zu einer Paste vermischt
- 4 EL Crème fraîche
- 2 EL Fenchelblätter, fein gehackt

Das Öl in einer großen Kasserolle erhitzen. Die Hühnerteile mit Pfeffer und Salz würzen und bei mittlerer Hitze von allen Seiten goldbraun anbraten. Danach mit einem Schaumlöffel herausheben und beiseitestellen.

Schalotten in der Kasserolle leicht anbräunen und danach zum Huhn legen. Den geschnittenen Bauchspeck goldgelb anbraten, dabei gelegentlich rühren. Knoblauch und Fenchelsamen dazugeben und 1 Minute anbraten, aber nicht braun werden lassen. Pernod und Wein angießen und gut umrühren.

Wenn die Flüssigkeit Blasen wirft, Hühnerfond, Lorbeer- und Thymianblätter dazugeben. Hühnerfleisch und Schalotten wieder in die Kasserolle geben, abdecken und 10 Minuten sachte köcheln lassen, die Fenchelscheiben einrühren, zudecken und weitere 30–35 Minuten köcheln lassen, bis das Hühnerfleisch gar ist.

Gemüse und Huhn aus der Kasserolle nehmen und in eine hitzebeständige Schale mit Deckel legen. Nach und nach die Butter-Mehl-Paste in den Bratensaft einrühren, bis eine geschmeidige Sauce entsteht. Diese dann ein paar Minuten köcheln lassen, die Crème fraîche dazugeben, abschmecken und über Huhn, Fenchel und Schalotten gießen. Zum Servieren Fenchelblätter darüberstreuen.

FENCHELSALZ

Wenn man Fenchelsamen in Salz wälzt, nimmt das Salz den markanten Anisgeschmack an: perfekt für das Würzen von Fisch und Fleisch.

Ergibt aromatisiertes Salz für 4 kg Fleisch oder Fisch

- 4 EL Fenchelsamen
- 1 EL Meersalz

Fenchelsamen und Salz in einem Mörser miteinander zerstoßen. Damit Fleisch oder Fisch einreiben.

Fenchelsalz lässt sich in einem luftdicht verschlossenen Glas an einem dunklen Platz bis zu 3 Monate aufbewahren.

GEBACKENER SCHWEINEBAUCH IN FENCHEL-SAMENKRUSTE

Dieses Gericht als einen Familienfavoriten zu bezeichnen, wäre glatt untertrieben. Normalerweise serviere ich die Bratenkruste schon, während ich noch die Sauce zubereite, und bevor ich mich hingesetzt habe, ist sie verschwunden. Fenchel wirkt erwiesenermaßen entlastend zu fettem Essen und so auch besonders zur Kruste – sie schmeckt damit nicht nur vorzüglich, sondern ist auch besser verdaulich.

Ich habe das Glück, in der Nähe eines Landstädtchens mit einem guten Metzger zu leben. Steve bekommt sein Schweinefleisch aus der Region, die Tiere leben im Freien, und so kommt das beste Schweinefleisch heraus, das ich je gegessen habe. Er ritzt für mich die Haut des Fleisches ein, so dass man eine fantastische Kruste bekommt. Wer dies selbst machen muss, sollte mit einem scharfen Messer die Haut in Zentimeterabständen einritzen.

Ergibt 6–8 Portionen
2 kg Schweinebauch
Olivenöl
2 EL Fenchelsalz (siehe Seite 79)
2 Zwiebeln, geschält und halbiert
2 Möhren, geschält und halbiert
2 Fenchelknollen, halbiert
2 EL Thymianblätter
1 ganze Knoblauchzwiebel, ungeschält und in einzelne Zehen zerlegt
1 EL Mehl
etwas Wasser oder Gemüsefond

Den Backofen auf 170 °C vorheizen. Das Fleisch rundum mit Olivenöl einreiben, im Fenchelsalz wälzen, sodass das Salz auch in die Hautritzen gelangt. Gemüse, Thymianblätter und Knoblauchzehen in eine große Bratenform legen, das Fleisch mit der Hautseite nach oben darauf platzieren. Damit das Gemüse nicht anbrennt, muss es vollkommen vom Fleisch bedeckt sein. Etwas Wasser in die Bratenform gießen und 2,5–3 Stunden backen. Gelegentlich den Wasserstand prüfen und eventuell etwas nachgießen, ohne das Fleisch anzufeuchten. Die Kruste darf nicht begossen werden, damit sie knusprig wird.

Wenn das Fleisch gar ist, kommt es vom Backofen auf eine Servierplatte oder ein Hackbrett. Das Gemüse in eine angewärmte Schale mit Deckel schöpfen.

Für die Sauce zunächst das Fett des Bratensaftes abschöpfen, Mehl kräftig einrühren, so dass sich alle Ablagerungen vom Boden lösen. Auf der Herdplatte bei niedriger Hitze und unter Zugabe von Wasser oder Gemüsefond so lange umrühren, bis die gewünschte Konsistenz erreicht ist. Noch ein paar Minuten köcheln lassen, dann in ein Saucenkännchen füllen. Weiteres Salzen und Pfefferen ist nicht nötig, das Fenchelsalz reicht zum aromatischen Würzen aus.

Das Fleisch aufschneiden und mit dem Gemüse und der Sauce servieren. Sollte die Kruste nicht kross genug sein, kann man sie mit einem scharfen Messer abschneiden und bei höchster Stufe im Backofen grillen. Man muss ein Auge darauf halten, denn schon nach wenigen Minuten wirft sie Blasen. Wenn die eine Seite fertig ist, muss man sie wenden. Sobald auch die Unterseite knusprig ist, aus dem Ofen nehmen und die Hautseite wieder nach oben drehen. Etwas abkühlen lassen, dann kann man die Kruste in Stücke brechen und in einer Schale servieren.

GEBACKENER FENCHEL

Meine Mutter und schon meine Großmutter haben Fenchel gebacken. Dies ist ihr Rezept unter heutigen Bedingungen. Fenchel mit Sahneerzeugnissen schmeckt fantastisch und hilft nebenbei auch bei deren Verdauung. Hervorragend mit gegrillten Tomaten und knackigem grünen Salat.

Ergibt 2 Portionen
2 Fenchelknollen
1 EL Butter
1 TL Fenchelsamen, zerstoßen
175 ml Schmand
175 ml Crème fraîche
2 EL frisch geriebener Parmesan

Backofen auf 170 °C vorheizen. Die Basis und Wurzelreste der Fenchelknolle entfernen, den Strunk kegelförmig ausschneiden. (Dies ist nur bei älteren Knollen notwendig, die man besser früher hätte ernten sollen.) Den Fenchel längs in 5 Millimeter dicke Scheiben schneiden.

Die Butter in einer großen Pfanne bei mittlerer Hitze zerlassen, die Fenchelknolle und zerstoßenen Samen dazugeben, etwa 2 Minuten darin dünsten, dann Schmand und Crème fraîche gründlich einrühren. In eine kleine Auflaufform geben und mit Parmesan bestreuen.

20 Minuten im Ofen backen, bis die Oberseite goldbraun und der Fenchel weich ist. Dies testet man mit dem Einstechen einer Gabel.

Überschüssiger Fenchel

Fenchel und Gurken einlegen

Dies ist eine brillante Methode, Stängel des Staudenfenchels haltbar zu machen, bevor man sie im Herbst ohnehin abgeschnitten hätte. Und es passt gut zu dem Überschuss an Gurken, den Sie vielleicht auch zu bewältigen haben. Großartig an dieser Kombination ist, dass viele Menschen Gurken als schwer verdaulich erleben, wogegen wiederum der Fenchel hilft. Außerdem mildert er die Säure des Essigs etwas ab.

Ich habe absichtlich keine Mengen angegeben, da alles von der Gurkenmenge abhängt, die zur Verfügung steht.

Gurken
Salz
Fenchelstängel und -samen
Weißweinessig
Dillsamen
Koriandersamen
Schwarze Pfefferkörner

Gläser mit weitem Hals spülen, trocknen und sterilisieren oder mindestens 1 Stunde auf niedrigster Stunde in den Backofen stellen. Gläser mit reinem Metalldeckel müssen vor dem Verschließen mit Backpapier abgedeckt werden, damit der Essig nicht das Metall angreift.

Frische Gurken auswählen, da diese knackig sind und kaum Samen haben. Die Gurken waschen, aber nicht schälen und in 5 Millimeter starke Stücke schneiden. Je 50 Gramm Salz in 600 Millilitern Wasser auflösen, die Gurkenstücke mindestens 2 Stunden hineinlegen.

Die Fenchelstängel abschneiden, waschen und in 3 Zentimeter lange Stücke schneiden. Direkt nach dem Schneiden duften sie fantastisch.

Die Gläser aus dem Ofen holen und abkühlen lassen, bis man sie gut anfassen kann. Die Gurkenstücke unter kaltem Wasser abwaschen und abtropfen lassen.

600 Milliliter Weinessig mit 2 Teelöffeln Salz in einem Topf (nicht aus Aluminium) zum Kochen bringen, von der Herdplatte nehmen und abkühlen lassen. In jedes Glas eine Lage Fenchelstängel und darüber einige Gurkenstücke legen, Dill- und Koriandersamen sowie Pfefferkörner einstreuen. Je nach Platz eine erneute Fenchel- und Gurkenschicht einlegen und etwas Platz bis zum Rand lassen. Den abgekühlten Essig einfüllen und damit die oberste Gurkenschicht bedecken, aber nicht ganz bis zum Rand füllen. Verschließen.
Nach 4 Wochen ist das Eingelegte fertig und hält sich dann 3 Monate.

GUTER HEINRICH

(auch bekannt als Wilder Spinat)
Chenopodium bonus-henricus

Vor über 30 Jahren arbeitete ich in einer Kräutergärtnerei in Westengland namens »Tumbler's Bottom«. Dort lernte ich Gewächse wie Guter Heinrich oder auch Amaranth kennen, das eine aus der Gänsefuß-, das andere, bei aller Ähnlichkeit, aus der Fuchsschwanzfamilie. Die Zuordnung zu Familien und die wundersamen Namen ließen mich tiefer einsteigen in die Welt der Kräuter. Heraus kam dabei meine erste eigene Kräutersammlung und in deren Fortsetzung die Idee, mein erstes Buch zu schreiben, das 1994 veröffentlicht wurde.

Beschreibung

Der Gute Heinrich ist eine ausdauernde Staude, die im Winter einzieht und im Frühjahr wieder erscheint. Sie blüht unscheinbar klein grüngelb im Frühsommer. Die grünen Blätter haben die Form eines Pfeils oder eines Gänsefußes, je nach Blickwinkel.

Man kann die Pflanze im Frühjahr aussäen oder eine ausgewachsene Pflanze teilen. Ideal steht sie auf durchlässigem Substrat mit viel verrottetem Kompost des vergangenen Herbstes in sonniger Lage. Aber sie toleriert fast jeden Boden, nur Staunässe verträgt sie nicht. Wenn das Substrat wiederum nährstoffarm ist, werden die Blätter recht ledrig. Der Gute Heinrich kann auch in großen Töpfen mit guter Komposterde gezogen werden. Hier sollte man einmal wöchentlich düngen, um zarte Blätter zu bekommen.

Als Küchenpflanze

Guter Heinrich war über Hunderte von Jahren eine gebräuchliche Küchenpflanze. Traditionell wurden die Blätter gekocht und mit einem Klecks Butter gegessen, die jungen Blütenknospen kamen in den Salat und die Samen gab man in die Hafergrütze oder getrocknet und gemahlen ins Mehl zum Brotbacken. In der Grafschaft Lincolnshire wurde Guter Heinrich intensiv angebaut und als Lincolnshire-Spinat angeboten. Bis zum 16. Jahrhundert war er ungeheuer populär, bis die heute als Spinat gehandelte Pflanze aus Asien nach Europa kam und den Guten Heinrich nebst anderen Pflanzen der Gänsefußfamilie aus der Küche verdrängte. Einen kleinen Aufschwung erlebte er nach dem Zweiten Weltkrieg, als die verbreitete Nahrungsmittelknappheit zu einer Rückbesinnung auf Wildpflanzen führte.

Ernte und Verwendung

Blätter

Im zeitigen Frühjahr sind die jungen Triebe zu sehen, die mittlerweile in erstklassigen Restaurants hohe Preise erzielen, da sie wie Spargel gegessen werden können. Während des Frühjahrs sind die Blätter zart und können roh in Salate geschnitten werden. Von Frühsommer an werden die Blätter zäher und sollten gekocht werden. Man kann sie hervorragend für Fleischfüllungen, Suppen, Püree und Pasteten verwenden. Aufgrund der langen Pfahlwurzel sind sie nahrhafter als Spinat- oder Kohlblätter.

Blüten

Pflücken sollte man die Blütenähren, wenn sie sich im Sommer zu öffnen beginnen. Man kann sie dünsten und entweder heiß in Butter oder kalt in einer Vinaigrette servieren. Sie sind allerdings recht körnig, was nicht jedermanns Geschmack ist.

Samen

Wenn sich die Samen im Spätsommer und Frühherbst hellbraun verfärben, sollte man ganze Zweige abschneiden und diese an einem warmen, trockenen Platz ohne Sonneneinstrahlung auf Lagen aus Zeitungspapier auslegen. Nach wenigen Tagen werden sich die Samen abgelöst haben. Die Zweige dann vorsichtig wegnehmen, sodass die Samen zurückbleiben. Diese Samen 1 weitere Woche dort lassen, dann mit einem Sieb die Spreu (Stängelansätze und andere kleine Partikel) vom Samen trennen und diese in luftdichten Gefäßen dunkel lagern. Man kann sie Suppen zugeben, aber auch mahlen und in Mehl für pitaähnliches Brot mischen.

Eigenschaften

Die Blätter des Guten Heinrichs und des Weißen Gänsefußes (siehe unten) enthalten viel Eisen, Calcium und die Vitamine B1 und C. Aufgrund des hohen Eisengehaltes sind sie besonders Menschen empfohlen, die an Anämie (Blutarmut) leiden.

Weitere Arten

Baumspinat, Riesengänsefuß

Chenopodium giganteum

Diese einjährige Pflanze blüht im Sommer unscheinbar klein und grün, die pfeil- oder gänsefußartig geformten Blätter haben einen gesägten Rand. Im frischen Austrieb sind sie wunderschön magentafarben und werden dann langsam grün. Die jungen Blätter können in Salaten, die älteren gekocht als Spinatersatz gegessen werden.

Weißer Gänsefuß

Chenopodium album

Der einjährige Weiße Gänsefuß blüht ebenfalls unscheinbar grünweiß im Sommer und hat grüne, lanzettlich oder gänsefußartig geformte Blätter. Er ist wild in ganz Europa zu finden und seine dicken Samen wurden bei Grabungen an Dörfern aus der Jungsteinzeit in der Schweiz gefunden. Sie können gemahlen in Mehl oder in Hafergrütze gemischt werden.

GUTER-HEINRICH-KROKETTEN

Dies ist ein nettes kleines Abendessen oder eine Vorspeise. Anstelle von Gutem Heinrich kann man auch Blätter vom Baumspinat oder normalen Spinat nehmen, Guter Heinrich schmeckt durchaus etwas strenger. Mit einer klassischen Tomatensauce und Pellkartoffeln servieren.

Ergibt 2 Portionen
900 g junge Blätter vom Guten Heinrich
2 EL Mehl, plus etwas zum Bestäuben
½ TL frisch geriebene Muskatnuss
1 geschlagenes Ei
Salz und frisch gemahlener schwarzer Pfeffer
Öl, zum Braten

Die Blätter des Guten Heinrichs 5–7 Minuten in wenig Wasser kochen, bis er zu einem weichen Klumpen zusammengefallen ist. Im Sieb abtropfen lassen und die verbliebene Flüssigkeit mit der Rückseite eines Holzlöffels ausdrücken. Beiseitestellen und abkühlen lassen.

Dann die gekochten Blätter mit dem Mehl, Muskat, geschlagenen Ei, Salz und Pfeffer vermengen. Im Kühlschrank etwa 40 Minuten hart werden lassen – wenn nötig, auch länger.

Die Masse aus dem Kühlschrank nehmen, daraus Kroketten formen, in Mehl wenden und kurz in der Bratpfanne mit wenig Öl von allen Seiten goldbraun anbraten.

GUTER-HEINRICH-OMELETTE

Der Geschmack der Blätter vom Guten Heinrich lässt sich gut mit dem von Eiern ergänzen. Dieses Gericht ist sehr nahrhaft und mit einem frischen Rucolasalat ein gutes Mittag- oder Abendessen.

Ergibt 2 Portionen
75 g Butter
1 Knoblauchzehe, sehr fein gehackt
225 g Blätter vom Guten Heinrich, gewaschen und gehackt
Salz und frisch gemahlener schwarzer Pfeffer
6 Eier, mindestens 1 Minute kräftig mit einem Schneebesen geschlagen

In einer beschichteten Pfanne 1 EL Butter zerlassen und darin den Knoblauch und die Blätter des Guten Heinrichs dünsten, bis sie zusammengefallen sind. Noch etwas Butter hinzufügen, falls nötig. Würzen, dann die geschlagenen Eier in die Pfanne gießen und so lange braten, bis sie fest zu werden beginnen.

BAUMSPINAT-PÜREE

Meine Mutter inspirierte mich zu diesem Rezept. In meinen Kindheitsjahren machte sie häufig Pürees aus den gleichen Zutaten, mit denen sie am Vortag gekocht hatte. Um Wurzelgemüse zu verlängern, kombinierte sie es gern mit Blattgemüse. Dieses Püree habe ich mit Baumspinat probiert, der eine herbe Spinatnote hat. Es bietet sich besonders für den Sommer an, wenn die ersten Kartoffeln aus dem Boden können und es massenweise Baumspinatblätter gibt. Schmeckt vorzüglich zu gegrilltem Hähnchen.

450 g Blätter des Baumspinats, gekocht, dann püriert
900 g Kartoffeln, vorwiegend festkochend, gekocht und mit etwas Butter und 1 geschlagenen Ei zu einem groben Brei zerdrückt
Salz und frisch gemahlener schwarzer Pfeffer
frisch geriebene Muskatnuss

Den pürierten Baumspinat per Hand mit den zerdrückten Kartoffeln vermengen. Ein Mixer würde die Masse zu fein und klebrig machen. Mit Salz, Pfeffer und Muskat abschmecken.

Überschüssiger Guter Heinrich

Wenn Sie zu viel von diesem Kraut haben, können Sie es wie Spinat kochen, danach die Flüssigkeit auspressen und den Guten Heinrich in eine Schüssel geben. Nach dem Abkühlen einfrieren. So kann er für Pürees, Kroketten, Saucen oder Suppen verwendet werden.

HOLUNDER

(auch bekannt als Holderbusch, Holler, Schwarzer Holunder)
Sambucus nigra

Ganz in der Nähe meines Zuhauses sieht man im ausgehenden Frühjahr Menschen mit schwarzen Müllsäcken entlang der Wanderwege spazieren, um Holunderblüten zu sammeln. Einige tun dies für den eigenen Gebrauch, andere für eine hier ansässige Firma, die Holundersirup herstellt. Dann gibt es Bauern, die ganze Wiesen voller Holundersträucher haben, die nicht nur während der Frühjahrsblüte schön aussehen, sondern auch im Herbst, wenn sich die Äste unter der Last der blauschwarzen Beeren herabbiegen. Holunder zählt zu den nützlichsten Pflanzen in meinem Garten. Er sieht gut aus, schmeckt gut und tut gut – kann man mehr von einer Pflanze verlangen?

Beschreibung

Der Schwarze Holunder ist ein breit ausladender, meist mehrstämmiger Strauch, der im Winter sein Laub abwirft. Im späten Frühjahr blüht er cremeweiß in flachen Dolden, die süß duften. Daraus entstehen Massen kleiner, runder blauschwarzer Früchte. Die mittelgrünen Fiederblätter haben einen gesägten Rand und sind leicht giftig.

Holunder bevorzugt einen nahrhaften Platz in voller Sonne oder lichtem Schatten. Dieser Platz sollte gut überlegt sein, denn Holunder kann in einer Saison gut 1 Meter wachsen.

Als Küchenpflanze

Steinzeitfunde in Europa weisen die Nutzung von Holunderblüten und -beeren seit Jahrtausenden nach. In Klöstern des Mittelalters diente die Pflanze kulinarisch und medizinisch – wie eine andere Holunderart bei den nordamerikanischen Indianern.

Blüten

Man pflückt sie im späten Frühling, kurz bevor sie ganz geöffnet sind. In der Küche werden sie nicht nur für Sirup, sondern auch für Sorbets, Gelees und zu gedünsteten Früchten verwendet.

Beeren

Die Früchte sind im Herbst reif und dann blauschwarz. Man sollte sie kochen, denn roh verzehrt wirken sie stark abführend.

Ernte und Verwendung

Die Beeren haben viel Vitamin A, B und C sowie Calcium, Kalium und Eisen. Weiterhin wirken sie antioxidativ.

Eigenschaften

Vorsicht Beim Pflücken in der Natur muss man darauf achten, dass man nur zum Schwarzen Holunder greift. So sind die roten Früchte von *Sambucus racemosa* (Roter Holunder) auch gekocht giftig und die schwarzen Beeren von *Sambucus ebulus* (Zwerg-Holunder) können ernsten Durchfall verursachen.

Weitere Arten

Kanadischer Holunder

Sambucus nigra ssp. canadensis

Dieser in Nordamerika beheimatete Strauch blüht weiß im Sommer und setzt im frühen Herbst dunkel-purpurfarbene Beeren an. Die hellgrünen Fiederblätter sind scharf gezähnt. Alle Pflanzenteile sind roh giftig (Kinder zeigten nach dem Kauen der Rinde Vergiftungserscheinungen), aber gekocht werden die Beeren in Kuchen und Gelee verwendet.

STACHELBEER-HOLUNDER-CREME

Stachelbeeren gehören zu den Favoriten in unserer Familie. Als wir auf das Gelände der Gärtnerei zogen, übernahmen wir 6 Apfelbäume, einige Holunder- und Stachelbeerbüsche, Rhabarber und einen beeindruckenden Pflaumenbaum. Ein Teil der Ernte geht in dieses Gericht.

Ergibt 6 Portionen

450 g Stachelbeeren, von Blüten- und Stängelansätzen befreit
4 EL Zucker
10 Holunderblüten, ausgeschüttelt und unter kaltem Wasser abgespült
150 ml Milch
2 Eigelb
1 TL Pfeilwurz
30 g Zucker
150 ml Crème double
frische Holunderblüten zum Dekorieren

Stachelbeeren mit dem Zucker in einen mittelgroßen Topf legen. Erhitzen und so lange umrühren, bis der Zucker geschmolzen ist. Die in einem Musselinbeutel zusammengebundenen Holunderblüten dazulegen und so lange mitköcheln lassen, bis die Stachelbeeren weich und breiig sind. Vollständig abkühlen lassen.

Die Holunderblüten herausnehmen und so viel Flüssigkeit wie möglich herauspressen. Die gekochten Stachelbeeren in eine Servierschüssel löffeln.

Für die Eiercreme die Milch in einem mittelgroßen Topf erhitzen und zum Kochen bringen. Die geschlagenen Eier, Pfeilwurz und Zucker zusammen mit der heißen Milch in einem Gefäß verrühren und wieder in den Topf geben. Sachte erhitzen, bis die Creme dick wird, aber nicht kochen. Durch ein Sieb passieren, abkühlen lassen.

Crème double zur gleichen Konsistenz schlagen wie die Stachelbeeren, beides vermengen und in die Eiercreme rühren. In der Servierschüssel möglichst ein marmoriertes Aussehen erzielen. Mit kleinen Einzelblüten des Holunders dekorieren.

HOLUNDER-BEERENSUPPE

Dies ist eine wunderbare, süßlich-pikante Herbstsuppe, die den Winter ankündigt. Sie wird überraschenderweise kalt serviert, was den Fruchtaromen aber sehr entgegenkommt.

Ergibt 6–8 Portionen

875 g Holunderbeeren ohne Stiele
1,5 l Wasser
1 Zimtstange, ca. 2,5 cm lang
4 Nelken
1 große Bio-Zitrone, in Scheiben geschnitten, plus etwas Saft zum Abschmecken
0,5 l ungesüßter Grapefruitsaft
150 g Zucker
1 TL Pfeilwurz (alternativ Maisstärke)
2 EL kaltes Wasser
saure Sahne, zum Servieren
geriebene Muskatnuss

In einem großen Topf die Beeren mit Wasser, Zimt, Nelken und Zitronenscheiben mischen und etwa 40 Minuten kochen lassen. Durch ein Sieb passieren und dabei so viel Fruchtfleisch wie möglich hindurchpressen. Bis zu einer Gesamtmenge von 1,75 Litern mit ungesüßtem Grapefruitsaft auffüllen und in einen sauberen, großen Topf geben. Zucker darauf verteilen und umrühren, bis er in der Masse aufgegangen ist. Alles bei niedriger Hitze 10 Minuten köcheln lassen.

Pfeilwurz in den 2 Esslöffeln Wasser auflösen und in die Saftmischung rühren. So lange umrühren, bis sie bindet, nach Belieben mit Zucker und Zitronensaft abschmecken.

In eine große Schüssel gießen, abdecken und mindestens 4 Stunden in den Kühlschrank stellen. In einzelnen Schüsseln mit einer Haube aus Saurer Sahne und einer Prise Muskat servieren.

CRUMBLE MIT HOLUNDERBEEREN UND ZWETSCHGEN

Dieses Gericht mache ich in jedem Herbst, denn wir haben viele Holunderbüsche und einen stattlichen Zwetschgenbaum in der Nähe der Gärtnerei. Der herbe Fruchtgeschmack des Holunders passt extrem gut zum vollen Aroma der Zwetschgen. Besonders schmackhaft ist Crème fraîche dazu.

Beim Zubereiten von sauren Früchten sollte man auf Aluminiumtöpfe verzichten. Bei Edelstahl- oder beschichteten Töpfen kommt es nicht zu chemischen Reaktionen zwischen Topf und Früchten.

Ergibt 4–6 Portionen
6 Dolden Holunderbeeren
500 g Hauszwetschgen, gewaschen und entsteint (man kann ersatzweise Pflaumen nehmen)
100 g feiner Streuzucker
100 g Mehl
50 g Butter
50 g brauner Zucker
50 g Haferflocken

Backofen auf 170 °C vorheizen. Holunderbeeren gut waschen und sie dann mit einer Gabel von der Dolde in einen mittelgroßen Topf strippen. Die Zwetschgen sowie den Zucker dazugeben und auf niedriger Hitze etwa 20 Minuten köcheln lassen, bis die Früchte weich sind. Die Masse nach etwaigen Zwetschgensteinen untersuchen und die Süße prüfen, denn beide Fruchtarten können recht sauer sein.

Mehl, Butter und braunen Zucker mit den Händen gut vermengen (mit einer Küchenmaschine geht das im Nu), die Haferflocken dazugeben. (Wenn Sie eine Küchenmaschine verwenden, jetzt nicht zu lange mischen.)

Die Früchte in einer feuerfesten Form mit den Streuseln bestreuen und diese mit der Rückseite einer Gabel andrücken. Das macht den Kuchen besonders knusprig. Den Crumble 15–20 Minuten backen, bis die Oberseite goldbraun ist. Bis zum Servieren 5–10 Minuten ruhen lassen.

Überschüssiger Holunder

Holunderblütensirup

Dieser Sirup wird am schmackhaftesten mit frischen Blüten, die an einem sonnigen Tag gepflückt wurden, cremefarben und noch nicht weiß sind. In diesem Stadium haben sie den meisten Pollen, welcher dem Sirup den besonderen Geschmack gibt. Der Sirup wird mit stillem oder kohlensäurehaltigem Wasser verdünnt. Am besten schmeckt er gut gekühlt.

Ergibt ca. 1,5 Liter Sirup
1,5 l Wasser
450 g Zucker
Saft und die dünn geschnittene Schale von 2 Bio-Zitronen
3 EL Weißweinessig
12 Holunderblütendolden (durch kräftiges Schütteln lassen sich vor dem Waschen eventuell vorhandene Insekten entfernen)

Das Wasser in einem großen Topf zum Kochen bringen und gleich danach in ein sterilisiertes Gefäß schütten (siehe Seite 12). Den Zucker dazugeben und so lange umrühren, bis er sich aufgelöst hat.

Nach dem Abkühlen Zitronensaft und -schale, Essig und Blütenköpfe hineingeben. Mit mehreren Lagen Musselinstoff abdecken und 24 Stunden so stehen lassen.

Die Flüssigkeit durch ein Musselintuch in Glasflaschen mit Korken oder Schraubverschluss filtern. Nach 2 Wochen ist der Sirup fertig. Er hält sich wochenlang, was allerdings in unserem Haushalt selten vorkommt.

Holunderwein

Dieses Rezept stammt aus einem Buch meiner Mutter namens *Mrs. Beeton's Household Management*. Es handelt sich um eine durchgesehene Auflage von 1949 mit neuen Bildern, nachdem die Originalauflage von 1861 durch die Bombenangriffe 1940 verbrannt war. Aus den Holunderbeeren lässt sich ein gehaltvoller, fruchtiger Wein machen.

Wer sich daran versucht, sollte sich ein 5 Liter fassendes Gärungsgefäß besorgen. Dies sollte einen Gummistopfen mit einem Loch darin haben, das man wiederum mit einem Glas abdecken kann. Zum einen kann man damit Fruchtfliegenattacken auf den Wein abwehren, denn dadurch würde er sauer. Zum anderen produziert die Hefe bei Luftabschluss mehr Alkohol – durch den Stopfen können Gase entweichen, ohne dass Luft in den Behälter dringt.

Ergibt ca. 10 Flaschen à 750 Milliliter
13,5 l Wasser
3 kg Holunderbeeren, gewaschen

Auf 4,5 Liter Flüssigkeit kommen:
1,35 kg Zucker
450 g Rosinen
20 g gemahlener Ingwer
6 Nelken
½ TL Trockenhefe
150 ml Branntwein

Das Wasser zum Kochen bringen und 1 Minute stehen lassen, bis es keine Blasen mehr wirft. Die gewaschenen Beeren von der Dolde strippen und mit dem abgekochten Wasser bedecken. 24 Stunden stehen lassen, dann die Früchte gut zerstampfen und durch ein feines Sieb drücken.

Die Saftmenge messen und zusammen mit Zucker, Rosinen, Ingwer und Nelken in einen großen Topf geben. Sachte 1 Stunde kochen lassen, wenn nötig Schaum abschöpfen.

Die Flüssigkeit stehen lassen, bis sie noch handwarm ist, dann die Hefe einrühren und in ein sauberes Fermentierungsgefäß, etwa ein Fass, füllen. Das Spundloch mit einem Lappen verschließen und das Gefäß 2 Wochen ruhen lassen, dann den Branntwein einrühren und dicht verstopfen.

Sobald man kein Blubbern mehr hört (nach etwa 6 Monaten), ist der Wein fertig zum Befüllen der Flaschen. Hier hilft ein Plastikröhrchen, damit der Bodensatz im Gärungsbehälter zurückbleibt. Die Flaschen sollten sterilisiert sein (siehe Seite 12), fest verkorkt und an einem kühlen, trockenen Ort gelagert werden. Dort wird sich der Wein 3–4 Jahre halten.

KAPUZINER-KRESSE

(auch bekannt als Große Kapuzinerkresse)
Tropaeolum majus

Diese Pflanze sieht man in vielen Gärten, aber ihr kulinarischer und medizinischer Nutzen ist kaum bekannt. Sie weckt Erinnerungen an meine Kindheit, als ich mit den Blüten Miniaturgärtchen bastelte und Schulfreunde mit dem Geschmack der Blätter in Erstaunen versetzte. Doch weder meine Großmutter noch meine Mutter verwendeten Kapuzinerkresse in der Küche. Ich dagegen mag nicht nur ihren Geschmack, sondern auch die Extravaganz, die man einem Essen mit den Blüten verleihen kann.

Beschreibung

Kapuzinerkresse ist nicht winterhart und stirbt gleich nach dem ersten Frost ab. Trotz ihres kurzen Daseins im Jahr lohnt aber allein schon die überschwängliche Blüte während des ganzen Sommers – ihre Farben variieren von Gelb über Orange bis zu Mahagoni- und tiefen Purpurtönen. Die runden blaugrünen Blätter haben einen pfeffrigen Geschmack.

Im zeitigen Frühjahr sät man die großen Samen in Töpfe oder im späten Frühjahr ins vorbereitete, versickerungsfähige Freiland in voller Sonne oder im Halbschatten. Ein warnendes Wort ist angebracht: Ist der Boden zu nährstoffreich, produziert die Pflanze viele Blätter und kaum Blüten. Mit Dünger und Kompost sollte man sich also zurückhalten, wenn man viele Blüten haben möchte.

Als Küchenpflanze

Dieses Kraut kam im 16. Jahrhundert von Peru nach Europa. Es war zunächst als Indianische Kresse *(Nasturtium indicum)* bekannt, da die Blätter wie Brunnenkresse schmecken. Die Verwendung der Blüten zum Essen und in Tee stammt aus dem Orient. Man hat Quellen gefunden, die Blüten in Salaten nachweisen. Sogar die berühmte Kochbuchautorin Beeton empfahl bereits in der Mitte des 19. Jahrhunderts, mit den Blüten Sommersalate zu dekorieren.

Ernte und Verwendung

Blätter

Man kann die jungen Blätter vom ausgehenden Frühling bis zum Frost pflücken. Ihr pfeffriger Geschmack passt gut zu Salaten und besonders, wenn sie mit einer Vinaigrette, Kartoffeln, Crème fraîche oder Frischkäse serviert werden.

Blüten

Die Pflanze blüht vom Frühsommer bis zum Frost. Auch die Blüten schmecken leicht pfeffrig, eignen sich also für viele Salate, die vorzugsweise mit Senf angemacht sind. Auch zu Erdbeeren schmecken die Blüten.

Samen

Am besten schmecken die Samen, wenn sie klein und grün sind. Dann können sie eingelegt oder frisch in Salaten gegessen werden. Aufgrund ihres strengen Geschmacks sollte man sie sparsam verwenden. Über den Sommer braun gewordene Samen kann man für die Aussaat im nächsten Jahr aufheben.

Eigenschaften

Alle Pflanzenteile wirken antibiotisch. Die Kapuzinerkresse enthält viel Schwefel und Vitamin C, Eisen sowie keimtötende Substanzen, in größter Konzentration vor der Blüte. Diese Substanzen sollen vor allem gut für die Hautreinigung sein.

Weitere Arten

Es gibt verschiedene Sorten von *Tropaeolum majus*, einige wachsen buschig, andere kriechen, wieder andere klettern, aber alle haben essbare Blätter und Blüten. Hier nur ein paar der sehr vielen im Samenhandel erhältlichen Sorten.

Kapuzinerkresse `Alaska´

Tropaeolum majus Alaska-Serie
Rote und orangefarbene Blüten mit grünweißen und grünen Blättern.

Kapuzinerkresse `Empress of India´

Tropaeolum majus 'Empress of India'
Dunkelrote Blüten und dunkelgrüne Blätter.

Kapuzinerkresse `Peaches & Cream´

Tropaeolum majus 'Peaches & Cream'
Blass pink-, orange- oder cremefarbene Blüten und mittelgrüne Blätter.

Kapuzinerkresse `Tom Thumb Black Velvet´

Tropaeolum majus 'Tom Thumb Black Velvet'
Dunkelrote Blüten und mittelgrüne Blätter.

Kapuzinerkresse `Double Gleam´

Tropaeolum majus 'Double Gleam'
Mischung aus goldgelben, orangefarbenen und scharlachroten Blüten mit stets mittelgrünen Blättern.

Kapuzinerkresse `Jewel of Africa´

Tropaeolum majus 'Jewel of Africa'
Mischung aus gelben, roten, creme- und pinkfarbenen Blüten mit cremeweiß-grün panaschierten Blättern. Dies ist eine kletternde Sorte.

SALSA MIT KAPUZINERKRESSE

Dieses Gericht ist eine großartige Methode, um Blätter und Blüten der Kapuzinerkresse zu servieren. Dabei geht die pfeffrige Note der Blätter gut mit dem feurigen Chili zusammen und alles sieht in der Saucenschale wunderschön aus.

Ergibt 4 Portionen
2 große Tomaten, gehäutet
1 kleine Chilischoten, Samen entfernt, fein gehackt
1 kleine rote Zwiebel, fein gehackt
1 EL Kapuzinerkresse-Blätter, gehackt
1 EL Balsamico-Essig
Saft einer ½ Zitrone
Salz
2 Blüten der Kapuzinerkresse (nur die Petalen)

Tomaten halbieren und Samen entfernen, fein hacken und in eine kleine Schüssel geben. Gehackte Chilischote, Zwiebel, Kapuzinerkresse-Blätter, Essig und Zitronensaft dazugeben und mit Salz abschmecken. Die Blütenblätter der Kapuzinerkresse darüberstreuen und servieren.

AUFLAUF MIT PILZEN UND KAPUZINERKRESSE

In meiner Jugend waren Pilze mit Knoblauch groß in Mode. Immer noch habe ich ein Faible dafür, und bei diesem Gericht verstärken die pfeffrigen Kapuzinerkresse-Blätter den Geschmack der Pilze und des Knoblauchs. Der Auflauf kann gut als erster Gang eines Sommermenüs serviert werden, am besten mit selbst gebackenem Krustenbrot oder Toast und einem Glas Cidre.

Ergibt 2–4 Portionen
6 EL Olivenöl
3 Knoblauchzehen, fein gehackt
20–30 junge Blätter der Kapuzinerkresse
225 g frische Pilze, abgebürstet und geschnitten
1 EL frische Thymianblätter, fein gehackt
Salz und frisch gemahlener Pfeffer
frisch geriebene Muskatnuss

Den Knoblauch in das Olivenöl rühren und 1 Stunde ziehen lassen.

Die Kapuzinerkresse-Blätter waschen, trocknen und in das Knoblauchöl geben.

Die Pilze in einer anderen Schüssel mit Thymian, Salz, Pfeffer und etwas Muskatnuss bestreuen, gut umrühren, damit alle Pilze von den Kräutern und Gewürzen bedeckt sind.

Die Blätter eins nach dem anderen aus dem Olivenöl holen und mit einem Drittel den Boden einer flachen Auflaufform bedecken. Das Öl beiseitestellen. Auf die Blätter kommt die Hälfte der Pilze, darauf das zweite Drittel der Blätter und darauf wiederum Pilze. Als oberste Schicht decken die restlichen Kapuzinerkresse-Blätter den Auflauf ab. Mit etwas Knoblauchöl besprenkeln, abdecken und 20 Minuten im Ofen backen. Servieren.

GEGRILLTER LACHS MIT KAPUZINER-KRESSE-BUTTER

Diese Butter ist nicht nur farbenprächtig, sie schmeckt auch sehr intensiv. Ihr kräftiger Geschmack unterstützt den des Lachses überaus wirksam und macht das Gericht zu einem pikanten Festmahl.

Ergibt 4 Portionen

Für die Butter

100 g Butter
10 Blüten Kapuzinerkresse
Saft einer ½ Zitrone

Für den Lachs und den Salat

4 Wildlachssteaks
1 rote Zwiebel, fein geschnitten
1 rote Paprika, ohne Samen und fein geschnitten
1 Eisbergsalat, fein geschnitten

Für das Salatdressing

3 EL kalt gepresstes Olivenöl
1 TL Zitronensaft
Salz und frisch gemahlener schwarzer Pfeffer

Mit der Zubereitung der Butter beginnen. Alle Zutaten dafür in eine Küchenmaschine geben und zerkleinern, bis sie gut vermengt sind. In ein verschließbares Gefäß füllen und in den Kühlschrank stellen.

Den Grill vorheizen. Sobald er heiß ist, den Lachs grillen, bis er gar ist.

Die Zutaten für das Salatdressing gut mischen. Zwiebeln, Paprika und Eisbergsalat in einer Schüssel mischen und mit dem Dressing begießen. Den Salat auf 4 Teller verteilen, mit je einem gegrillten Lachssteak belegen, darauf je ein Viertel der Kapuzinerkresse-Butter platzieren und servieren.

GEFÜLLTE KAPUZINER-KRESSE-BLÄTTER

Dieses französische Rezept ist etwas Besonderes. Ich lernte es mit 13 Jahren kennen, als ich bei meiner Tante Pippa war, die damals in La Garde-Freinet in den Bergen über Saint-Tropez wohnte. Ich fand es faszinierend, Blätter der Kapuzinerkresse zu essen.

Ergibt 4 Portionen

1 TL Kapern, abgetropft und gehackt
1 kleine Gewürzgurke, fein gehackt
1 TL Petersilie, fein gehackt
1 TL Kerbel, fein gehackt
24–30 Kapuzinerkresse-Blätter
50 g Anchovis, abgetropft und in schmale Streifen geschnitten
150 ml trockener Weißwein
1 EL Estragonessig
1 Zweig Thymian
1 Lorbeerblatt
2 EL Olivenöl

Backofen auf 150 °C vorheizen. Kapern, Gewürzgurke, Petersilie und Kerbel in einer Schale mischen, die Stiele der Kapuzinerkresse-Blätter abschneiden. Auf jedes Blatt etwas von der Kräutermischung platzieren und mit einem Stück der Anchovis belegen. Die Blattränder einfalten und das Blatt wie eine Zigarre aufrollen, die Fuge nach unten. So die gefüllten Blätter in eine flache, hitzebeständige Pfanne legen und mit Wein und Essig begießen. Thymian und Lorbeerblatt daraufgeben und 15 Minuten backen.

Aus dem Ofen nehmen, die Blätter auf Servierteller verteilen und warm halten. Wein und Essig bei hoher Hitze reduzieren, bis noch 2 Esslöffel übrigbleiben. Das Olivenöl in eine kleine Schüssel geben und die Wein-Essig-Flüssigkeit durch ein Sieb darübergießen, dabei Thymian und Lorbeer auffangen. Die Flüssigkeit gut umrühren und damit die gefüllten Blätter begießen. Vor dem Servieren abkühlen lassen.

Überschüssige Kapuzinerkresse

Eingelegte Kapuzinerkresse-Samen

Eingelegte Kapuzinerkresse-Samen sind ein vorzüglicher Ersatz für Kapern. Sie schmecken leicht pfeffrig und bringen etwas Knackiges in Salate oder Saucen und schmecken großartig zu Käse.

genügend Samen, um ein Marmeladenglas zu füllen
2 EL Salz auf 0,5 l Wasser, dies 3-mal wiederholen (siehe Rezept)
2 EL Blätter von Französischem Estragon, fein gehackt
1 Zwiebel, fein gehackt
425 ml Weißweinessig
12 schwarze Pfefferkörner
1 Chilischote, ohne Samen, fein gehackt
1 TL Salz
reichlich frisch gemahlene Muskatnuss

Bevor die Samen in das Marmeladenglas kommen, müssen sie in Salzwasser liegen. Nach dem ersten Tag das Salzwasser abgießen und frisches Salzwasser nachfüllen, wiederum nach einem Tag abgießen und diese Prozedur ein drittes Mal durchführen. Am letzten Tag nach dem Abgießen die Samen in einem Tuch trocken tupfen.

Die trockenen Samen lagenweise mit Estragon und Zwiebeln in ein Marmeladenglas schichten.

In einem Topf Essig, Pfefferkörner, Chili, Salz und Muskat 10 Minuten köcheln, dann abkühlen lassen und über die Samen gießen. Glas fest verschließen und mindestens 1 Woche lang bis zum Gebrauch im Kühlschrank lagern.

KATZENMINZE

(auch bekannt als Gewöhnliche oder Echte Katzenminze)
Nepeta cataria

Die auf Katzen aphrodisische Wirkung der Katzenminze ist uns besser bekannt als der kulinarische Wert für uns Menschen. Zum ersten Mal entdeckte ich Katzenminze in einer italienischen Küche, wo man sie mit Pilzen kochte – einfach köstlich. Seitdem habe ich Katzenminze in viele Gerichte gemischt, da die pfeffrig-minzige Würze der Blätter gut zu Gemüse, Hühnchen oder Nudeln passt.

Beschreibung

Zur Blüte sieht die Echte Katzenminze hübsch aus. Massen von weißrosa Blüten öffnen sich im Sommer und locken unzählige Bienen und Schmetterlinge an. Als ausdauernde Staude zieht sich die Pflanze im Winter zurück und erscheint im Frühjahr wieder. Die ovalen, graugrünen Blätter duften stark nach einer Mischung aus Minze und Moschus, wenn man sie zerreibt.

Vermehren kann man die Katzenminze durch Aussaat im Frühjahr, Stecklinge im Frühsommer oder durch Teilung im Herbst. Am wohlsten fühlt sie sich an einem sonnigen Platz in versickerungsfähigem Boden. In schwerem, feuchtem Boden besteht die Gefahr, dass sie in nassen Wintern regelrecht wegfault.

Als Küchenpflanze

Katzenminztee kannten schon die Alten Römer als Erfrischung und zur Beruhigung des Magens. Im Mittelalter brachte man mit den Blättern Aroma ans Fleisch und die jungen Triebe schnitt man in den Salat.

Ernte und Verwendung

Blätter

Sie schmecken intensiv und würzig nach Minze und Pfeffer, in der Küche sollte man daher zurückhaltend damit umgehen. Im Frühjahr kann man die jungen Triebe in Salate, ins Gemüse oder in Pilzgerichte schneiden, aber auch Fleisch damit einreiben – besonders Lamm. Die leicht bitter schmeckenden ausgewachsenen Blätter des Sommers und Herbstes kann man zu Pilzen und zudem in Aufläufen, Eintöpfen, Saucen und Suppen verwenden. Die Blätter lassen sich gut einfrieren, aber auch in Butter, Öl oder Essig haltbar machen. Und schließlich eignen sie sich für Gelee, das gut zu Fleisch schmeckt – auch hier wieder besonders zu Lamm.

Blüten

Die vollständig essbare Blüte kann man vom frühen Sommer bis zum Herbst pflücken. Dabei müssen alle grünen Blättchen entfernt werden, da deren strenger Geschmack den der Blüte überlagern würde. Die Blüten geben Nudeln, Reis und allen Sorten Gemüse ein gewisses Etwas. Immer erst am Ende des Kochens dazugeben.

Eigenschaften

Katzenminzen, besonders *Nepeta cataria*, beinhalten Zitronellöl, ein nach Zitrone duftendes flüchtiges Öl mit antibakterieller Wirkung. Zudem ist, wie auch beim Thymian, Thymol in der Pflanze enthalten, das ebenfalls desinfizierend und bakterizid wirkt. Weiterhin ist Katzenminze verdauungsfördernd, vor allem bei fetten Speisen. Wie alle etwas bitteren Kräuter regt die Katzenminze die Verdauung an und ist gut für Leber und Nieren.

Weitere Arten

Zitronen-Katzenminze

Nepeta cataria 'Citriodora'
Diese Sorte hat graugrüne Blätter, die nach Minze, Thymian und Zitrone schmecken und einen etwas bitteren Nachgeschmack haben. Gut zu Fisch, Huhn und in Salatdressings. Blüht weiß-rosa.

Kleine Katzenminze

Nepeta nepetella
Diese Art hat schmale, graugrüne Blätter und Ähren aus blass malvenfarbenen und blau angehauchten Blüten. Diese Art esse ich gerne mit selbst gesammelten Pilzen. Sie hat einen intensiven Geschmack, mit einer aromatischen und dabei leicht bitteren Note.

KATZENMINZE UND GESCHMORTES HUHN

Katzenminze ist mit Geflügel und hier speziell mit Hühnchen eine höchst aromatische Kombination. Ich liebe Rezepte, bei denen ich alle Zutaten in einen Topf mit Deckel gebe, diesen in den Backofen schiebe und nach Stunden die Küche mit verführerischen Düften erfüllt vorfinde. Dieses Gericht ist so eines. Dazu bieten sich Kartoffelpüree oder ein grüner Salat mit einem Zitronen-Katzenminze-Dressing an. Für das Dressing nimmt man 3 Esslöffel Olivenöl, 1 Esslöffel Balsamico-Essig und 1 Esslöffel fein gehackte Blätter der Zitronen-Katzenminze.

Ergibt 4–6 Portionen

1 Handvoll Blätter der Katzenminze
Meersalz und frisch gemahlener schwarzer Pfeffer
1,2 kg Huhn
1 Zweig Rosmarin
4 rote Zwiebeln, geviertelt
2 große Kochäpfel, entkernt und in große Würfel geschnitten
Olivenöl
600 ml trockener Cidre

Backofen auf 190 °C vorheizen. Die Blätter der Katzenminze fein mit 1 Teelöffel Salz klein hacken. Mit dieser Mischung das Huhn außen und innen einreiben, den Rosmarinzweig ins Innere des Huhns legen.

Zwiebeln und Apfelstücke in eine Kasserolle legen und 2 Esslöffel Olivenöl dazugeben. Etwas Salz und Pfeffer darüberstreuen und gut umrühren, damit alles vollständig eingeölt ist. Das Huhn darauflegen, die Haut mit etwas Öl einreiben und mit Cidre übergießen. Die Kasserolle zudecken und in der Mitte des Backofens 1 Stunde und 35 Minuten backen. Danach prüfen, ob das Huhn gar ist. Das Fleisch an den Schenkeln muss sich beinahe von den Knochen lösen.

Das Huhn aus der Kasserolle nehmen, den Bratensaft durch ein Sieb passieren. Zwiebel und zusammengefallene Äpfel mit einem Pürierstab und der Zugabe von etwas Bratensaft zu einer Sauce verquirlen. Das Huhn in Portionen schneiden und mit der darübergegossenen Sauce servieren.

PILZ-KARTOFFEL-PASTETE MIT KATZENMINZE

Dieses Gericht kann man als leichtes Mittag- oder Abendessen, aber auch als Beilage zu kaltem Fleisch servieren. Es ist ein Beispiel, wie gut Katzenminze zu Pilzen passt und deren Geschmack ergänzt, ohne ihn zu dominieren. In das Kartoffelpüree kommen Eier – das war ein Einfall meiner Mutter. Zweifellos wird so das beste Püree daraus, das Sie je gegessen haben. Mit knackigem grünen Salat oder frisch gekochtem Spinat servieren.

Ergibt 4 Portionen

- 50 g Butter, plus etwas für die Auflaufform
- 350 g braune Champignons
- 2 Knoblauchzehen, geschält und fein geschnitten
- 1 EL Blätter der Katzenminze, gehackt
- 1 EL glatte Petersilie, gehackt
- Salz und frisch gemahlener schwarzer Pfeffer
- 200 g Gruyère, in kleine Stücke geschnitten

Für das Kartoffelpüree

- 1,5 kg Kartoffeln, vorwiegend festkochend
- 50 g Butter
- 100 ml heiße Milch
- 2 Eier, geschlagen
- 75 g Parmesan, frisch gerieben

Backofen auf 190 °C vorheizen und mit etwas Butter eine feuerfeste Form einfetten. Zuerst das Püree herstellen: Kartoffeln waschen, aber nicht schälen, in einem großen Topf mit kaltem Wasser zum Kochen bringen und so lange kochen, bis sie zart sind. Danach vom Herd nehmen, abschütten und die Schalen abziehen – was sehr leicht gehen sollte. Zusammen mit Butter und heißer Milch zerstampfen, die 2 geschlagenen Eier und zwei Drittel des geriebenen Parmesans einrühren.

Während die Kartoffeln kochen, die Pilze abbürsten und in dicke Scheiben oder kleine Viertel schneiden. Zusammen mit dem Knoblauch in Butter anbraten, bis alles goldbraun ist. Die Katzenminze einrühren, 1 Minute mitbraten, dann Petersilie, Salz und Pfeffer dazugeben.

Die Hälfte des Pürees in der feuerfesten Form verteilen, mit dem Gruyère bestreuen, dann die Pilze sowie die Flüssigkeit aus der Pfanne darübergeben. Die zweite Hälfte des Kartoffelpürees auf den Pilzen verstreichen und mit dem restlichen Parmesan bestreuen. Etwa 30 Minuten backen, bis die Kruste goldbraun ist.

GEMÜSEGULASCH MIT KATZENMINZE

Der herb-aromatische Minzgeschmack der Katzenminze durchzieht zart dieses vegetarische Gulasch. Mit frischen Nudeln servieren.

Ergibt 4 Portionen

2 EL Olivenöl
2 mittelgroße Zwiebeln, geschnitten
2 TL Vollkornmehl
1 TL Paprikapulver
250 g gehäutete Tomaten oder 400 g Dosentomaten
1 TL Tomatenmark
1 Prise brauner Zucker
275 ml heißes Wasser
1 EL Blätter der Katzenminze, fein gehackt
250 g Blumenkohl
225 g zarte Möhren, in große Stücke geschnitten
225 g frische, möglichst neue Kartoffeln, halbiert
½ rote Pfefferschote, ohne Samen und gehackt
Salz und frisch gemahlener schwarzer Pfeffer
150 ml Sour Cream oder Griechischer Joghurt

Backofen auf 170 °C vorheizen. Das Öl in einer für Herd und Backofen geeigneten Kasserolle erhitzen, die Zwiebeln darin glasig dünsten, Mehl und drei Viertel des Paprikapulvers einrühren.

Tomaten grob hacken und in die Kasserolle geben. Tomatenmark und Zucker mit dem heißen Wasser vermengen und zusammen mit drei Vierteln der Katzenminzblätter in die Kasserolle rühren. Zum Kochen bringen und ständig umrühren. Dann sämtliches Gemüse und Gewürze dazugeben, zudecken und 30–40 Minuten in den Backofen stellen.

Am Ende der Backzeit Kasserolle herausnehmen, Sour Cream oder Joghurt und den Rest Paprikapulver einrühren. Mit den verbliebenen Minzblättern servieren.

TAGLIATELLE MIT KATZENMINZ-SAUCE

Alle Katzenminzarten haben einen herben Geschmack, der gut zu Tomaten und Kapern passt. Diese Kombination erinnert mich an heiße Sommertage am Mittelmeer.

Ergibt 4 Portionen
Olivenöl
1 Knoblauchzehe, fein gehackt
1 EL Blätter der Katzenminze, fein gehackt
1 EL Petersilie, fein gehackt
50 g frische oder eingelegte Kapern, grob gehackt (eingelegte gut abtropfen lassen)
250 g gehäutete Tomaten oder 400 g Dosentomaten, gehackt
1 Messerspitze brauner Zucker
400 g frische oder getrocknete Tagliatelle
Salz und frisch gemahlener schwarzer Pfeffer
Parmesan, frisch gerieben

Ewas Öl in einer großen Pfanne erhitzen und darin den Knoblauch dünsten. Katzenminze, Petersilie und Kapern dazugeben, Hitze reduzieren, Tomaten und Zucker einrühren. Diese Mischung 5–10 Minuten sachte kochen lassen.

Während die Sauce kocht, in einem großen Topf Wasser zum Kochen bringen und Tagliatelle hineingeben. Frische Nudeln nur kurz al dente kochen, getrocknete etwas länger (nach Packungsanweisung).

Die Sauce nach der Kochzeit von der Platte nehmen, mit Salz und Pfeffer abschmecken.

Wenn die Nudeln gar sind, diese abschütten, in die Sauce geben und umrühren. Mit dem Parmesan servieren.

Überschüssige Katzenminze

Katzenminzbutter

Kann zum Anbraten von Pilzen, zum Servieren auf Lammkoteletts oder auch als Basis für einen Obst-Crumble verwendet werden. Wichtig ist, dass man ungesalzene Butter verwendet, denn der Geschmack kommt allein von der Minze.

Ergibt 125 Gramm
1 Handvoll Blätter der Katzenminze, von den Zweigen abgestrippt
125 Butter

Die Blättchen hacken, damit die Öle freigesetzt werden. Mit der Butter vermengen (am besten mit einer Gabel).

Wenn alles gut vermischt ist, die Butter in Backpapier einrollen und mindestens 24 Stunden in den Kühlschrank legen. Je länger die Lagerzeit, desto intensiver der Geschmack.

Die Butter lässt sich auch einfrieren. Dazu in eine Gefrierbox streichen und entsprechend beschriften. Hält sich bis zu 3 Monaten.

KERBEL

(auch bekannt als Gartenkerbel, Französische Petersilie)

Anthriscus cerefolium

Dieses Kraut wird meiner Meinung nach zu wenig beachtet, kann sein delikater Anisgeschmack doch auf sehr subtile Art ein ganzes Essen durchziehen. Meine Mutter hatte Kerbel immer in ihrem Garten, und sogar nach ihrem Umzug in eine Wohnung zog sie ihn weiter in Töpfen. Zu ihrer »Salsa Verde« (siehe Seite 197) gehörte Kerbel unbedingt dazu. Kerbel passt besonders zu Kartoffeln oder pochiertem Fisch.

Beschreibung

Kerbel ist eine attraktive einjährige Staude, die in jedem Frühjahr ausgesät wird. Sie kann bis 60 Zentimeter hoch werden. Ihre kleinen, weißen, rosa angehauchten Blüten erscheinen im Frühling in flachen Dolden. Die grasgrünen, farnartigen Blätter haben einen dezenten Anisgeschmack. Im Frühjahr und Herbst, wenn die Temperaturen unerwartet fallen können, werden die Blätter bisweilen purpurfarben, was den Geschmack aber nicht beeinträchtigt.

Das Kraut ist leicht zu ziehen, denn der ausgelegte Samen keimt recht schnell im sich aufwärmenden Frühjahrsboden. Allerdings muss man stets frische Samen nehmen, denn nach einem Jahr verlieren sie ihre Keimfähigkeit. 6–8 Wochen nach der Aussaat kann man die ersten Blätter ernten und von da an so lange, wie die blühenden Triebe rechtzeitig entfernt werden. Am wohlsten fühlt sich Kerbel in einem Boden, der im Sommer etwas Feuchtigkeit hält, im Winter aber nicht staunass ist. Eine halbschattige Lage ist ideal, da das Kraut schießt, sobald die Erde austrocknet oder zu heiß wird. Aus diesem Grund wird Kerbel häufig zwischen andere Gartenkräuter oder unter Laubgehölze gesät, die in den heißen Sommermonaten etwas Schatten spenden.

Als Küchenpflanze

Schon seit Jahrtausenden wird Kerbel in ganz Europa und Nordafrika verwendet. Man sagt, dass seine Heimat in Sibirien liegt. Nach England kam die Pflanze erwiesenermaßen durch die Römer. Kerbel war eines der Fastenkräuter, die von Christen in großen Mengen während der Fastenzeit, besonders zu Gründonnerstag, gegessen wurden. Kerbel soll blutreinigend und stärkend wirken.

John Gerard, der große Botaniker der Elisabethanischen Zeit, schrieb in seinem Buch *Gerard's Herbal*: »Die Blätter des Kerbel sind überaus schön und gehaltvoll unter anderen Salatkräutern, verleihen sie dem Rest doch einen leichten Anisgeschmack.«

Ernte und Verwendung

Blätter

Die ersten Blätter können 6–8 Wochen nach der Frühlingsaussaat und dann bis zum ersten Frost geerntet werden. Sie werden nicht direkt niedergestreckt vom Frost, aber schlaff und damit unbrauchbar in der Küche.

Am besten verwendet man die Blätter frisch, denn sie sind nicht leicht zu trocknen und werden, wenn man sie einfriert, nach dem Auftauen etwas matschig. Dann kann man sie allerdings immer noch für Suppen und Saucen verwenden. Frisch schmecken die Blätter gut in Salaten, Gemüse, Suppen und Saucen sowie zu Huhn, weißem Fisch und Eierspeisen. Um das Aroma zu bewahren, den Kerbel erst gegen Ende des Kochens dem Essen zufügen.

Stängel

Auch die Stängel sind voller Geschmack und können vom Frühjahr an verwendet werden. Anders als bei den Blättern überstehen sie die Kochphase gut. Sie eignen sich besonders für Suppen, Saucen und Fonds.

Eigenschaften

Roh verfügen Kerbelblätter über reichlich Vitamin C, Carotin, Eisen und Magnesium. Außerdem wirken sie appetitanregend und gegen Blähungen. Als Tee regen sie die Verdauung sowie den Kreislauf an, sind gut für die Leber und gegen Husten.

Weitere Arten

Keine

SPARGELSUPPE MIT KERBEL

Diese Suppe gehörte zum Programm meiner Mutter – sie war besonders stolz auf ihr Spargelbeet, das in jedem Jahr zeremoniell geerntet wurde. Geschmacklich lassen sich Kerbel und Spargel gut kombinieren und beide wirken verdauungsfördernd.

Ergibt 4–6 Portionen
3 EL Olivenöl
2 Stangen Lauch, gewaschen und fein geschnitten
2 Backkartoffeln (z.B. Estima oder Marfona), geschält und fein gehackt
1,5 l Hühnerfond
1 kg Spargel, gewaschen und geschält, trockene Enden entfernt
1 Handvoll Kerbel
425 ml Crème double
Salz und frisch gemahlener schwarzer Pfeffer

Öl in einem großen Topf erhitzen und den Lauch auf mittlerer Hitze weich dünsten. Kartoffeln dazugeben und umrühren, damit sie das Öl absorbieren. Mit Fond aufgießen, zum Kochen bringen, dann 10 Minuten kochen lassen.

Spargelstangen in 2 Zentimeter lange Stücke schneiden und zu den Kartoffeln geben. Weitere 7 Minuten kochen lassen, bis der Spargel zart ist. Die Kerbelblätter von den Stängeln strippen und die Stängel in die Suppe schneiden. Ein paar Minuten kochen, dann den Topf vom Herd nehmen.

Den Großteil der Kerbelblätter hacken, einige zum Garnieren ganz lassen. Zusammen mit der Crème double in die Suppe rühren.

Nach Geschmack würzen und falls nötig etwas Wasser hinzugeben. Mit Kerbelblättern garnieren und heiß oder kalt servieren.

CAMEMBERT IN ASPIK

Dieses wundervolle Gericht lernte meine Großmutter zu Mittag bei Lady Jekyll kennen und hat es nie mehr vergessen – wie jeder, der es einmal gegessen hat.

Das sehr aufwändige Rezept meiner Großmutter habe ich etwas verändert. Der leichte Anisgeschmack des Kerbels passt gut zu den kräftigen Aromen von Käse und Rinderbrühe und gleicht beide etwas aus. Als Mittagessen gut zu Toast oder Crackern.

Ergibt 4–6 Portionen
415 ml Rinderbrühe
1 Bund Kerbel, fein gehackt (inklusive der Stängel), einige Blätter zum Garnieren
1 reifer Camembert oder runder Brie (etwa 250 g)

Die Rinderbrühe mit dem Kerbel sachte erwärmen, aber nicht kochen. Die weiße Rinde von Camembert oder Brie abschneiden. Etwas warme Brühe in eine Servierschale geben, die etwas größer ist als der Käse. Den Käse hineinlegen, die restliche Brühe darübergießen und mit einer Frischhaltefolie abgedeckt 2–3 Stunden in den Kühlschrank stellen. Mit ein paar Kerbelblättern garnieren.

MARINIERTE FORELLE MIT KERBEL- UND PFEFFERDRESSING

Das leichte Aroma des Kerbels passt ausgezeichnet zu vielen Fischarten und die Kombination mit Dill ist besonders wirkungsvoll. Dieses Gericht empfehle ich als leichtes Mittag- oder Abendessen im Sommer, oder auch als ersten Gang mit Vollkornbrot oder neuen Kartoffeln, je nach Appetit.

Ergibt 4 Portionen

500 g Regenbogenforellen-Filets
6–8 EL kalt gepresstes Olivenöl
Saft von 1 Zitrone
1 Bund Dill, fein gehackt, einige ganze Blätter zum Garnieren
1 EL grobes Meersalz
frisch gemahlener schwarzer Pfeffer
Kerbelblätter, zum Servieren

Für das Kerbel- und Pfefferdressing

4 EL Crème fraîche
1 EL Schlagsahne
2 EL Kerbelblätter, fein gehackt
1 TL grüne Pfefferkörner, 1 Minute in kochendem Wasser eingeweicht, dann abgetropft

Forellenfilets waschen und mit Küchenpapier trocken tupfen. In eine flache Schale legen, mit Olivenöl und 2 Esslöffeln Zitronensaft übergießen, dann mit Dill, Meersalz und etwas schwarzem Pfeffer bestreuen. Schale mit Klarsichtfolie abdecken und an einen kühlen Platz stellen, aber nicht in den Kühlschrank. Während der nächsten 12 Stunden die Forellenfilets gelegentlich wenden.

Vor dem Servieren die Crème fraîche, Sahne, gehackten Kerbelblätter und abgetropften Pfefferkörner vermengen.

Die Forelle aus der Marinade nehmen, Salz und Pfeffer abstreichen (Dill kann bleiben). Mit einem scharfen Messer die Filets in möglichst dünne Scheiben schneiden und auf 4 Tellern mit je 1 Esslöffel Dressing anrichten. Den Fisch mit dem restlichen Zitronensaft beträufeln und mit frischen Kerbel- und Dillblättern bestreuen. Restliches Dressing verteilen, dann servieren.

Überschüssiger Kerbel

Kerbelsauce

Diese delikate, frische Sauce zeigt das volle Potenzial von Kerbel. Schmeckt gut zu gedünstetem Hühnerfleisch, Geflügelsalat, weißem Fisch und hart- oder weichgekochten Eiern.

Ergibt etwa 450 Milliliter
12 Kerbelzweige
150 ml Schlagsahne
25 g Butter
1 EL Mehl
300 ml heißer Hühnerfond
Salz und frisch gemahlener schwarzer Pfeffer

Die Kerbelblätter von den Stängeln abzupfen und 2 Esslöffel davon für später beiseitestellen. Stängel und verbleibende Blätter mit der Sahne in einen kleinen Topf geben und unter ständigem Rühren langsam bis zum Siedepunkt erhitzen. Von der Herdplatte nehmen, abdecken und mindestens 20 Minuten abkühlen lassen, damit sich das Aroma entwickeln kann.

Butter in einem mittelgroßen Topf zerlassen, das Mehl einrühren und 1 Minute erhitzen. Den Hühnerfond dazugeben und umrühren, bis alles gut vermischt ist. Die Kerbelsahne darin einrühren und ein paar Minuten köcheln lassen. Mit Salz und Pfeffer abschmecken. Die beiseitegelegten Kerbelblätter hacken, in die Sauce rühren und servieren.

KNOBLAUCH

Allium sativum

Wilder Knoblauch
Allium ursinum

Für mich gehört Knoblauch selbstverständlich in die Küche, für meine Kinder ebenso, und auch meine Mutter und Großmutter kochten viel damit. Er dominierte nichts, sondern war einfach ein Teil des Essens. Und genau das sollte Knoblauch sein: eine Ergänzung, keine Behauptung.

Beschreibung

Knoblauch ist winterhart, wird aber meist als Einjährige angebaut. Jede Zwiebel besteht aus verschiedenen Zehen, die von einer dünnen, hellen Haut eingehüllt sind. Dabei variiert die Farbe der Zehen von weiß bis rosa. Weiße Blüten produziert der Knoblauch nur in wärmeren Klimazonen. Auch die mittelgrünen, soliden Blätter duften und schmecken nach Knoblauch, allerdings schwächer als die Zehe.

Man setzt in unserem milden Klima die Zehen im Winter sonnig in durchlässigen Boden, der im Sommer mit Kompost angereichert wurde. Es heißt, dass man die beste Ernte erzielt, wenn man den Knoblauch am kürzesten Tag pflanzt und am längsten erntet.

Als Küchenpflanze

Knoblauch gehört zu den ältesten und beliebtesten Kulturpflanzen. Schon vor Jahrtausenden war er in China wie auch in Ägypten als Heilsbringer bekannt. So gab man den Sklaven beim Pyramidenbau wie den Legionären Roms Knoblauch zu essen, um die täglichen Strapazen zu meistern.

Ernte und Verwendung

Blätter

Die Blätter kann man im Frühjahr und Frühsommer ernten und in Salaten, auf Gebratenem oder zu Kartoffeln essen.

Blüten

Nur in wärmeren Gegenden kommt es im Sommer zur Blüte. Blüten sollte man pflücken, wenn sie sich gerade geöffnet haben. Sie haben ein leichtes Knoblaucharoma und eignen sich daher gut als Garnierung auf Salaten und Kartoffeln.

Zwiebeln

Man erntet die Zwiebeln im Spätsommer. Für die Verwendung der Zehen in der Küche gilt die einfache Faustregel: Man schält sie, wenn man sie schneiden, zerdrücken oder hacken will; die Schale bleibt dran, wenn man sie röstet (weil sie dann nicht anbrennen) oder im Wasser mitkocht. Nach dem Rösten oder Kochen nimmt man die Zehe aus Topf oder Pfanne und quetscht das Mus heraus. Dann wird der strenge Geschmack einem cremig-süßen Aroma gewichen sein. Passt zu Saucen, Suppen, Gemüse oder gebratenem Fleisch.

Eigenschaften

Knoblauch enthält zahlreiche Mineralien wie Magnesium, Zink, Natrium und Kalium sowie die Vitamine A, B und C. Er wirkt verdauungsfördernd, harntreibend, antioxidativ, lindert Husten und mindert Blähungen. Knoblauch hebt nicht nur den Geschmack von Fleisch, er macht es auch bekömmlicher.

Weitere Arten

Wilder Knoblauch, Bärlauch, Bärenkraut, Waldknoblauch, Hexenzwiebel

Allium ursinum

Diese winterharte Pflanze blüht im Frühjahr in weißen Sternblüten, die an aufrechten Stielen über breiten, hellgrünen Blättern sitzen. Man findet den Bärlauch an feuchten, schattigen und halbschattigen Plätzen wie Flussauen und -ufern. Man erkennt ihn an seinem unverkennbaren Zwiebelduft. Er breitet sich stark aus, daher sollte man ihn mit Bedacht in den eigenen Garten setzen. Dort überlebt er nur bei ausreichender Bodenfeuchte. Die Blätter schmecken am besten vor der Blüte, roh sparsam dosiert in Salaten oder wie Spinat gekocht. Auch die Blüten sind essbar, beispielsweise in Salaten.

BOHNENSALAT MIT KNOBLAUCH

Dieser Salat gehörte zu den Favoriten meiner Mutter. Die Kombination von Knoblauch und grünen Bohnen ist in der Tat köstlich.

Ergibt 2–4 Portionen
500 g dünne grüne Bohnen
25 g Butter
2 Knoblauchzehen, zerdrückt
2 EL gehackte Knoblauchblätter (in der Saison)

Die Bohnen putzen, 6 Minuten in ungesalzenem Wasser kochen (Salz im Wasser macht die Bohnen zäh) und durch ein Sieb abgießen, solange sie noch Biss haben.

Im gleichen Topf die Butter zerlassen und den Knoblauch unter ständigem Rühren andünsten. Die Bohnen hineingeben, alles gut vermengen und in eine Servierschüssel geben.

Falls zur Hand, einige junge Blätter des Knoblauchs fein schneiden und über die Bohnen streuen, dann servieren.

ROSENKOHL-MEZZE

Die Inspiration zu diesem Gericht geht auf drei Quellen zurück: ein Kochbuch meiner Großmutter namens *Russian Food for Pleasure*, die Notizzettel meiner Mutter und meine Reisen. Ich liebe Rosenkohl, und die Kombination mit Knoblauch ist brilliant, denn die starken Geschmacksnoten von beiden scheinen sich gegenseitig etwas zu neutralisieren.

Ergibt 2–4 Portionen
2 EL Olivenöl
4 Knoblauchzehen, geschält und geschnitten
1 kleine Zwiebel, geschält und gehackt
30 g getrocknete Tomaten, in feine Scheiben geschnitten
400 g gehackte Tomaten (frisch oder aus der Konserve)
450 g Rosenkohl, die äußeren Blätter entfernt und Böden eingeschnitten
Salz, Zucker und frisch gemahlener schwarzer Pfeffer, zum Abschmecken
1 EL Pesto (hausgemacht; gekauft nur dann, wenn die Basilikumernte verbraucht ist)
frisch geriebener Parmesan, zum Servieren

Öl in einer tiefen Pfanne mit dicht verschließendem Deckel über moderater Hitze erwärmen und darin Knoblauch, Zwiebel sowie getrocknete Tomaten langsam andünsten. Wenn diese Zutaten weich sind, die gehackten Tomaten einrühren. Alles 5 Minuten dünsten, dann den Rosenkohl dazugeben, mit Salz, 1 Messerspitze Zucker und reichlich schwarzem Pfeffer abschmecken. Zudecken und etwa 20 Minuten weiter dünsten, bis der Rosenkohl zart ist. Am Ende das Pesto einrühren und zum Servieren den Parmesan über den Kohl streuen.

ROTE BEETE MIT GERÖSTETEM KNOBLAUCH

Geröstet schmeckt Knoblauch vollkommen anders als roh. Er ist cremig und fast süß – was gut zu süßlich schmeckendem Gemüse wie Rote Beete passt. Dieses Gericht kann als Beilage zu gebratenem Schweine- oder Hühnerfleisch oder mit wildem Reis serviert werden.

Ergibt 4 Portionen

400 g frische Rote Beete, geschält und in Schnitzen geschnitten
4 El Olivenöl
2 EL Balsamico-Essig
1 Knoblauchzwiebel, Zehen vereinzelt, aber nicht geschält
1 EL Thymianblätter, von den Zweigen gezupft

Backofen auf 170 °C vorheizen. Vorbereitete Rote Beete mit Öl und Essig in eine Bratenform geben, umrühren und dann die Knoblauchzehen und Thymianblätter hineinstreuen. Noch einmal gut vermengen, so dass alles mit Essig und Öl bedeckt ist, dann 40 Minuten backen, bis die Rote Beete zart ist.

Sofort servieren – oder zunächst die Knoblauchzehen ausquetschen und die Rote Beete in dem so entstandenen zähen Saft wälzen und dann servieren.

Überschüssiger Knoblauch

Bärlauchpesto

Im Frühling kann man vielerorts massenhaft Bärlauch ernten, den man in Gemüsegerichte, Eintöpfe, Suppen und Saucen mischen oder mit Sahne vermischt zu kaltem Geflügel essen kann.

1 große Handvoll junge Bärlauchblätter, gewaschen, getrocknet und fein gehackt
½ TL Meersalz
2 EL Pinienkerne oder gemahlene Mandeln
2 EL frisch geriebener Parmesan
kalt gepresstes Olivenöl
frisch gemahlener schwarzer Pfeffer

Die gehackten Bärlauchblätter und das Meersalz in einem Mörser zu einer Paste zerstoßen. Pinienkerne oder gemahlene Mandeln dazugeben und zerdrücken, dann den Parmesan hinzufügen. Wenn alles zu einer cremigen Paste verrührt ist, sachte so viel Olivenöl hineingeben, bis die Masse die gewünschte Konsistenz bekommen hat.

In ein verschließbares Glas füllen. Dort hält es sich bis zu 7 Tage im Kühlschrank.

KORIANDER

(auch bekannt als Chinesische Petersilie, Indische Petersilie, Wanzenkümmel)

Coriandrum sativum

Ich finde es höchst erstaunlich, dass weder meine Mutter noch meine Großmutter auch nur ein einziges Rezept mit Koriander hatten. Es ist mir noch lebhaft in Erinnerung, als Koriander in England in Mode kam. Meine Gärtnerei war noch ein Großhandel und Delia Smith versuchte in ihrer Fernsehshow die Zuschauer zum Kochen zu animieren. In einem Gericht verwendete sie Koriander – und dann ging es los. Wir konnten gar nicht genug davon vermehren. Damals verkauften Supermärkte noch keine Topfkräuter und Gartencenter waren ganz versessen auf unsere Pflanzen.

Entweder man liebt dieses Kraut oder kann es nicht ausstehen – dazwischen gibt es nichts. Ich muss zugeben, dass ich den Geruch nicht mag, den Geschmack aber ironischerweise durchaus.

Beschreibung

Koriander ist nicht winterhart und muss in jedem Jahr ausgesät werden. Er blüht im Sommer in kleinen weißen Dolden. Blätter erscheinen in zwei Formen: Zunächst treiben die unteren Blätter aus, die gröber sind als die fein geschnittenen oberen Blätter. Beide duften intensiv, die oberen meist noch etwas stechender. Alle Pflanzenteile sind essbar, auch die sehr schmackhaften Wurzeln, denn die Pflanze gehört zur gleichen Familie wie Möhren. Bei der Ernte kann man die ganze Pflanze ausreißen, so dass man Blätter und Wurzel in einem Gang in die Küche holt. Auch die Samen kann man essen. Sie riechen leicht nach Orange und werden gerne als einzelnes Gewürz oder in Mischungen verwendet.

Am besten gedeiht Koriander im eigenen Garten in leichtem, durchlässigem Boden, der im vergangenen Herbst mit gut verrottetem Kompost angereichert wurde. Koriander schätzt eine absonnige Lage. Da die Pflanze einen Standortwechsel nicht verträgt, sollte man sie dort säen, wo man sie auch ernten möchte. Höchstens 1 Zentimeter tief aussäen, entweder gleich in den Boden oder in große Töpfe (in kleinen wird man vor der Blüte keine Blätter ernten).

Als Küchenpflanze

Schon seit 3000 Jahren wird Koriander kultiviert. In Aufzeichnungen aus der 21. Ägyptischen Dynastie (1085–945 v. Chr.) ist die Rede davon und in Gräbern aus jener Zeit fand man seinen Samen. Die Bibel erwähnt Koriander im 2. Buch Mose: »Das Haus Israel nannte das Brot Manna. Es war weiß wie Koriandersamen und schmeckte wie Honigkuchen.« Koriander ist noch immer ein beliebtes Gewürz, das Juden besonders zum Pessachfest essen, in Erinnerung an den Auszug aus Ägypten. Nach Mitteleuropa kam das Gewürz durch die Alten Römer, die es zusammen mit Kreuzkümmel und Essig zur Konservierung von Fleisch nutzten.

Ernte und Verwendung

Blätter

Die Blätter pflückt man vom ausgehenden Frühjahr bis zum Spätsommer, wenn die hellgrüne Pflanze zirka 10 Zentimeter hoch ist und noch nicht geblüht hat. Man kann die Pflanze auch ausreißen, wenn sie diese Höhe erreicht hat. Die Blätter sollte man nicht mitkochen, da sie schnell schleimig werden und ihr Aroma verlieren. Sie schmecken besonders gut zu scharfem Essen, zu Gemüse (speziell Möhren), Fleisch und Fisch.

Blüten

Die Dolde blüht im Sommer. Man sollte sie komplett pflücken und in Salaten oder zu Reis verwenden. Im Geschmack liegt sie zwischen Blatt und Wurzel.

Samen

Man muss die Samen beobachten, denn sie reifen im Spätsommer und Frühherbst recht schnell und fallen ohne Vorwarnung zu Boden. Man kann die Blütenstiele abschneiden, sobald die Samen angenehm zu duften beginnen. Dann steckt man sie kopfüber in eine Papiertüte, bindet die Stiele an der Tüte oben an und hängt diese an einen trockenen, warmen und luftigen Ort. Nach etwa 10 Tagen sollten sich die Samen gelöst haben, so dass man sie in ein luftdichtes Gefäß füllen kann. Koriandersamen halten lange ihr Aroma.

Wurzeln

Man sollte sie ernten, bevor die Pflanze blüht – also von Sommer bis Frühherbst. Sie schmecken nach einer Kombination aus Blättern und Samen und dabei etwas erdig. Verwendbar in Suppen, Eintöpfen, Aufläufen und Currygerichten.

Eigenschaften

Koriander hilft gegen Appetitlosigkeit und Verdauungsstörungen. Der ganze Verdauungstrakt profitiert, denn Blähungen werden gemindert und die Verdauungssäfte angeregt. Die Wurzeln enthalten viel Kalium und Eisen.

Weitere Arten

Keine

MÖHRENSUPPE MIT ORANGEN UND KORIANDER

Diese Sommer- und Herbstsuppe lässt sich auch gut einfrieren und eignet sich daher zum Konservieren von Koriander – was sonst schwierig ist. Mit Krustenbrot servieren.

Ergibt 4–6 Portionen
1 großes Bund Koriander, möglichst mit Wurzeln
1 EL Olivenöl
4 große Möhren, grob gehackt
1 Zwiebel, grob gehackt
900 ml Gemüse- oder Hühnerfond
Saft von 1 Orange

Die Wurzeln des Korianders abschneiden, gründlich waschen und in Scheiben schneiden. Das Grün grob hacken.

In einem großen Topf das Öl auf mittlerer Stufe erhitzen. Möhren und Zwiebeln ein paar Minuten dünsten, bis die Zwiebeln leicht glasig geworden sind. Mit Fond aufgießen und Korianderwurzeln dazugeben. Zum Kochen bringen und 10–15 Minuten köcheln, bis die Möhren zart sind. Vom Herd nehmen und langsam abkühlen lassen.

Orangensaft und die gehackten Korianderblätter einrühren, die Suppe pürieren und vor dem Servieren erneut erhitzen, dabei nicht kochen lassen.

GEWÜRZ-COUSCOUS MIT KORIANDER

In diesem Gericht sind diverse Gewürze zu finden, darunter sowohl Koriandersamen als auch -blätter. Es ist durchzogen von der Orangennote der Samen sowie vom erdigen Geschmack der Blätter. Dieser Couscous passt zu gegrilltem Fisch oder Geflügel, schmeckt aber auch ganz für sich.

Ergibt 4 Portionen
250 ml Gemüsefond
200 ml Orangensaft
1 TL Paprika
½ TL gemahlener Zimt
1 TL gemahlener Kreuzkümmel
1 TL gemahlener Koriandersamen
4 EL Olivenöl
Salz und frisch gemahlener schwarzer Pfeffer
400 g Couscous
Saft von 1 Zitrone
150 g frische oder 75 g getrocknete Datteln, entsteint und gehackt
1 große Orange, geschält und grob gehackt
6 EL Schnittlauch, fein geschnitten
20 g Korianderblätter, fein gehackt
20 g glatte Petersilie, fein gehackt

Orangensaft und Gemüsefond mit allen Gewürzen und 1 Esslöffel Olivenöl in einem großen Topf erhitzen. Couscous in eine Schüssel geben und mit der Flüssigkeit übergießen, mit Frischhaltefolie abdecken und beiseitestellen. Nach 5–10 Minuten den Couscous mit einer Gabel umrühren. Dann die verbliebenen 3 Esslöffel Olivenöl, Zitronensaft, Datteln, Orangenstücke sowie Schnittlauch, Koriander und Petersilie untermischen. Abschmecken und servieren.

VICKIS MEXIKANISCHE ENCHILADAS

Während zwei Jahrzehnten habe ich viele Menschen in meiner Gärtnerei beschäftigt und alle waren sie Feinschmecker, die nicht nur gerne gegessen und gekocht haben, sondern viele Zutaten selbst in ihren Gärten gezogen haben. Vicki ist Vegetarierin und liebt das Kochen. Dies ist eines ihrer Lieblingsrezepte: Der Koriander in der Salsa passt wunderbar zu den Tomaten.

Ergibt 4 Portionen als Vorspeise oder 2 als Hauptspeise

Für die Salsa

1 mittelgroße grüne Chilischote, ohne Samen und fein gehackt
400 g ganze Dosentomaten, abgetropft
1 rote Zwiebel, fein gehackt
3 gehäufte EL Korianderblätter, grob gehackt, plus etwas zum Garnieren
Saft von 1 Limette
Salz und frisch gemahlener schwarzer Pfeffer

Für die Enchiladas

110 g Hartkäse (ich verwende Wensleydale), gerieben
150 g Mozzarella, fein gehackt
4 große Weizentortillas
200 ml Crème fraîche
Öl zum Einfetten

Backofen auf 180 °C vorheizen. Zuerst die Salsa zubereiten: Chilischote, Tomaten, die Hälfte der Zwiebel, Korianderblätter und Limettensaft in eine große Schüssel geben, mit Pfeffer und Salz würzen und gut vermischen. Beiseitestellen.

Die beiden Käsesorten in einer Schüssel vermischen. Eine Bratpfanne auf hoher Stufe erhitzen und darin jede Tortilla von beiden Seiten je 6 Sekunden trocken anrösten. Jede Tortilla auf eine flache Unterlage legen und je 1 Esslöffel Salsa darauf verteilen, aber nicht bis ganz an den Rand. 1 gehäuften Esslöffel der Käsemischung darüberstreuen, abschließend 1 Esslöffel Crème fraîche. Jede Tortilla zusammenrollen und mit der Fuge nach unten in eine gefettete feuerfeste Form legen. Die verbliebene Crème fraîche und den Rest Salsa auf den Tortillas verteilen, den übrigen Käse sowie die zweite Hälfte der gehackten Zwiebel darüberstreuen.

Die Enchiladas 20–25 Minuten auf der obersten Schiene im Backofen gar werden lassen. Mit Korianderblättern garnieren und sofort servieren, sonst weichen die Enchiladas durch.

HÜHNERCURRY MIT KORIANDER

Dieses Gericht hat alle Aromen und genau die Beschaffenheit, die ein wirklich gutes Curry haben sollte. Es schmeckt am besten, wenn man auch Korianderwurzeln verwendet, die eine zusätzliche Note hineinbringen. Mit Basmatireis servieren.

Ergibt 4–6 Portionen

3 EL Öl
1 Lorbeerblatt
1 großes Bund Koriander, das Grün fein gehackt (ein paar Blätter zum Garnieren lassen)
4–6 Korianderwurzeln, gewaschen und gehackt
1 Zwiebel, in dünne Scheiben geschnitten
Salz
3 EL Wasser
1 EL Kurkumapulver
½ TL Chilipulver
½ TL Paprikapulver, edelsüß
2 EL gemahlener Ingwer
2 EL zerdrückter Knoblauch
4–6 Hähnchenfilets ohne Haut, in Stücke geschnitten
1 Tomate, in dünne Scheiben geschnitten
¼ TL Zucker
3 Kardamomsamen, zerstoßen
3 Gewürznelken
1 Zimtstange, ca. 5 cm lang
1 EL Ghee oder Butter
1 EL Koriander-Meersalz, zum Abschmecken

Öl in einer tiefen Kasserolle oder einer großen, tiefen Bratpfanne mit Deckel stark erhitzen, Lorbeerblatt, Korianderwurzeln und drei Viertel der Zwiebel einrühren. Etwas Salz dazugeben und goldbraun anbraten. 1 Esslöffel Wasser unterrühren, so dass die Zwiebeln weich werden. Kurkuma, Chili, Paprika, Ingwer und Knoblauch einrühren und die Hitze auf mittlere Stufe reduzieren.

Wenn die Flüssigkeit verdunstet ist, erneut 1 Esslöffel Wasser dazugeben und umrühren. Hühnchenfleisch und Tomaten in den Topf geben, mit Salz und Zucker bestreuen und dann mit Kardamom, Nelken, Zimt, Ghee oder Butter und 1 Esslöffel Wasser einrühren. Hitze auf die niedrigste Stufe reduzieren, zudecken und 30–35 Minuten köcheln lassen. Deckel öffnen und falls noch Flüssigkeit vorhanden ist, die Hitze auf mittlere Stufe erhöhen. Das Koriander-Salz einrühren und alles so lange köcheln lassen, bis die Flüssigkeit verdampft ist und alles die gewünschte Konsistenz bekommen hat.

In einer anderen Bratpfanne die restlichen Zwiebeln in Öl und mit etwas Salz bestreut einige Minuten goldbraun und knusprig anbraten. Das Öl abgießen und die Zwiebeln auf Küchenpapier beiseitestellen. Das Curry mit fein gehackten Korianderblättern und Röstzwiebeln auf Tellern servieren.

PITA-SALAT MIT KORIANDER UND MINZE

Dieses einfache Mittagessen ist besonders an heißen Sommertagen eine Erfrischung. Leben in diesen Salat bringen der erdige Geschmack der Korianderblätter und die Klarheit der Minze.

Ergibt 2–4 Portionen
4 große Tomaten
½ Gurke, in 1 cm dicke Scheiben geschnitten
1 rote Zwiebel, fein geschnitten
400 g Kichererbsen aus der Dose, abgetropft und gewaschen
2 große Pita-Brote

Für das Dressing
4 EL Olivenöl
Saft von 1 Zitrone
2 EL Korianderblätter, gehackt
2 EL Minzblätter, gehackt (Marokkanische Minze oder Tashkent-Minze)
Salz und frisch gemahlener schwarzer Pfeffer

Tomaten in eine große Schüssel legen, mit heißem Wasser übergießen und einige Minuten stehen lassen. Mit einem Schaumlöffel die Tomaten aus dem Wasser holen und Haut abziehen, dann in dünne Scheiben schneiden.

Für das Dressing Öl und Zitronensaft in einer großen Schüssel verrühren, bis sie sich verbunden haben, dann Koriander und Minze dazugeben. Mit Pfeffer und Salz abschmecken.

Gurke, Tomaten, Zwiebel und Kichererbsen in einer großen Schüssel mit dem Dressing übergießen und alles gut vermengen. Kurz vor dem Servieren die Pita-Brote mit einem Messer halbieren, 1 Minute im oder über dem Toaster knusprig bräunen. In Bissgröße zerschneiden, unter den Salat mischen und servieren.

Überschüssiger Koriander

Frisches Koriander-Chutney

Wenn Sie einen Pürierstab oder eine Küchenmaschine haben, ist dieses Chutney einfach herzustellen und eine wunderbare Zutat zu jedem Currygericht. Schmeckt als Dip auch großartig zu Papadams (Linsenfladen).

1 Bund Koriander
1 Knoblauchzehe
1 grüne Chilischote, fein gehackt
1 EL gemahlene Mandeln (wahlweise)
1 EL Minzblätter (Marokkanische oder Tashkent), fein gehackt
Salz und Zucker, zum Abschmecken
2 EL Zitronensaft
Olivenöl (wahlweise)

Sämtliche Zutaten maschinell zu einer Paste zerkleinern und verrühren. Ein paar Tropfen Olivenöl dazugeben, falls sie zu trocken sein sollte. Schmeckt frisch serviert am besten, hält sich in einem verschließbaren Gefäß aber auch einige Tage im Kühlschrank.

KÜMMEL

(auch bekannt als Wiesenkümmel)

Carum carvi

Sowohl meine Mutter als auch meine Großmutter machten in ihren Gemüsegerichten ausgiebig Gebrauch von den Samen dieses Krauts. Gebackene Kartoffeln mit Kümmel und Käse kenne ich aus meiner Kindheit. Kümmel wird in vielen Ländern verwendet, von Indien über Europa und Nordamerika bis Australien. In Großbritannien ist die Pflanze heimisch, wird aber durch die industrielle Landwirtschaft immer mehr bedroht. In der Natur vorkommende Pflanzen nennt man Wiesenkümmel.

Beschreibung

Der Wiesenkümmel ist eine attraktive zweijährige Pflanze, die im ersten Jahr Blätter bildet und im Frühsommer des Folgejahres in weißen Dolden aus winzigen Einzelblüten blüht. Seine Blätter ähneln stark denen seiner Cousine, der Möhre – hellgrün und mehrfach gefiedert mit einem petersilienähnlichen Aroma. Die Wurzel ist mit der von Pastinake zu vergleichen, allerdings ist sie bedeutend kleiner und schmeckt leicht nach Anis.

Kümmel lässt sich durch Aussaat vermehren, entweder gleich ins Freiland oder in einen großen, tiefen Topf in voller Sonne. Die lange Pfahlwurzel braucht Platz nach unten, so dass sich flache Aussaatschalen verbieten. Als Zweijährige verträgt Kümmel zudem ein Umpflanzen nicht und würde aus lauter Existenznot zu früh blühen und Samen ansetzen.

Man kann den frischen Samen im Frühherbst aussäen, was einem sicheren Auflaufen entgegenkommt. Alternativ ist eine Aussaat im Frühjahr möglich, wenn die Frostgefahr vorüber ist. Auf jeden Fall muss der Boden gut vorbereitet und versickerungsfähig sein. Wenn man auf Wurzelernte aus ist, sollte man in Reihen säen, nach dem Auflaufen auf 20 Zentimeter Abstand pikieren und die Pflanzen stets unkrautfrei halten. Kümmel hält sich mit etwas Glück durch Selbstaussaat im Garten, was dann eine ständige Ernte ohne Neuaussaat gewährleistet.

Als Küchenpflanze

Seit Tausenden von Jahren wird dieses Kraut genutzt, ohne dass Sorten gezüchtet worden wären. Aufzeichnungen und Funde aus der Steinzeit, in ägyptischen Grabmalen oder an viele Jahrhunderte alten Haltepunkten entlang der Seidenstraße weisen eine Nutzung an unterschiedlichsten Orten der Erde nach. Im England der Elisabethanischen Zeit beendete man mit Kümmel das Festmahl, in Shakespeares *Heinrich IV.* werden Falstaff ein Pippin-Apfel und ein Gericht mit Kümmel angeboten. Nach einem zwischenzeitlichen Bedeutungsverlust nahm das Interesse an Kümmel in England wieder zu, etwa zu der Zeit, als Königin Victoria in der Mitte des 19. Jahrhunderts Prinz Albert heiratete.

Ernte und Verwendung

Blätter

Die frischen Blätter können im ausgehenden Frühling und Frühsommer für Salate geerntet werden. Trocknen und einfrieren kann man sie nicht.

Blüten

Kann man im zweiten Sommer ernten und in Salaten verwenden – schmecken herzhaft und gleichzeitig süßlich.

Samen

Werden in ihrem zweiten Herbst geerntet und zu Gemüse, Fleisch und in Kuchen sowie Broten verwendet. In Europa gehören Kümmelsamen selbstverständlich zu Kohlgerichten, besonders zu Sauerkraut.

Wurzeln

Die Wurzeln werden im zweiten Herbst ausgegraben und wie anderes Wurzelgemüse verwendet. Wie Pastinake wird die Kümmelwurzel gedünstet, gekocht oder gebraten. Sie schmeckt aber strenger als die Pastinakenwurzel.

Eigenschaften

Die Samen dieses Küchenkrauts bergen Mineralien und Proteine, die dem Verdauungssystem überaus förderlich sind und sogar Magenkrämpfe und Übelkeit lindern können. Nach reichhaltigen Mahlzeiten gekaut fördern sie den Verdauungsprozess und vermindern zudem spürbar den Mundgeruch nach Knoblauchverzehr.

Weitere Arten

Keine

TUNESISCHER SALAT MIT KÜMMEL UND MINZE

Dieser warme, aromatische Salat wird als Vorspeise mit getoastetem Pita-Brot oder als Hauptgericht gegessen. Kümmelsamen und Minze ist eine typische Kombination aus dem arabischen Raum; beide Zutaten sind gut für die Verdauung.

Ergibt 2 Portionen als Hauptgang oder 4 als Vorspeise

1 Aubergine (ca. 450 g)
4 EL Olivenöl
2 Knoblauchzehen
700 g grüne oder rote Paprika, halbiert und ohne Samen
Grobes Meersalz und frisch gemahlener schwarzer Pfeffer
25 g eingelegte Anchovis
1 TL Kümmelsamen
3 große grüne Chilischoten, ohne Samen und fein gehackt
2 EL Zitronensaft
1 EL kleine Kapern
2 EL Minze (Grüne Minze und keine Pfefferminze verwenden)

Backofen auf 200 °C vorheizen. Aubergine waschen und trocknen, die Haut mit Olivenöl einreiben und ganz in eine Bratenform legen. Etwa 20 Minuten im Backofen garen. Dann die ungeschälten Knoblauchzehen, Paprikaschoten und 2 Esslöffel Olivenöl zu der Aubergine geben, salzen und weitere 30 Minuten backen.

Anchovis grob hacken, dann die Backform aus dem Ofen nehmen, abkühlen lassen und Knoblauch, Paprikaschoten sowie die Aubergine häuten und grob hacken. Das Gemüse wieder in die Backform geben, die Kümmelsamen, Chilischoten, Kapern, Anchovis, den Zitronensaft und das restliche Öl hinzufügen. Gut vermischen, abschmecken und ohne Deckel weitere 10–15 Minuten backen, bis die Flüssigkeit verdampft ist. In eine Schüssel geben, mit gehackter Minze bestreuen und auf Raumtemperatur abgekühlt servieren.

Dieser Salat hält sich im Kühlschrank ein paar Tage. Vor dem Servieren sollte man ihn aus dem Kühlschrank holen und den Aromen bei Raumtemperatur mindestens 40 Minuten Zeit zur Entfaltung geben.

GEBACKENE KARTOFFELN MIT KÜMMEL

Dieses Herbstgericht verkörpert die gekonnte Verwandlung eines Gerichtes durch Gewürze. Gebackene Kümmelsamen verzaubern die Kartoffeln und locken jeden an den Tisch. Mit gebratenen Speckstreifen und Sour Cream oder Crème fraîche servieren.

Ergibt 4 Portionen

16 kleine Kartoffeln (z.B. Desiree oder Estima)
2 EL Olivenöl
2 EL Kümmelsamen
1 EL Meersalz
frisch gemahlener schwarzer Pfeffer

Backofen auf 200 °C vorheizen. Kartoffeln waschen und trocknen, die Schale hier und da mit der Gabel einstechen, damit während des Backens Dampf entweichen kann. Öl in eine feuerfeste Form geben, die Kartoffeln gründlich darin wälzen, mit Kümmelsamen, Salz und Pfeffer besprenkeln.

Kartoffeln 35–45 Minuten gar backen.

APFEL-ROTKOHL MIT KÜMMEL

Der Duft dieses Gerichtes ruft Erinnerungen an meine Mutter in der Küche wach, ihre Schürze umgeschlungen, die Ärmel hochgekrempelt und diverse Ringe an den kleinen Händen. Es passt zu vielem – zu Wurst und jeglichem Fleisch, warm oder kalt, aber auch zu Käse, speziell zu gutem Cheddar.

Ergibt 4 Portionen

1 mittelgroßer Rotkohl, äußere Blätter entfernt, geviertelt und geschnitten
40 g Butter, plus etwas zum Einfetten
4 Tafeläpfel (Cox oder eine ähnlich knackige Sorte), geschält, geviertelt und ohne Kerne
1 EL feiner Streuzucker
2–3 EL Rotweinessig
Salz, frisch gemahlener schwarzer Pfeffer und Muskatnuss
2 TL Kümmelsamen
1 Lorbeerblatt

Backofen auf 150 °C vorheizen. Rotkohl und Äpfel in Lagen in einen feuerfesten Topf geben, jede Lage mit Zucker, Essig, Salz, schwarzem Pfeffer, Muskat und Kümmelsamen bestreuen. Lorbeerblatt auf die unterste Lage legen.

Auf die oberste Lage gehört ein Schlag Butter. Zugedeckt 3–3,5 Stunden backen.

KÜMMELBIRNEN IN WEIN

Ich esse dieses Gericht im frühen Herbst, wenn die Birnen reif sind. Kümmelsamen bereichern den Geschmack vieler Früchte – Birnen bilden da keine Ausnahme. Dies ist ein Nachtisch für besondere Freunde.

Ergibt 6 Portionen

2 TL Kümmelsamen
750 ml Rotwein
1 Zimtstange, 4–6 cm lang
3 Nelken
¼ TL frisch geriebene Muskatnuss
Schale und Saft von 1 Bio-Orange
2 EL rotes Johannisbeergelee
200 g brauner Zucker
6 reife Birnen
Crème double, zum Servieren

Backofen auf 150 °C vorheizen. In einer tiefen, feuerfesten Kasserole (mit Deckel) die Kümmelsamen auf mittlerer Stufe erhitzen, bis sie ihr Aroma freisetzen. Dann Wein, Zimt, Nelken, Muskat, Orangenschale und -saft, Johannisbeergelee (die Spezialzutat meiner Mutter) und Zucker dazugeben. Unter ständigem Rühren zum Köcheln bringen und so lange kochen, bis sich der Zucker aufgelöst hat.

Die Birnen schälen, dabei die Stiele intakt lassen, und in die köchelnde Flüssigkeit legen. Abdecken und, abhängig vom Reifegrad und von der Größe der Birnen, 1,5–2 Stunden im Backofen garen. Abkühlen lassen und dann mindestens 24 Stunden zum Marinieren in den Kühlschrank stellen.

Zum Servieren die Birnen aus der Flüssigkeit nehmen und mit den Stielen nach oben auf eine hitzebeständige Servierplatte stellen. Kasserolle wieder auf die Herdplatte stellen und die Flüssigkeit erhitzen, bis sie sirupartig verdickt ist. Die Birnen mit dem heißen Sirup und einem Schlag Crème double servieren.

KÜMMELKUCHEN

Kümmelsamen tauchen in vielen alten Backrezepten auf, denn beim Backen entwickelt sich das Kümmelaroma am klarsten. Dies ist ein traditionelles Rezept, das ich mit modernen Zutaten verfeinert habe.

Man kann den Kuchen gut auf einen langen Wochenendspaziergang mitnehmen – oder auch beim Heimkommen zum Tee genießen.

Ergibt 8 Portionen
150 g weiche Butter, plus etwas zum Einfetten
225 g Mehl
½ TL Backpulver
150 g feiner Streuzucker
3 große Eier
2 EL Milch
1 TL Vanilleextrakt
3 TL Kümmelsamen

Backofen auf 180 °C vorheizen. Eine Kuchenform von 18 Zentimetern Durchmesser oder eine Brotbackform für 1 Kilogramm Brot einfetten und mit Backpapier auslegen.

In einer großen Schüssel Mehl und Backpulver mischen. In einer anderen Schüssel die Butter mit dem Zucker vermengen, dann ein Ei nach dem anderen hineinschlagen, pro Ei 1 Teelöffel Mehl dazugeben, um ein Gerinnen der Mischung zu verhindern. Wenn sich Eier und Mehl gut verbunden haben, den Rest Mehl und dann die Mischung aus Milch, Vanilleextrakt und Kümmelsamen einrühren.

Den Teig in die vorbereitete Backform geben und 50 Minuten backen. Wenn Sie mit einem Spieß in die Kuchenmitte stechen, sollte kein Teig mehr daran kleben bleiben. 10 Minuten in der Form ruhen lassen, dann herausnehmen und auf einem Rost ganz abkühlen lassen.

In Keile oder Scheiben geschnitten mit viel Butter bestrichen servieren. Dieser Kuchen hält sich in einem luftdichten Behälter bis zu 3 Tage.

Überschüssiger Kümmel

Es lohnt sich, Kümmelsamen zu sammeln, denn mit ihnen kann man viele Gerichte bereichern.

Ernte von Kümmelsamen

Für die Ernte ist es wichtig zu erkennen, wann die Samen reif sind. Sollte man unsicher sein, genügt ein leichtes Antippen der Pflanze: Wenn die Samen fallen, ist die Erntezeit gekommen. Samen an einem sonnigen Nachmittag ernten, wenn die Morgenfeuchtigkeit verdunstet ist. Dabei nimmt man am besten eine Papiertüte zu Hilfe, mit der man möglichst viele Samen auffangen kann. Falls Sie noch andere Samen ernten, beschriften Sie die einzelnen Tüten.

Nach der Ernte die Samen von den Stängelresten lösen. Die Samen in einer Lage auf Musselinstoff oder Küchenpapier verteilen und einige Tage zum Trocknen an einen trockenen, luftigen Ort legen. Bevor die Samen in Behälter gefüllt werden, sollte man beschädigte aussortieren. In dunklen Glasbehältern, Kartons und Briefumschlägen halten die Samen mindestens 1 Jahr.

LAVENDEL

Lavandula

Lavendel ist eine kulinarisch ebenso wie medizinisch wertvolle Pflanze, und dazu ist sie noch wunderschön. Obwohl Lavendel eine traditionelle Gartenpflanze ist, dürften weder meine Mutter noch meine Großmutter damit gekocht haben. Auch ich verwende dieses Kraut sparsam, im Winter aber ist sein Aroma eine gute Alternative zu Rosmarin. Auch Zucker gibt er ein wunderbares Aroma, in Kuchen, Gebäck und Nachtisch.

Beschreibung

Die Pflanze kommt als weitgehend winterharter immergrüner Kleinstrauch mit aromatischen grauen Blättern vor oder als kaum frostharte Pflanze mit nach Eukalyptus duftenden Blättern. Es hängt ganz von der Art ab. Die häufigsten Lavendelarten haben mittelhohe blau-malvenfarbene Blütenähren, wobei französische oder spanische Formen nach Eukalyptus duftende Blätter haben und kleine, dunkelpurpurfarbene Blüten, die mit zwei Tragblättern gekrönt sind und häufig als Ohren bezeichnet werden. Die Arten mit den besten kulinarischen Eigenschaften habe ich hier aufgenommen. Sie sind weitgehend winterhart.

Lavendel kann aus Samen gezogen werden, aber das kostet Zeit. Zudem ist es verlässlicher, im ausgehenden Frühling Stecklinge von nicht blühenden Trieben zu nehmen. Alle Arten brauchen einen sonnigen Platz und nahrhaften, versickerungsfähigen Boden. Sie kommen auch mit Halbschatten zurecht, aber in schwerem Boden sterben sie im Winter. In Gegenden mit strengem Winter empfehle ich Winterschutz.

Als Küchenpflanze

Die Alten Römer führten die meist als Spanischer Lavendel bezeichnete Art nach England ein. Sie brachten getrocknete Blütenköpfe mit oder trockneten und verarbeiteten die Pflanzen vor Ort als Gewürz. Im Mittelalter war die Nutzung von Lavendel als Gewürz verbreiteter als heute. Fleisch war rar und schwer frisch zu halten. Zutaten wie Lavendel überlagerten die unangenehmen Aromen von halb verdorbenem Fleisch.

Ernte und Verwendung

Blätter

Vor der Blüte ernten. Dies ist im ganzen Jahr möglich, aber im Frühsommer ist das Aroma am besten. Die Blätter können frisch und getrocknet sparsam zu gebratenem Fleisch und für Füllungen verwendet werden.

Blüten

Gleich nach dem Öffnen sollten die Blüten geschnitten werden. Man kann sie frisch verarbeiten, aber auch in flachen Schalen trocknen oder in kleinen Sträußen aufhängen. In der Küche sollte man sie sparsam nutzen, etwa zur Aromatisierung von Zucker für Kuchen und Gebäck.

Eigenschaften

An kulinarischen Eigenschaften bin ich nur auf die Aromatisierung gestoßen. Medizinisch wird das Öl zur Beruhigung und als Mittel gegen Schlaflosigkeit, Panikattacken und bei Schockzuständen genutzt. Und es ist das beste Kraut, um Fliegen der Küche fernzuhalten.

Weitere Arten

Echter Lavendel

Lavandula angustifolia (Syn. *L. spica*, *L. officinalis*)
Dieser weitgehend winterharte Kleinstrauch hat im Sommer lange violettblaue Blütenähren und immergrüne lange, schmale, grüngraue aromatische Blätter. Er gehört zu den populärsten Lavendelarten. Die Blätter und Blüten schmecken gut zu Fleisch und dienen der Aromatisierung von Zucker.

Lavendel \`Hidcote´

Lavandula angustifolia 'Hidcote'
Die Blütenähren und Blätter dieses immergrünen Kleinstrauchs sind kürzer als die der Art, wobei die Farbigkeit und Blütezeit übereinstimmen. Auch die Verwendung in der Küche ist identisch.

Provence-Lavendel

Lavandula × *intermedia*
Diese Hybride hat im Sommer lange, duftende, blau-purpurfarbene Ähren und schmale, aromatische, grausilberne Blätter. Sie können wie die oben genannten Arten verwendet werden.

Spanischer Lavendel

Lavandula stoechas
Dieser immergrüne Lavendel hat attraktive purpurfarbene Blüten, die in kurzen Ähren angeordnet sind, auf denen Hochblätter (Ohren) abstehen. Blüht von Frühsommer bis Frühherbst. Die kurzen, graugrünen Blätter duften nach Kampfer. Getrocknet werden die Blüten vor allem zum Backen verwendet – aber sparsam.

Grüner Lavendel

Lavandula viridis
Ein weiterer immergrüner Kleinstrauch, der gelbgrüne Hochblätter und cremeweiße Blüten hat. Die grünen, schmalen Blätter duften nach Eukalyptus und können kräftig schmeckendes Fleisch ergänzen.

TRUTHAHN MIT LAVENDELBUTTER UND EINER PIKANTEN SAUCE

Mit diesem Rezept lässt sich Truthahnfleisch, das von Weihnachten oder Thanksgiving übrig geblieben ist, perfekt weiterverwerten. Es stammt von meiner Großmutter, einer gebürtigen Ungarin, deren Geburtsname Hirsch war, die aber als Erwachsene in den USA lebte. Von dort könnte das Rezept stammen, das meine Mutter von ihr übernahm und ich wiederum von meiner Mutter. Der Lavendel verleiht diesem Drei-Generationen-Gericht eine aromatische Note.

Meine Großmutter schrieb: »Schneide den Rest eines kalten, gegrillten Truthahns in Stücke und bestreiche diese mit Lavendelbutter. Über schwachem Feuer grillen und mit einer pikanten Sauce servieren.« Diese etwas vage Anleitung habe ich mit konkreten Mengen versehen. Mit grünem Wintergemüse servieren.

Ergibt 4 Portionen

300 g Reis
8 Scheiben gegarter Truthahn

Für die Lavendelbutter:

20 Blätter im Sommer oder 35 im Winter von *L.* x *intermedia* oder *L.* 'Hidcote'
125 g Butter

Für die pikante Sauce

40 g Butter
1 Zwiebel, fein gehackt
1 Knoblauchzehe, in dünnen Scheiben
Salz und frisch gemahlener schwarzer Pfeffer
40 g Mehl
300 ml Truthahnfond (aus den Knochen oder gekaufter Geflügelfond)
150 ml Rotwein
2 Lorbeerblätter
4 Nelken
2 TL Lavendelgelee (siehe Seite 139) oder Gelee aus Roten Johannisbeeren
1 guter Schuss Worcestersauce

Die Butter einen Tag vorher zubereiten, damit sich die Aromen entwickeln können. Dazu die Blätter von den Lavendelzweigen zupfen, behutsam hacken, damit sich das Öl löst. Dann die Blätter mit der Butter mischen. Zudecken und mindestens 24 Stunden in den Kühlschrank stellen. Je länger, desto intensiver wird das Aroma.

Die Sauce an dem Tag zubereiten, an dem das Gericht serviert wird. In einem kleinen Topf die Butter zerlassen, darin Zwiebeln und Knoblauch mit einer guten Prise Salz dünsten. Das Mehl dazugeben und ständig umrühren, bis die Flüssigkeit absorbiert ist, dann noch weitere 2 Minuten. In einem anderen Topf Fond und Rotwein zum Kochen bringen und einige Minuten köcheln lassen, um den Alkohol zu verbrennen.

Die Hitze reduzieren und langsam ein Viertel des Fonds zur Mehlmasse geben, ständig umrühren, um Klumpen zu vermeiden. Wenn man mit Ausnahme der Zwiebelstückchen eine geschmeidige Paste hat, die restlichen drei Viertel des Fonds einrühren.

Lorbeerblätter und Nelken in die Sauce geben und etwa 5 Minuten umrühren, aber nicht kochen lassen. Nelken und Lorbeerblätter wieder herausnehmen, Gelee und einen Schuss Worcestersauce (das war das Geheimnis meiner Mutter) einrühren und abschmecken. Falls nötig, mehr Lavendelgelee dazugeben, bis man einen nicht zu dominanten oder zu süßen Hauch von Lavendel schmeckt. Die Sauce bei niedriger Hitze warm halten, während der Reis kocht und der Truthahn gegrillt wird.

Den Reis nach Packungsempfehlung kochen. Den Backofengrill leicht vorheizen, das Fleisch von allen Seiten mit der Lavendelbutter bestreichen und unter den Grill stellen. Gelegentlich umdrehen, damit es von allen Seiten knusprig wird.

Zum Servieren das gegrillte Fleisch auf den Reis legen, Sauce darübergeben, den Saucenrest zur freien Verfügung auf den Tisch stellen.

WEINGELEE MIT LAVENDEL

Als ich klein war, waren Fruchtgelees äußerst beliebt auf Kindergeburtstagen. Auf ausgefallenen Geburtstagsparties gab es häufig einen Schokoladenpudding mit hellgrünem Geleerand. Der Pudding schmeckte leider nicht so großartig, wie er aussah.

Dieses Gelee hingegen ist ein wohlschmeckender Nachtisch, dank der Kombination des aromatischen Lavendels mit der Süße des Dessertweins.

Ergibt 4–6 Portionen
55 g frische Lavendelblüten
275 ml Wasser
275 ml weißer Dessertwein
40 g Lavendelzucker (siehe Seite 140)
1 Päckchen Gelatinepulver (11 g)
Saft von 1 Orange

Lavendelblüten, Wasser und Wein in eine beschichtete oder Edelstahlpfanne geben. Langsam erwärmen, kurz vor dem Siedepunkt von der Herdplatte nehmen, zudecken und 10 Minuten durchziehen lassen.

Die Flüssigkeit durch ein Nylontuch in ein Gefäß passieren und den Zucker hineinrühren, bis er sich aufgelöst hat. Probieren und gegebenenfalls weiteren Zucker dazugeben.

Das Gelatinepulver auf den Orangensaft streuen und feucht werden lassen, dann sachte erwärmen, bis es sich aufgelöst hat. In die Weinmischung rühren, das Gelee in vier hübsche Gläser füllen und kühl stellen, bis es fest geworden ist.

Vor dem Servieren des Hauptgangs aus dem Kühlschrank holen, damit das Gelee später eine angenehme Esstemperatur hat.

EISCREME MIT LAVENDEL-BAISER

Diese Eiscreme hatte meine Mutter stets im Eisfach, für Festtage oder unerwarteten Besuch zum Abendessen. Berühmt wurde sie damit während des ersten »Glastonbury Festivals«, das in unserem Städtchen stattfand.

Ich habe ihr Rezept um den Lavendel ergänzt, der in Baisers sein aufdringliches Aroma gegen einen vollen, aber lieblichen Geschmack eintauscht. Dieses Eis zusammen mit frischen Früchten schmeckt wie der Sommer.

Ergibt 6–8 Portionen

Für die Baisers

3 Eier

175 g mit Lavendel aromatisierter feiner Streuzucker (siehe Seite 140)

Für die Eiscreme

300 ml Crème double

1 Schuss Milch

1 EL Kirschwasser

Für die Garnierung

Früchte der Saison (wie Rote Johannisbeeren, Himbeeren oder Erdbeeren)

Backofen auf 140 °C vorheizen und zwei Backbleche mit Backpapier auslegen.

Zuerst die Baisers herstellen: Ganz wichtig für deren Zubereitung ist es, blitzblank saubere Utensilien zu benutzen. Bei der geringsten Fettspur wird das Eiweiß nicht die festen Spitzen bilden, die gute Baisers haben.

Die Eier trennen, dabei die Eiweiße in eine Rührschüssel geben. (Die Eigelbe können noch für Kartoffelbrei, Omelettes oder Vanillepudding verwendet werden.) Mit einem Handmixer die Eiweiße auf niedriger Stufe schlagen, bis sie beginnen steif zu werden, dann den Mixer langsam auf die höchste Stufe stellen. So lange schlagen, bis die Eiermasse steife Kuppen formt. Mit dem Mixer auf höchster Stufe langsam den Zucker einrühren. Wenn alles vermischt ist, sofort den Mixer ausstellen, damit die Eiermasse nicht zusammenfällt.

Mit 2 Löffeln die Mischung auf den Backblechen zu einzelnen Baisers formen. Man kann auch je die Hälfte der Masse in die Mitte eines Blechs geben und mit dem Stiel eines Metalllöffels in langsamen, kreisenden Bewegungen einen etwa 2 Zentimeter hohen Fladen formen.

Die Baisermasse 45–60 Minuten backen. Wer ein zähflüssiges Inneres mag, sollte die Baisers gleich nach der Backzeit aus dem Ofen nehmen. Wer alles knusprig bevorzugt, kann die Baisers zum Abkühlen im geöffneten Backofen lassen. Für diese Eiscreme eignet sich die knusprige Variante besser, denn in der Kombination mit der Eiscreme weicht das Baiser ohnehin etwas auf.

Die Crème double mit einem Schuss Milch steif schlagen, dann das Kirschwasser unterrühren. Die Baisers in Stücke brechen und unter die Creme mischen. Sofort in eine große Schüssel geben, mit Frischhaltefolie abdecken und 2–3 Stunden in den Gefrierschrank stellen. Unmittelbar vor dem Servieren die Eiscreme aus dem Gefrierschrank holen und mit frischen Früchten garnieren. Köstlich!

LAVENDEL-HAFERKEKSE

Diese Lavendelkekse kann man einfach so als Gebäck essen oder als Dessert mit Schlagsahne und Sommerfrüchten, am besten Himbeeren. Für mich gehört die Kombination des klaren Fruchtgeschmacks der Himbeeren mit dem Lavendelaroma im Haferkeks zu den größten Köstlichkeiten im Sommer.

Ergibt etwa 12 Kekse
75 g Butter
75 g Mehl, mit 1 TL Backpulver vermischt
75 g zarte Haferflocken
75 g Zucker
1 EL Zuckersirup
1 EL Milch
1 TL Lavendelblätter, von den Stielen gestrippt und fein gehackt
1 TL Lavendelblüten, von den Stielen gepflückt und ganz gelassen

Backofen auf 180 °C vorheizen. Ein Backblech mit Backpapier auslegen.

In einem kleinen Topf bei niedriger Hitze Butter, Sirup und Milch gut verrühren. Mehl, Haferflocken und Zucker in einer Schüssel vermengen und in die Sirupmasse einrühren. Lavendelblätter dazugeben und gut vermischen. Von der Herdplatte nehmen und die Lavendelblüten einrühren.

Mit einem Löffel runde Teighäufchen auf dem Backblech verteilen, Abstand dazwischen lassen. 10–15 Minuten goldbraun backen. Aus dem Backofen nehmen, ca. 5 Minuten auf dem Backblech ruhen lassen, dann das Backpapier mit den Keksen auf einen Gitterrost legen und vollständig abkühlen lassen.

Überschüssiger Lavendel

Lavendelgelee

Dies ist eine gute Methode, den Lavendelduft zu konservieren. Das Gelee kann in Kuchen verwendet werden, schmeckt aber auch ausgezeichnet zu gebratenem Lammfleisch.

Ergibt 4 Gläser à 450 g
1,75 kg Kochäpfel
1,75 l Wasser
1 kg Zucker
8 EL Lavendelblüten (Stiele entfernt, die Ähren brauchen nicht zerpflückt zu werden, da sie zum Kochen komplett in ein Musselintuch kommen)
4 EL Zitronensaft

Äpfel waschen, in Stücke schneiden und in einen großen Topf mit Deckel geben. Wasser dazugeben, zum Kochen bringen und köcheln lassen, bis die Äpfel weich sind – das dauert je nach Apfelsorte 20 bis 30 Minuten. Vorsichtig in ein Musselintuch (oder sonstiges Seihtuch) schütten und 1 Nacht über einer großen Schüssel austropfen lassen.

Danach die Saftmenge wiegen und je 600 Milliliter Saft mit 450 Gramm Zucker in einem großen Topf zum Kochen bringen.

Dann die Lavendelblüten in einem Musselintuch in die Flüssigkeit legen. (1 Esslöffel von den Ähren gelöste Blüten kann man zur

Dekoration des Gelees beiseitelegen, aber bedenken Sie, dass manche Leute Stückchen im Gelee nicht mögen.) 20 Minuten kochen lassen, bis der Gelierpunkt erreicht ist.

Jetzt die Lavendelblüten herausnehmen und Oberflächenschaum abschöpfen. Zitronensaft und, wenn Sie wollen, die zurückgelegten Lavendelblüten einrühren und in angewärmte sterilisierte Gläser (siehe Seite 12) gießen. Nach dem Abkühlen verschließen, beschriften und mit Datum versehen.

Lavendelzucker

Dieser Zucker empfiehlt sich für die Zubereitung von Keksen, Kuchen, Desserts und Baisers.

Ergibt 350 Gramm Zucker
8–16 EL gehackte Lavendelblüten
350 g Zucker

Die Blüten an einem sonnigen Tag nach Mittag ernten, damit sie bei der Herstellung des Zuckers vollkommen trocken sind. Wenn Sie bezüglich der Trockenheit unsicher sind, streuen Sie die Blüten auf ein mit Backpapier ausgelegtes Backblech und schieben es bei niedriger Hitze (110 °C) und geöffneter Backofenklappe in den Ofen. Nach 10 Minuten müssen sie herausgenommen werden, denn sie sollen ja nicht gebacken werden.

Dann die Blüten hacken, mit dem Zucker vermischen und in ein verschließbares Glas füllen. Nach 1 Tag das Glas schütteln und prüfen, dass die Blüten keine Klumpen im Zucker verursacht haben. Nach 1 Woche erneut schütteln und das Aroma des Zuckers prüfen. Wenn die Intensität noch zu wünschen übrig lässt, 1 weitere Woche im verschlossenen Glas lassen. Andernfalls Zucker und Blüten durchsieben. Sollte der Zucker klumpig sein, kann man ihn in der Küchenmaschine feiner hacken. In einem luftdicht verschlossenen Glas hält er sich 6–12 Monate, abhängig von der Luftfeuchtigkeit des Aufbewahrungsortes.

LIEBSTÖCKEL

(auch bekannt als Maggikraut, Luststock, Badekraut, Lusch)

Levisticum officinale

Ich kann mich an keine Zeit in meinem Leben erinnern, zu der ich keine Möglichkeit hatte, frische Liebstöckelblätter und im Herbst die Samen zu ernten. Meine Mutter besaß eine mächtige Pflanze und an allen meinen Wohnorten hatte ich ebenfalls ein ansehnliches Exemplar. Jedem, der genug Platz hat, empfehle ich diese vielseitige Pflanze.

Beschreibung

Liebstöckel ist eine winterharte Staude, die im Winter zurückfriert und im Frühling wieder erscheint. Sie wird zu einer großen Pflanze, die höher als 2 Meter und durchaus 1 Meter breit werden kann und sich daher für kleine Plätze nicht empfiehlt. Liebstöckel blüht im Sommer unscheinbar in grüngelben Dolden und setzt im Herbst dunkelbraune, aromatische Samen an. Die dunkelgrünen Fiederblätter sind tief eingeschnitten und gezähnt.

Liebstöckel liebt nährstoffreiche, mit Kompost angereicherte, versickerungsfähige Standorte in voller Sonne oder im Halbschatten. Er lässt sich durch Aussaat im Herbst oder durch Teilung etablierter Pflanzen im Frühjahr gleich nach dem Austrieb vermehren. Man kann ihn auch im Topf ziehen, aber die wüchsige Pflanze muss man gegebenenfalls jährlich umtopfen.

Als Küchenpflanze

Dieses Kraut wird schon seit Jahrtausenden kultiviert. Die Alten Römer konservierten die Blätter in Essig, während die Alten Griechen die Samen kauten, um die Verdauung zu fördern und Blähungen einzudämmen. In den Klöstern des Mittelalters wiederum wurde es zu verschiedenen medizinischen Zwecken angebaut, beispielsweise als Tee gegen Übelkeit.

Ernte und Verwendung

Blätter

Die Blätter werden von Frühjahr bis Herbst gepflückt. Sie haben ein starkes Aroma und sollten sparsam verwendet werden – bei enthusiastischem Gebrauch kann man durchaus ein Essen damit ruinieren. Andererseits kann wohldosierter Liebstöckel ein Gericht auch retten. Einen würzig-süßen Geschmack versprechen die jungen Blätter, die ausgewachsenen dagegen sind bitter. Um immer genügend junge Blätter zu haben, sollte man einen Teil der Pflanze stets herunterschneiden, damit von unten neue Triebe erscheinen. Diese kann man in Saucen und Eintöpfe schneiden oder zu Käse und Salat essen. Mit zerriebenen Blättern kann man vor dem Grillen ein Hähnchen einreiben.

Blüten

Man pflückt die Dolden im Sommer in geöffnetem Zustand und streut die kleinen Einzelblüten über Tomaten. Auch sie haben ein intensives Aroma und sollten daher sparsam verwendet werden.

Samen

Die Samen sollte man im Herbst ernten, wenn sie braun werden. An einem trockenen Tag schneidet man die Stiele ab und hängt sie kopfüber in Papiertüten an einen trockenen, luftigen Platz. Die getrockneten Samen haben einen satten, leicht an Sellerie erinnernden Duft und können zerstoßen in Suppen, Brot und Gebäck verwendet, aber auch über Salat, Reis und Kartoffelpüree gestreut werden.

Eigenschaften

Liebstöckel ist verdauungsfördernd und hilft gegen Blähungen. Er enthält viel Vitamin A, B und C sowie Eisen, Natrium und Magnesium und ist als ein Antibiotikum der Natur bekannt, das gegen Bakterien und Viren wirkt. Das Kraut hat eine reinigende Wirkung auf den Körper.

Weitere Arten

Keine

SAUTIERTES HÄHNCHEN MIT LIEBSTÖCKEL UND CIDRE

Ein herzhaftes Essen voller herbstlicher Aromen. Die Kombination von herbem Cox-Apfel und Cidre mit dem milden Geschmack des Huhns und dem sellerieähnlichen Aroma der Liebstöckelsamen ist sehr schmackhaft. Mit Kartoffelpüree oder gekochtem Reis servieren.

Ergibt 4 Portionen

- 500 ml Cidre
- 8 Hähnchenkeulen, ohne Haut
- 1 TL Liebstöckelsamen, zerstoßen
- 40 g Butter
- 2 Cox-Orange-Äpfel, entkernt und in Spalten geschnitten
- 250 g Champignons, abgebürstet und in Scheiben geschnitten
- 1 EL Olivenöl
- 2 EL junge Liebstöckelblätter, fein gehackt
- 4 EL Schlagsahne

Den Cidre in einem mittelgroßen Topf zum Kochen bringen und so lange köcheln lassen, bis sich die Menge etwa auf die Hälfte reduziert hat.

Hähnchenkeulen mit den zerstoßenen Liebstöckelsamen einreiben. Die Hälfte der Butter in einer großen Bratpfanne mit Deckel zerlassen, die Apfelstücke und Pilze hineingeben und darin wenden, bis sie goldbraun sind. Mit einem Schaumlöffel aus der Pfanne holen und auf einem Teller beiseitestellen.

Die restliche Butter mit dem Olivenöl in der Pfanne erhitzen, die Hähnchenkeulen (je nach Größe nur 3–4 Stück auf einmal) von allen Seiten darin anbraten. Wenn alle Keulen angebraten sind, diese in der Pfanne mit dem reduzierten Cidre übergießen und zum Kochen bringen. 20–25 Minuten sachte köcheln lassen, bis das Fleisch gar ist und sich von den Knochen zu lösen beginnt. Äpfel, Pilze, gehackte Liebstöckelblätter und Sahne dazugeben und weitere 5 Minuten köcheln lassen. Servieren.

KARTOFFELSALAT MIT LIEBSTÖCKEL UND GERÄUCHERTER MAKRELE

Das Salzige der Makrele, die Würze von Liebstöckel und die Minznote der Kartoffeln lassen einem das Wasser im Mund zusammenlaufen.

Ergibt 4 Portionen

- 350 g neue Kartoffeln
- 1 Messerspitze Salz
- 6 Minzzweige
- 100 g Crème fraîche
- 1 EL junge Liebstöckelblätter, fein gehackt
- Saft von 1 Zitrone
- 2 geräucherte Makrelenfilets, ohne Haut und Schuppen
- 2 Handvoll junge Spinatblätter
- 1 Handvoll Rucola

Die neuen Kartoffeln in einem Topf mit Wasser zum Kochen bringen, Salz und Minzzweige in das Wasser legen und mindestens 15 Minuten kochen lassen, bis die Kartoffeln gar sind.

Während die Kartoffeln kochen, Crème fraîche, Liebstöckelblätter und Zitronensaft in einer großen Schüssel mischen. Salz ist nicht nötig, denn Liebstöckel und geräucherte Makrele bieten genug Würze.

Kartoffeln nach dem Kochen abtropfen lassen, halbieren und einige Minuten abkühlen lassen, dann die Crème-fraîche-Mischung gut unterrühren, so dass alle Kartoffeln damit bedeckt sind. Zuletzt die Makrele sowie die Spinat- und Rucolablätter in den Salat mischen.

MÖHRENSALAT MIT LIEBSTÖCKEL, SAUERAMPFER UND PINIENKERNEN

Die erdige Säure des Sauerampfers, gemischt mit dem sellerieähnlichen Geschmack des Liebstöckels und der Süße der Möhren – eine exzellente Kombination. Glauben Sie nicht, dass ich mich mit den 2 Teelöffeln Liebstöckel vertan hätte. Wie schon gesagt, Liebstöckel schmeckt sehr intensiv und sollte wohldosiert werden. Diese Menge ist genau richtig. Mit frischem Krustenbrot servieren.

Ergibt 2–4 Portionen
3 Möhren, gerieben
1 Apfel, gerieben
2 TL junge Liebstöckelblätter, gehackt
1 Handvoll Sauerampferblätter, gründlich gewaschen und klein gezupft
1 Romanasalat, gewaschen, Blätter ganz gelassen
1 EL Pinienkerne

Für das Dressing
3 EL kalt gepresstes Olivenöl
1 EL Balsamico-Essig
Salz und frisch gemahlener schwarzer Pfeffer

Die geriebenen Möhren und Äpfel mit den Liebstöckel- und Sauerampferblättern sowie den Pinienkernen in einer großen Schüssel vermengen.

Für das Dressing sämtliche Zutaten gut mischen und über die Möhren-Äpfel-Mischung gießen.

Die Salatblätter auf den Tellern arrangieren und darauf den Möhrensalat verteilen.

Überschüssiger Liebstöckel

Liebstöckel als Gemüse

Im Frühling kann man ein großes Angebot an jungen Liebstöckelblättern haben – dann ist die beste Zeit, das Kraut als Gemüse zu verarbeiten. Man kann Liebstöckel wie Spinat behandeln, bei der jungen Pflanze sind neben den Blättern auch die Stiele genießbar.

Wie schon erwähnt, hat Liebstöckel einen intensiven Geschmack. Ich habe herausgefunden, dass man diesem Geschmack am besten mit einer weißen Sauce begegnet. Damit wird jeder Gast glücklich und die Teller werden leer. Dazu schmecken gegrillte Räuchermakrelen und Kartoffelpüree.

Ergibt 2–4 Portionen
1 große Handvoll Liebstöckelstiele und -blätter
25 g Butter
25 g Mehl
275 ml Milch
frisch gemahlener schwarzer Pfeffer
geriebene Muskatnuss

Die Liebstöckelblätter waschen, von den Stielen zupfen und die Stiele in Stücke schneiden. Stiele und Blätter in einem mittleren Topf mit Wasser zum Kochen bringen, abdecken und 3–4 Minuten köcheln lassen, bis sie zart sind. Abgießen.

Für die weiße Sauce die Butter in einem mittelgroßen Topf zerlassen und mit dem Mehl andicken. Schluckweise Milch einrühren und mit Pfeffer und Muskat abschmecken.

Wenn die Sauce fertig ist, Liebstöckel hineinrühren und servieren.

LORBEER

(auch bekannt als Edler Lorbeer, Gewürzlorbeer)

Laurus nobilis

Dieser immergrüne Baum war stets Teil meines Lebens. Meine Mutter hatte einen riesigen Lorbeerbaum im Garten des Hauses, in dem ich meine Kindheit verbrachte. Ich selbst pflanzte einen in den Garten meines ersten Hauses – er wurde allerdings zu groß und musste versetzt werden. Noch heute sehe ich meine Mutter vor mir, wie sie in einer typischen 1950er-Jahre-Schürze Lorbeerblätter erntet, unter anderem für Eieraufläufe, die sie in ihrem zuverlässigen Rayburn-Kohleofen backte.

Beschreibung

Lorbeer zählt zu den wenigen immergrünen, langsam wachsenden und langlebigen Bäumen aus dem mediterranen Raum, die man in der Küche nutzen kann. Am richtigen Platz kann er 8 Meter hoch und 3 Meter breit werden. Er blüht im Frühjahr unscheinbar gelb, bekommt dann ovale, grüne Beeren, die schwarz reif werden. Beeren bekommen allerdings nur weibliche Bäume, so dass man einen weiblichen und einen männlichen Baum in dichter Nachbarschaft haben muss, um die Bestäubung sicherzustellen.

Die länglich-ovalen Blätter sind glänzend auf der Ober- und matt auf der Unterseite. Vor etwa 80 Jahren wurden in Großbritannien zum Verwechseln ähnliche Gehölze angepflanzt, deren Blätter aber kaum Aroma haben. Man kann sie sicher unterscheiden, indem man das Blatt gegen das Licht hält: Sind die Blattnerven zu erkennen, handelt es sich um den Gewürzlorbeer, wenn nicht, um den falschen Lorbeer. Außerdem entwickelt der falsche Lorbeer beim Zerreiben der Blätter kaum einen Duft.

Mit der erreichbaren Höhe und Breite im Hinterkopf gilt es, mit viel Bedacht einen passenden Standort auszuwählen. Lorbeer lässt sich auch in Töpfen pflanzen, was die Beeinflussung des Wachstums etwas vereinfacht und zudem den Winterschutz bei extremen Wetterlagen erleichtert. In heißen, aber nicht luftfeuchten Klimazonen fühlt Lorbeer sich in wasserdurchlässigen Böden im Halbschatten am wohlsten. In gemäßigtem Klima gehört er in die volle Sonne und ebenfalls in durchlässiges Substrat. In Gegenden mit tiefen Temperaturen sollte er in einem Topf stehen und geschützt werden, sobald das Thermometer unter –10 °C fällt.

Als Küchenpflanze

Schon seit Jahrtausenden wird mit Lorbeer verschiedensten Gerichten Aroma verliehen. Die Beduinen Nordafrikas aromatisierten damit ihren Kaffee. Seit jeher wird Lorbeer nicht nur frisch oder getrocknet im Ganzen den Gerichten beigegeben, sondern auch getrocknet und dann zerstoßen, um ihn wie Pfeffer und Salz in das Essen zu streuen.

Ernte und Verwendung

Blätter

Die immergrünen Blätter können während des ganzen Jahres gepflückt werden. Sie haben einen wundervoll herb-scharfen Geschmack mit einem Hauch von Muskat und Zitrone, der eine gewisse Tiefe in viele Gerichte bringt. Am besten kann sich diese Note entfalten, wenn frische Blätter gleich zu Beginn des Kochens ins Essen gegeben werden.

Samen

Im Spätherbst kann man die Samen ernten, die ausgereift auf Druck etwas nachgeben. Im Mittelmeerraum wird Lorbeeröl daraus gewonnen.

Eigenschaften

Mitgekochte Lorbeerblätter unterstützen die Verdauung und helfen besonders beim Aufspalten schwerer Nahrung wie Fleisch. Weiterhin soll Lorbeer den Magen beruhigen und Blähungen lindern.

Weitere Arten

Gelbblättriger Lorbeer

Laurus nobilis 'Aurea'

Diese gelbblättrige Sorte der Wildform hat einen milderen Geschmack.

Weidenblättriger Lorbeer

Laurus nobilis f. angustifolia

Der Weidenblättrige Lorbeer hat attraktive, schmale, dunkelgrüne Blätter und wird nicht ganz so hoch wie der gewöhnliche Lorbeer. In der Küche können die Blätter genauso verwendet werden.

Indisches Lorbeerblatt

Cinnamomum tamala

Die Blätter dieses immergrünen Strauchs sehen genauso aus wie die seines europäischen Verwandten. Sie sind dunkelgrün und länglich-oval mit 3 Hauptadern, die sich in Längsrichtung durch das Blatt ziehen. Anders als beim europäischen Lorbeer, von dem auch schon in jungen Jahren geerntet werden kann, muss man bei dieser Art mindestens 10 Jahre warten. Man sagt, dass man dann die nächsten 90 Jahre Blätter ernten kann. Sie sind besonders in der nordindischen Küche beliebt.

SCHWEINERIPPCHEN MIT LORBEER UND KNOBLAUCH

Dies ist ein altes Rezept meiner Mutter, das sie häufig sonntags zubereitete. Meine Aufgabe war dabei, Lorbeerblätter und Knoblauch zu hacken und mit Salz in einem Mörser zu zerstoßen. So durchzieht der Lorbeergeschmack das Salz und aromatisiert das Fleisch. Mit gegrilltem Gemüse oder gekochtem Brokkoli servieren.

Ergibt 6 Portionen
8 Knoblauchzehen, geschält
8 Lorbeerblätter
grobes Meersalz und frisch gemahlener schwarzer Pfeffer
4 mittelgroße Zwiebeln, geschält (Wurzelansätze intakt lassen) und längs in Achtel geschnitten
3 EL Olivenöl
Schweinerippchen für 6 Personen (bitten Sie Ihren Metzger, das Fleisch auszulösen, so sparen Sie es sich vor dem Servieren)

Backofen auf 170 °C vorheizen. Mit einem scharfen Messer Lorbeerblätter zusammen mit den Knoblauchzehen hacken. Mit 2 Teelöffeln grobem Meersalz in einem Mörser zerstoßen, bis sich eine Art Paste bildet.

Zwiebeln mit 2 Esslöffeln Olivenöl sowie Salz und Pfeffer in eine feuerfeste Kasserolle geben. Die Zwiebeln an den Rand des Topfes schieben und in der Mitte das Fleisch platzieren, mit der fetten Seite nach oben. Das restliche Öl ins Fleisch reiben, dann die Oberfläche des Fleisches gleichmäßig mit der Lorbeer-Knoblauch-Mischung bestreichen.

Etwa 3 Stunden im Backofen garen, dann Fleisch und Zwiebeln auf eine Servierschale legen und unter einer locker aufgelegten Alufolie etwa 10 Minuten ruhen lassen. Tranchieren und servieren.

BOUQUET GARNI

In einem der Kochbücher meiner Großmutter heißt es: »Ein Bouquet garni ist ein Strauß von Kräutern, die man ständig zum Kochen braucht.« Das war ihre Art, Kräuter zu verwenden.

Ein Bouquet garni besteht in der Tat aus einer gebündelten Mischung frischer Kräuter für die Aromatisierung langsam kochender Gerichte. Dabei werden die Kräuter mit einer langen Schnur zusammengebunden, um sie am Ende der Kochzeit leicht wieder aus dem Topf herausholen zu können. Man kann die Kräuter auch in einen Musselinstoff wickeln und diesen mit einer langen Schnur zubinden. Die Kräutermischungen ändern sich entsprechend der Verwendungsart, besonders gängig und gut sind folgende:

Standard-Bouquet-garni für Hühner-, Rind- und Schweinefleisch
1 Bund Petersilie, einschließlich der Stängel
3 Thymianzweige
1 Knoblauchzehe, geschält
2–3 Lorbeerblätter

Weitere Varianten für andere Gerichte und Geschmäcker:

Bouquet garni für Rind- und Schweinefleisch
Oregano, Thymian, Lorbeer und Liebstöckel oder
Thymian, Salbei, Petersilie und Lorbeer

Bouquet garni für Geflügel
Lorbeer, Zitronenthymian, Zitronenmelisse und Zitronengras (die Enden) oder Rosmarin, Sommer-Bohnenkraut, Ysop und Lorbeer

Bouquet garni für Wild
Myrte, Lorbeer, Orangenthymian und Petersilie

Bouquet garni für Fisch
Winterzwiebeln (die Stängel), krause Petersilie, Lorbeer und Estragon

MOUSSE AUS WEISSER SCHOKOLADE UND LORBEER

Nigel Slater gehört für mich zu den zehn besten Kochexperten. Er verwendet Kräuter sehr bewusst und achtet dabei auf ihr Aroma und ihre Konsistenz. Wir haben über die Jahre zahlreiche Diskussionen über Küchenkräuter geführt – ihre Küchenverdienste und Garten-talen-te – und ich habe schon im Zug kistenweise Kräuter zu seinem Londoner Garten gebracht. Dies ist eines seiner feinen Rezepte, zu dem ich Lorbeer hinzugefügt habe, der den Kardamom ausgezeichnet ergänzt und eine weitere Note in die aromatisierte Milch bringt.

Als Schokoladenliebhaberin lege ich – ebenso wie Nigel – Ihnen die Verwendung erstklassiger Schokolade ans Herz. Mit minderwertiger Schokolade wird die Creme nicht gelingen. Nehmen Sie Lindt-Schokolade oder besser Valrhona, den Rolls-Royce unter den Schokoladen.

Vorsicht Der Verzehr roher oder schwach gekochter Eier erhöht das Risiko einer Salmonellenvergiftung. Für schwangere Frauen, alte Menschen und Kleinkinder ist dieser Nachtisch nicht zu empfehlen.

Ergibt 6–8 Portionen
100 ml Milch
3 Lorbeerblätter
8 Kardamomkapseln
250 g weiße Schokolade
200 ml Schlagsahne
3 Eiweiß
erstklassiges Kakaopulver, zum Bestäuben

Milch und Lorbeerblätter in einen kleinen Topf geben. Kardamomkapseln öffnen, die Samen leicht zerstoßen und in die Milch streuen. Diese erhitzen und kurz vor dem Siedepunkt vom Herd nehmen.

Schokolade in kleine Stückchen brechen und im Wasserbad schmelzen. Dabei darf der Boden der Schüssel mit der Schokolade nicht das Wasser berühren, sonst trocknet die Schokolade aus und wird klumpig. Sobald die Schokolade zu schmelzen beginnt, die Herdplatte ausstellen. Die verbleibende Hitze wird den Rest schmelzen.

In einer Schüssel die Sahne schlagen, schön luftig und nicht zu fest. In einer zweiten Schüssel die Eiweiße steif schlagen.

Sobald die Schokolade komplett geschmolzen ist, die Schüssel vom Topf nehmen. Die warme Milch durch ein feines Sieb (um die Lorbeerblätter und Kardamomsamen aufzufangen) in die Schokolade gießen. Umrühren, bis die Masse cremig wird und mit einem großen Metalllöffel unter den Eischnee heben. Diese Mischung wiederum unter die Schlagsahne heben.

Die Creme in kleine Auflaufförmchen oder Espressotassen löffeln und 3–4 Stunden in den Kühlschrank stellen. Zum Servieren mit Kakaopulver bestäuben.

MILCHREIS MIT LORBEER

Dieses einfache, aber herzerwärmende Gericht schmeckt besonders gut an kalten Wintertagen, etwa zu einem ausgiebigen Mittagessen mit guten Freunden. Durchzogen vom Lorbeeraroma schmeckt der Reis leicht würzig – das Gewürz ergänzt den Milchreis vorzüglich.

Man kocht den Reis am besten mit Vollmilch. Wenn Sie das Glück haben auf dem Land zu leben, können Sie auch Rohmilch nehmen, vor der ich allerdings warnen muss, da sie nicht pasteurisiert ist. Durch dieses Erhitzen werden schädliche Bakterien abgetötet. So sollten kleine Kinder, ältere Menschen und schwangere Frauen unpasteurisierte Milch möglichst nicht zu sich nehmen. Weiterhin ist unpasteurisierte Milch oder Sahne nicht lange haltbar und muss daher stets gut gekühlt werden.

In meiner Kindheit servierte meine Mutter den Milchreis immer mit einem Klecks Marmelade, die mein Bruder und ich zu wilden Mustern verrührten. Außer mit Marmelade können Sie den Reis auch mit Pflaumenkompott oder mit Zimt und Zucker servieren. Er schmeckt aber auch einfach so.

Ergibt 6 Portionen
2 EL Milchreis
25 g Butter, plus etwas zum Einfetten
2 TL Zucker
600 ml Vollmilch
2 Lorbeerblätter
Muskat

Backofen auf 200 °C vorheizen. Den Reis in einem Sieb unter kaltem Wasser abspülen. Eine feuerfeste Form mit Butter einfetten, den Reis, Zucker und Milch hineingeben. Gut umrühren und die Lorbeerblätter in der Milch untertauchen. Muskatnuss darüberreiben und Butterflocken auf der Oberfläche verteilen.

20–30 Minuten backen, dann die Hitze auf 150 °C reduzieren und so lange weiterbacken (ca. 1 Stunde), bis der Reis die Milch absorbiert hat und weich geworden ist. Außen sollte die cremige Masse einen wundervollen Goldton bekommen haben.

Überschüssiger Lorbeer

Da man die Blätter dieses immergrünen Baums ganzjährig ernten kann, ist es kaum nötig, eine größere Menge haltbar zu machen. Aber wenn Sie einen Zweig geschenkt bekommen und diesen für später aufbewahren möchten, empfehle ich das Trocknen. Man kann die Blätter aber auch in Salz, Öl oder Essig einlegen. Wenn Sie trockene Blätter verwenden, nehmen Sie die Hälfte der für frische Blätter angegebenen Menge.

Getrocknete Lorbeerblätter

Die Blätter von den Zweigen zupfen. Am besten mit Platz zwischen den einzelnen Blättern auf einem Musselintuch verteilen, das auf einen einfachen Holzrahmen gespannt ist. Diesen Rahmen in einen dunklen Raum legen, der trocken, warm und gut durchlüftet ist. Die Blätter an jedem zweiten Tag wenden, bis sie ganz trocken sind und leicht zerbröseln. Dann kann man sie in Vorratsbehälter füllen, am besten in dunkle Gläser mit Schraubdeckel.

Lorbeersalz

Dieses Salz ist leicht herzustellen, vielfältig zu gebrauchen und zudem ein großartiges Weihnachtsgeschenk.

Ergibt 250 Gramm Salz
250 g unjodiertes Salz
6 Lorbeerblätter

In einem Mörser das Salz mit den ganzen Lorbeerblättern zerstoßen, so dass es deren Aroma aufnimmt. Zusammen mit den zerstoßenen Blättern in ein Glas füllen und in einem Küchenschrank aufbewahren. Das Salz kann sofort verwendet werden und sollte innerhalb von 3 Monaten verbraucht sein.

Lorbeeröl

Dies ist ein ungewöhnliches Öl, aber die Herstellung lohnt sich, wenn man einen Überschuss an Lorbeerblättern hat. Sein zauberhaftes Aroma passt zu vielen Gerichten und eignet sich für Mayonnaise und Marinaden.

3 gute Handvoll Lorbeerblätter
250 ml kalt gepresstes Olivenöl
2 TL Zitronensaft

Lorbeerblätter waschen und auf Küchenpapier trocknen. Die Blätter fein hacken (geht auch in der Küchenmaschine), mit dem Zitronensaft in das Öl geben und gut vermengen. In ein Glas mit Schraubverschluss füllen und in den Kühlschrank stellen. Innerhalb von 5 Tagen verbrauchen und vor jedem Öffnen gut schütteln, um Öl und Zitronensaft wieder gut zu vermischen.

Man kann das Öl auch nach 2 Tagen durch einen ungebleichten Kaffeefilter in ein sauberes, trockenes Glas mit Schraubverschluss gießen und in den Kühlschrank stellen. Innerhalb von 3 Tagen verbrauchen und vor Gebrauch gut schütteln.

MEERFENCHEL

(auch bekannt als Bazillenkraut)
Crithmum maritimum

Zum ersten Mal sah ich diese Pflanze in großer Zahl auf der Insel Gozo bei Malta. Dort wird sie häufig mit Fisch gekocht. Mittlerweile habe ich gelernt, den Meerfenchel in Töpfen zu ziehen, so dass ich ihn auch in meiner englischen Küche verwenden kann.

Ich habe festgestellt, dass Meerfenchel in Rezepten häufig mit Europäischem Queller *(Salicornia europaea)* verwechselt wird, der auch als Friesenkraut oder Glasschmelz bekannt ist. Dessen hellgrüne Blätter liegen eng an den fleischigen Stängeln. Diese Pflanze wächst in Salzmarschen oder in Nachbarschaft zu Salzwasser führenden Stillgewässern, während der Meerfenchel, verwandt mit dem Fenchel, auf felsigem Untergrund wächst.

Nachdem das geklärt ist, kann ich zugeben, ein Anhänger von beiden Pflanzen zu sein. Mehr interessiert mich allerdings der Meerfenchel, den ich auch weit entfernt vom Meer ziehen kann.

Beschreibung

Diese winterharte Staude blüht im Sommer in flachen, gelben Dolden und hat aromatische, fleischige Blätter. Sie sind ein- bis zweifach gefiedert, graugrün und die einzelnen Fiederblättchen sind lanzettlich geformt.

Da es eine Pflanze der Meeresküste ist, die dort meist in Felsspalten wächst, ist eine sorgfältige Vorbereitung des Pflanzstandortes unerlässlich. So muss der Boden versickerungsfähig sein und gegebenenfalls noch Kies eingebracht werden. Die Pflanze sollte vollsonnig, dabei aber vor kalten Winden geschützt stehen. Im Winter schützt eine Abdeckung aus Stroh, aber nicht aus Kompost oder Mulch, denn darunter würde sie verfaulen. Der Meerfenchel kann im Herbst unter Glas ausgesät werden.

Als Küchenpflanze

Der Meerfenchel wurde vor vielen Jahrhunderten wegen der Samen bereits in Gärten Englands kultiviert. In der Zeit von John Gerard, dem bekannten Botaniker aus dem 16. Jahrhundert, war er eine begehrte Zutat in Speisen. Gerard schrieb 1597: »Die Blätter schmecken eingelegt und in Salaten, mit Öl und Essig wird eine gute Sauce für Fleisch daraus und sie sind gut für Leber, Milz und Nieren. Diese wohltuende Sauce versteht sich vortrefflich mit dem menschlichen Körper.«

Ernte und Verwendung

Blätter

Die beste Erntezeit liegt im ausgehenden Frühling und Frühsommer, auf jeden Fall bevor die Pflanze blüht. Sie können frisch oder gekocht als Gemüse verzehrt werden. Vor dem Kochen müssen alle schleimig gewordenen Blätter sowie harte Blätter- und Stängelteile entfernt werden, die brauchbaren Blätter dann 1 Stunde in Salzwasser eingelegen. Die Blätter schmecken leicht salzig, was eine Verwendung in Salaten empfiehlt oder auch als Gemüse, gedünstet in Butter. Auch für die Zubereitung von Saucen und zum Einlegen eignen sich die Blätter.

Blüten

Die Blüten pflückt man während des Sommers. Sie schmecken ähnlich wie Fenchelblüten, aber nicht ganz so stark nach Anis, und sind eine lohnende Zutat für Salate, Fischgerichte und Saucen.

Eigenschaften

Die Pflanze enthält viel Vitamin C und ist nachweislich verdauungsfördernd. In aktuellen Forschungen wurde Meerfenchel gegen Fettleibigkeit eingesetzt und mittlerweile sind eine Reihe von Kräuterprodukten auf dem Markt, die hier Erfolg versprechen.

Weitere Arten

Keine

GARNELEN-RISOTTO MIT MEERFENCHEL

Wer in diesem Risotto Meerfenchel verwendet, bringt nicht nur ein feines Salz- und Anisaroma in das Gericht, sondern auch eine interessante Konsistenz.

Ergibt 4 Portionen
750 g ungeschälte, gekochte Krabben oder Nordatlantik-Garnelen
100 g Meerfenchel
75 g Butter
½ Zwiebel, gehackt
1 l Fischfond
1 Messerspitze gemahlene Muskatblüte
2 Schalotten, fein gehackt
1 Knoblauchzehe, fein gehackt
350 g Risottoreis
120 ml Weißwein
25 g Parmesan
Salz und frisch gemahlener schwarzer Pfeffer

Die Garnelen schälen und beiseitestellen, die Schalen nicht wegwerfen. Meerfenchel waschen, harte oder schleimige Teile entfernen und die brauchbaren Blätter 1 Stunde in Salzwasser einlegen.

Ein Drittel der Butter in einem großen Topf schmelzen, darin die gehackte halbe Zwiebel 5 Minuten anbraten, bis sie weich und angebräunt ist. Die Garnelenschalen dazugeben und 3–4 Minuten braten, dann mit Fond aufgießen, Muskatblüte einstreuen und alles zum Kochen bringen. Zudecken und 20 Minuten köcheln lassen.

Die Masse durch ein feines Sieb in einen sauberen Topf passieren, dabei mit der Rückseite einer Schöpfkelle so viel Flüssigkeit wie möglich herauspressen. Wieder zum Kochen bringen und auf niedriger Hitze köcheln lassen.

In einem großen Topf die restliche Butter schmelzen und Schalotten sowie Knoblauch darin einige Minuten dünsten. Den Reis in den Topf geben und umrühren, bis sämtliche Reiskörner von der Butter ummantelt sind. Mit Wein aufgießen und köcheln lassen, dabei ständig umrühren, bis der Reis den Wein absorbiert hat. Jetzt den Fond schöpfkellenweise nach und nach einrühren und absorbieren lassen, was etwa 20 Minuten dauern wird. Der Reis sollte dann gerade noch bissfest sein.

Bevor der Reis fertig ist, Wasser in einem großen Topf zum Kochen bringen. Den Meerfenchel abtropfen lassen und unter kaltem Wasser abspülen. In den Topf geben, 8 Minuten köcheln, bis er zart ist, dann abgießen. Garnelen, Parmesan, Pfeffer und Salz in das Risotto rühren. 1 Minute erhitzen, dann den Meerfenchel unterrühren, aber eine Handvoll zurückbehalten.

Das Risotto auf 4 angewärmte Suppenteller verteilen, mit dem restlichen Meerfenchel garnieren und servieren.

MUSCHEL-MEERFENCHEL-SALAT

Muscheln stehen für Sommerferien in Devon, in denen mir meine Mutter beigebracht hat, wie man sie sammelt und zubereitet. Ich wiederum habe meinen Kindern die Begeisterung für Muschelgerichte weitergegeben. Schon als sie 7 und 8 Jahre alt waren, aßen sie während eines Sommerurlaubes an der Küste Muscheln geradezu mit Heißhunger – sehr zur Verwunderung des Restaurantbesitzers.

In diesem Rezept kommen Meer, Felsen und Strand zusammen. Es ist aromatisch und dank der weichen Muscheln und des festen Meerfenchels voller ungewohnter Kauerlebnisse. Man sollte dieses Gericht auf knackigen, grünen Salatblättern und mit frischem, krustigem Weißbrot servieren.

Ergibt 3–4 Portionen (je nach Appetit)

- 250 ml Weißwein
- 250 ml Wasser
- 3 Knoblauchzehen, gepresst
- 1 kleine Zwiebel oder Schalotte, in dünnen Scheiben
- 1 Lorbeerblatt
- 900 g Miesmuscheln, abgebürstet und Muschelbärte entfernt
- 225 g Meerfenchel, gewaschen, harte und schleimige Teile entfernt, vor der Zubereitung 1 Stunde in kaltem Salzwasser eingeweicht
- 60 ml kalt gepresstes Olivenöl
- 2 EL Weißweinessig
- 1 TL Französischer Estragon, fein gehackt
- Salz und frisch gemahlener schwarzer Pfeffer

Wein, Wasser, Knoblauch, Zwiebel und Lorbeerblatt in einem großen Topf zum Kochen bringen, dann Hitze reduzieren, abdecken und ein paar Minuten köcheln lassen. Muscheln dazugeben, Hitze erhöhen und 4 Minuten kochen lassen. Sämtliche geöffneten Muscheln aus der Flüssigkeit heben und die nicht geöffneten wegwerfen. Die Flüssigkeit durch ein Sieb passieren und wieder in den Topf geben. Das Muschelfleisch auslösen und beiseitestellen.

Den eingeweichten Meerfenchel abtropfen lassen und unter kaltem Wasser abspülen. Trocknen, in etwas kleinere Stücke schneiden, in der Muschelflüssigkeit zum Kochen bringen und bei niedriger Hitze 4–7 Minuten köcheln lassen, bis er zart geworden ist. Abtropfen lassen und beiseitestellen.

Öl, Essig, Estragon, Pfeffer und Salz zu einer Vinaigrette verrühren. Meerfenchel und Muscheln mischen, die Vinaigrette unterrühren und servieren.

LAMMSTEAKS MIT MEERFENCHEL

Eine großartige Kombination: Der knackige, salzige und leicht nach Anis schmeckende Meerfenchel passt gut zum zarten Lammfleisch.

Ergibt 4 Portionen
2 EL Olivenöl
4 Lammsteaks (je 225 g)
110 g Butter
200 g junge Meerfenchelblätter, gewaschen, alle harten oder schleimigen Teile entfernt
175 g junge Dicke Bohnen
Salz und frisch gemahlener schwarzer Pfeffer
1 Schalotte oder kleine Zwiebel, fein gewürfelt
1 Knoblauchzehe, fein gehackt
3 EL glatte Petersilie, grob gehackt
2 EL Balsamico-Essig
2 EL Fond (am besten aus Lammknochen)

Backofen auf 200 °C vorheizen. Eine backofenfeste Pfanne erhitzen, Olivenöl hineingeben und die Lammsteaks von jeder Seite 2–3 Minuten anbraten. Die Pfanne ohne Deckel in den Backofen stellen und das Fleisch 12–15 Minuten garen – oder mindestens 20 Minuten, wenn das Fleisch durchgebraten sein soll. Aus dem Ofen nehmen und die Steaks auf Tellern ruhen lassen. Die Bratflüssigkeit für später aufheben.

In der Zwischenzeit 25 Gramm der Butter in einer sauberen Pfanne oder einem Topf mit gut schließendem Deckel zerlassen und die Meerfenchelblätter darin zugedeckt 4–7 Minuten dünsten, bis sie zart werden. Die Dicken Bohnen einrühren und 2–3 Minuten köcheln lassen. Abschmecken und von der Herdplatte nehmen. Schalotte, Knoblauch und Petersilie mischen und bis zum Servieren beiseitestellen.

Die Bratenflüssigkeit aus der Pfanne in eine Schale gießen und ebenfalls beiseitestellen. In diese Pfanne den Balsamico-Essig geben und zum Kochen bringen, umrühren und dabei den Bratensatz vom Pfannenboden kratzen, den Fond zugießen und sachte umrühren, bis sich alles vermengt hat. Die zurückbehaltene Bratenflüssigkeit einrühren und zum Köcheln bringen. Wenn nötig, mit Pfeffer und Salz abschmecken.

Zum Servieren die Lammsteaks auf Tellern verteilen, mit dem Meerfenchel-Bohnen-Gemüse einrahmen und die Sauce über die Steaks gießen. Zuletzt die Petersilienmischung darüberstreuen.

Überschüssiger Meerfenchel

Eingelegter Meerfenchel

Roher Meerfenchel hat ein einzigartiges, salziges Aroma, das sich gekocht und eingelegt zu einer Anisnote verfeinert und dann gut zu Salaten, Käse und kaltem Fleisch schmeckt.

Ergibt ca. 3 Gläser à 450 Gramm
genug junge Meerfenchelblätter, um ein normales Salatsieb zu füllen
750 ml Weißweinessig
250 ml Wasser
1 TL Salz
2 Lorbeerblätter
1 TL gemahlene Muskatblüte
5 schwarze Pfefferkörner

Aus dem Meerfenchel die harten und schleimig-weichen Blätter aussortieren. Die brauchbaren Blätter waschen und in einer großen Schüssel mindestens 1 Stunde in Salzwasser einweichen.

Abtropfen lassen und unter kaltem Wasser abspülen. Einen großen Topf mit Wasser füllen und darin den Meerfenchel 4–7 Minuten kochen. Abtropfen lassen.

Essig, Wasser, Salz, Lorbeerblätter und Gewürze in einem anderen Topf zum Kochen bringen, dann die Hitze reduzieren und weitere 5 Minuten köcheln lassen. In einen Krug passieren und abkühlen lassen.

Die gekochten Meerfenchelblätter in sterilisierte weithalsige Gläser (siehe Seite 12) geben, etwas Raum nach oben lassen und die Blätter vollständig mit Essig bedecken. Das Glas nicht bis auf den letzten Millimeter mit Essig befüllen.

Mit einem Schraubdeckel aus Kunststoff verschließen (Essig greift Metall an) und 4–5 Monate vor Gebrauch lagern. Ungeöffnet hält sich das Eingemachte mindestens 2 Jahre lang. Geöffnete Gläser im Kühlschrank aufbewahren und den Meerfenchel innerhalb 1 Monats verbrauchen.

MEERRETTICH

(auch bekannt als Kren)

Armoracia rusticana, Syn. *Cochlearia armoracia*

Als Kind ging ich jeden Sonntag die Hauptstraße unseres Örtchens Chew Magna hinunter, um für meine Eltern die Sonntagszeitung zu kaufen. Eines Tages sah ich Mr. Bell, unseren Nachbarn, weinend vor seinem Cottage sitzen. Das machte mich traurig, immerhin hatte ich bis dahin noch keinen erwachsenen Mann weinen sehen. Er sah mich und rief mich herüber. Durch seine Tränen lächelte er mich an und erklärte, dass er Meerrettich für den Sonntagsbraten rieb. Mir selbst trieb die stechend-aromatische Wurzel auch die Tränen in die Augen, als ich neben ihm stand. So muss ich jeden Herbst, wenn ich Meerrettich einmache, an Mr. Bell denken.

Beschreibung

Meerrettich ist eine ausdauernde Staude, die im Winter zurückfriert und im Frühjahr wieder erscheint. Sie wächst auch wild, hat große, grasgrüne Blätter und blüht im Sommer weiß. Man sollte sich gut überlegen, ob man diese Pflanze im Garten haben möchte, denn sie kann stark wuchern. Wenn man sie ausgräbt, hat man sie schon vermehrt, da beim Abstechen immer kleine Wurzelstückchen im Boden zurückbleiben, aus denen eine neue Pflanze entsteht. Damit ist der Beginn der Ernte gleichzeitig der Start der Vermehrung.

Die Pflanze ist recht tolerant und wächst auf allen nicht zu trockenen Böden. Sie schätzt volle Sonne, ist aber auch mit lichtem Schatten zufrieden. Wenn man große Mengen Meerrettich benötigt, sollte man einen Bereich im Garten dafür reservieren, in dem man unbedacht Wurzeln teilen und jeden Herbst neue Erde auffüllen kann. Wer einen kleinen Garten hat, sollte Meerrettich in einen versenkten Eimer setzen. So lässt er sich gut kontrollieren und leicht im Herbst ernten.

Als Küchenpflanze

Seit mehr als 3000 Jahren ist Meerrettich als Küchengewürz bekannt. Er gehört zu den 5 bitteren Pflanzen (zusammen mit Koriander, Andorn, Lattich und Nessel), die von den Juden zum Pessachfest gegessen werden.

Im Mittelalter wurde Meerrettich als schmerzstillendes Mittel und als würzende Zutat verwendet.

Im 16. Jahrhundert erwähnte der englische Botaniker John Gerard Meerrettich in seinem Buch *Gerard's Herbal* (dort bezeichnete er es mit *Raphanus rusticanus*) als eine wild in England vorkommende Pflanze. Er schrieb: »Meerrettich mit etwas Essig wird von den Deutschen als Sauce zu Fisch und Fleisch verzehrt, wie wir es mit Senf tun.«

Interessanterweise wurde in den USA Meerrettich erst ab den 1850er Jahren kultiviert, als die Siedler Meerrettichfarmen im Mittleren Westen gründeten.

Ernte und Verwendung

Blätter

Das Grün kann im zeitigen Frühjahr geerntet werden, besonders für Salate. Aber der Geschmack ist nicht jedermanns Sache – auch nicht meine – denn es schmeckt recht herb und senfig.

Wurzeln

Die Wurzeln im Herbst ausgraben. Gerieben schmecken sie nach extrem scharfem Rettich und können in Dips verwendet werden, außerdem zu Weißkohl, eingelegter Rote Beete, in Mayonnaise oder Avocadomus. Eine Meerrettichsauce schmeckt gut zu Rinderbraten und geräuchertem Fisch.

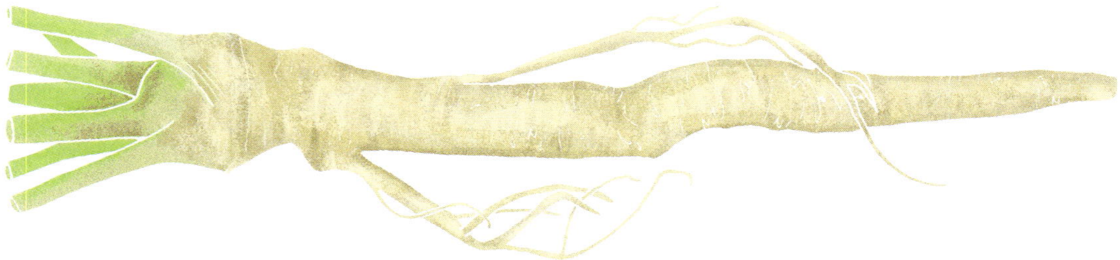

Eigenschaften

Meerrettich entfaltet seine Wirkung in Saucen, Essig und als Zutat zu diversen Speisen, wenn durch das Reiben flüchtige Öle freigesetzt werden. Gekocht verliert die Wurzel ihre Wirkung, ganz im Gegenteil zum rohen Zustand. Das Öl beinhaltet die Vitamine A, B und C und ist reich an Schwefel, Phosphor, Kalium, Eisen sowie Magnesium. Zudem fördert Meerrettich die Verdauung.

Weitere Arten

Buntblättriger Meerrettich

Armoracia rusticana 'Variegata'

Diese Sorte ist ebenfalls winterhart, blüht wie die Wildform im Sommer weiß, hat aber grüngelb panaschierte Blätter. Die essbare Wurzel kann auf die gleiche Weise wie die der Wildform verwendet werden.

Japanischer Meerrettich, Wasabi, Bergstockrose

Wasabia japonica, Syn. *Cochlearia wasabi*

Die subtropische Pflanze hat essbare Blätter, Blüten und Rhizome. Diese Rhizome werden in der japanischen Küche zu einer grünen Paste gerieben. Wie beim Meerrettich wird der Geschmack vom Reiben an immer schwächer.

EISGEKÜHLTE TOMATEN MIT MEERRETTICH-SAUCE

Dieses Rezept fand ich in Großmutters Notizbuch. Sie bekam es von einer Freundin namens Nancy Shaw und es erschien in einem ihrer Kochbücher, das 1936 herauskam: »Sehr gut als Salat an einem heißen Sommertag, mit gehäuteten Tomaten, die man im Eisfach abkühlt und im letzten Moment mit einer cremigen Meerrettichsauce übergießt. Die Sauce sollte nur leicht gekühlt sein. Exzellent mit einem Stück kaltem Lammfleisch. Die beste Sauce bekommt man, wenn man den Meerrettich in Mayonnaise reibt und diese mit etwas Sahne anreichert.« Hier ist meine Variante dazu.

Ergibt 6 Portionen

450 g Kirschtomaten
150 ml Schlagsahne
2–3 EL geriebener Meerrettich
150 ml Mayonnaise
Kerbel- oder Petersilienblätter zum Dekorieren

Die Kirschtomaten in eine Schüssel legen, mit kochendem Wasser übergießen, darin einige Minuten liegen lassen, dann häuten. Die Tomaten bis zum Servieren in abgedeckten Servierschälchen in den Kühlschrank stellen.

Sahne leicht anschlagen. Meerrettich in die Mayonnaise rühren, dann die Sahne untermischen. Zugedeckt in den Kühlschrank stellen. Zum Servieren die Meerrettichsauce über die Tomaten geben und mit Kerbel- oder Petersilienblättern dekorieren.

EIER-MOUSSE MIT MEERRETTICH

Mein Vater hätte Meerrettich zu fast allem gegessen, wenn man ihn gelassen hätte – gebackene Äpfel mit Meerrettichcreme zum Beispiel. Ausgesprochen gierig wurde er, wenn meine Mutter diese Eier-Mousse gemacht hatte. Dann musste man zusehen, dass man vor ihm an die Reihe kam, denn die Kombination der Eier mit der Schärfe des Meerrettichs und der Frische der Gurke ist wirklich gelungen.

Ergibt 4 Portionen

8 hartgekochte Eier, gepellt
200 ml Hühnerfond
15 g Gelatine
Meersalz und frisch gemahlener schwarzer Pfeffer
1 Prise Cayennepfeffer
1 EL geriebener Meerrettich
150 ml Schlagsahne, kurz angeschlagen
3 EL gehackter Kerbel oder Dill
½ Gurke, geschält und grob geraspelt, zum Garnieren

Die Eier fein hacken und in eine große Schüssel geben.

Den Fond erhitzen und die Gelatine darin schmelzen lassen, dann über die Eier gießen und sachte untermischen. Mit Salz und schwarzem Pfeffer abschmecken, dann Cayennepfeffer und Meerrettich dazugeben. Schlagsahne und gehackte Kräuter unterheben, die Mischung in der Küchenmaschine nur kurz vermengen (es soll sich keine geschmeidige Masse bilden). Die Mischung in eine Servierschüssel geben und 3–4 Stunden oder über Nacht in den Kühlschrank stellen. Mit der Garnierung aus gehackten Gurken kalt servieren.

GEBRATENES RINDFLEISCH MIT MEERRETTICH-YORKSHIRE-PUDDINGS

Dank der Aromatisierung des Teiges mit Meerrettich bleibt trotz des Backens ein brillanter Geschmack erhalten.

Ergibt 4 Portionen

- 75 g Mehl
- 2 mittelgroße Eier
- 125 ml Vollmilch
- Salz
- 2 EL geriebener Meerrettich (keinen Sahnemeerrettich verwenden)
- 5 EL Maiskeimöl
- 25 g Butter
- 350 g Rindersteak, in dünne Streifen geschnitten
- 1 große Zwiebel, halbiert und in dünne Scheiben geschnitten
- 100 ml Rotwein
- 200 ml Rinderfond

Backofen auf 220 °C vorheizen. Mehl, Eier und Milch in eine Schüssel geben, leicht salzen und mit einem Handmixer 3–5 Minuten vermengen, bis die Mischung an der Oberfläche schaumig und geschmeidig geworden ist. Meerrettich einrühren und die Masse bei Raumtemperatur 1–2 Stunden ruhen lassen.

Entweder 4 Esslöffel Öl in eine große Auflaufform verteilen, oder je 1 Esslöffel Öl in die 4 Vertiefungen einer Yorkshire-Pudding-Form (zur Not tut es auch eine Muffinform) geben. Die Form etwa 10 Minuten in den Backofen stellen. Kurz bevor das Öl zu rauchen beginnt, den Teig in die Form geben und 15 Minuten backen, bis er goldbraun aufgegangen ist.

Während der Backzeit die Hälfte der Butter mit 1 Esslöffel Öl in einer großen Bratpfanne auf starker Hitze schmelzen. Darin das Fleisch 5 Minuten anbraten. Mit einem Schaumlöffel herausnehmen und auf einem Servierteller warm halten.

Die Bratpfanne erneut erhitzen und die Zwiebeln darin goldgelb dünsten. Wein angießen und etwa 1 Minute kochen lassen, bis nahezu die gesamte Flüssigkeit verdampft ist. Fond dazugeben und weitere 5 Minuten kochend etwas reduzieren. Die verbleibende Butter einrühren, um eine glänzende Bratensauce zu bekommen. Das Fleisch hineingeben und abschmecken. Dazu die nun fertig gebackenen Puddings servieren.

MEERRETTICH-CREME

Diese Variante einer Meerrettichsauce passt großartig zu Fleisch, geräuchertem Fisch und Käse. Besonders gut schmeckt sie zu kaltem Fleisch, geräucherter Makrele oder Avocado-Apfel-Salat.

Ergibt 125 Milliliter
11 Stück frischer Meerrettich, 15 cm lang, oder 1 EL Meerrettich im Glas, abgetropft (dann Zitronensaft weglassen)
1 EL Butter
2 EL frische Semmelbrösel
1 Apfel
2 TL Joghurt
1 TL Zitronensaft
1 Messerspitze Salz
1 Messerspitze Zucker
je 1 TL gehackter Kerbel, Französischer Estragon und Dill
3–4 EL Crème double

Den frischen Meerrettich waschen, schälen und reiben.

Butter in einer Bratpfanne zerlassen und die Semmelbrösel einrühren. Diese goldbraun braten, die Pfanne von der Herdplatte nehmen und den geriebenen Meerrettich dazugeben. Apfel in die Mischung reiben, dann Joghurt, Zitronensaft, Salz, Zucker und gehackte Kräuter einrühren. Zum Abkühlen beiseite- und danach in den Kühlschrank stellen. Vor dem Servieren die Crème double unter die Mischung heben.

Überschüssiger Meerrettich

Meerrettichessig

Dies ist die beste Methode, Meerrettich für den ganzjährigen Gebrauch zu konservieren.

Frisch geriebene Meerrettichwurzel
Malzessig

Pro Glas:
½ TL Salz
¼ TL Zucker

Ein guter Ratschlag vorweg: Um sich beim Reiben von Meerrettich vor tränenden Augen zu schützen, sollte man die Wurzel vorher waschen, schälen und in einem Plastikbeutel 1 Stunde in den Kühlschrank legen. Erst dann reiben.

Ein kleines oder mittelgroßes Marmeladenglas zu zwei Dritteln mit Meerrettich füllen – je nachdem, wie viel Sie gerieben haben. Salz und Zucker dazugeben, mit Malzessig befüllen, verschließen und gut schütteln. Metalldeckel schützt man vor Korrosion, indem man ein Stück Backpapier zwischen Glas und Deckel legt. Der Essig lässt sich mindestens 1 Jahr lang aufbewahren.

MINZE

Mentha

Beschreibung

Noch bevor ich zur Schule ging, kannte ich die Unterschiede zwischen Pfefferminze, Ähriger Minze und Apfelminze. Sie spielten in der Küche meiner Mutter eine wichtige Rolle und auch für mich gehören sie zu den unentbehrlichen Kräutern. Gleich hinter dem Haus habe ich ein großes Stück nur mit Taschkent-Minze, einer exzellenten Grünen Minze, die ich von Frühjahr bis Herbst ausgiebig nutze.

Alle in diesem Kapitel genannten Minzen sind winterhart, ziehen also im Winter ein und kommen im Frühjahr wieder. Die Blütenfarbe kann variieren von weiß bis malvenfarben und die Blätter, die alle höchst aromatisch sind, sind mal spitz zulaufend, mal abgerundet, die einen sind behaart und die anderen glatt, je nach Art und Sorte. Allen gemeinsam ist ihre Attraktivität für Bienen und Schmetterlinge, was ein Plus ist. Störend dagegen kann ihr wuchernder Wuchs sein. Jedenfalls will ihr Standort gut überlegt sein.

Die Arten und Sorten dieser Pflanzengattung lassen sich nicht leicht aus Samen ziehen. Die sicherste Methode, auch die tatsächlich gewünschte Pflanze zu vermehren, ist das Abnehmen eines Wurzelablegers im Herbst. Am besten und gesündesten wachsen die Pflanzen, wenn sie sich frei ausbreiten können. Die ihnen zugewiesene Fläche sollte sonnig liegen und versickerungsfähig sein. Sollte der Platz allerdings fehlen, lässt sie sich auch in Töpfen mit guter Komposterde ziehen. Um Minze im Gefäß stets wüchsig zu halten, sollte man sie aber jeden Herbst umtopfen. So faulen die Wurzeln nicht und im nächsten Frühling wird die Pflanze wieder massenhaft Blätter treiben.

Als Küchenpflanze

Seit Jahrtausenden wird Minze kultiviert. Zwei Geschichten von vielen mag ich besonders: Im antiken Griechenland glaubte man, dass nach durchzechten Nächten ein Minzekranz auf dem Kopf die drohenden Kopfschmerzen zu verhindern imstande sei. Die zweite Geschichte spielt auf die traditionelle Verbindung von Minze mit Gastfreundschaft an: Zwei Fremde wanderten durch Kleinasien und seit Tagen hatte ihnen niemand etwas zu essen oder zu trinken angeboten. Schließlich wurden sie von einem älteren Ehepaar eingeladen. Vor dem Essen streuten die Gastgeber Minzblätter auf Tisch, Teller und Essen. Erfreut über diese Gastfreundschaft, verliehen die Fremden ihrer Dankbarkeit Ausdruck, indem sie das bescheidene Haus des Paares in eine herrschaftliche Villa verwandelten – die beiden Fremden waren keine Geringeren als die beiden Götter Zeus und Hermes.

Ernte und Verwendung

Blätter

Minze kann von Frühling bis zum einbrechenden Winter geerntet werden, aber das Aroma sämtlicher Arten und Sorten ist vor der Blüte besonders frisch und intensiv. Sie schmeckt nicht nur gut zu Gemüse, sondern auch zu Früchten, Käse, Fleisch, Joghurt und nicht zuletzt als erfrischender Tee.

Blüten

Die Blüten pflückt man im Sommer. Sie haben das wundervollste Minzaroma und können, nachdem man alle grünen Blütenbestandteile entfernt hat, über Salate, Erdbeeren und andere Sommerfrüchte sowie Desserts gestreut werden.

Eigenschaften

Die positiven Eigenschaften der Minze im Essen sind weithin bekannt. Sie unterstützt die Verdauung, stillt Husten und hilft gegen Blähungen. Zudem wirkt sie gegen virale und bakterielle Infektionen.

Weitere Arten

Von der Vielzahl verschiedener Minzen habe ich hier meine Favoriten aufgeführt, sortiert nach ihrem Geschmack.

Pfefferminzen

Sie schmecken am intensivsten und eignen sich am besten für Tees und für Nachspeisen.

Pfefferminze, Edelminze, Englische Minze

Mentha x *piperita*

Blüht im Sommer blass purpurfarben und hat dunkelgrüne, aromatische Blätter.

Basilikum-Minze

Mentha x *piperita* f. *citrata* 'Basil'

Blüht im Sommer malven- bis purpurfarben und hat hocharomatische ovale, grüne Blätter mit einem rötlichen Hauch. Schmeckt gut zu Tomatengerichten und Pasta.

Schokoladen-Minze

Mentha x *piperita* f. *citrata* 'Chocolate'

Diese faszinierende Sorte hat blass purpurfarbene Blüten und dunkelgrüne Blätter und schmeckt wie teure Schokolade. Sollte man in Mousse au Chocolat probieren.

Grüne Minzen

Schmecken nicht ganz so intensiv wie Pfefferminzen. Sie sind ideal für Saucen, schmecken in Joghurt und Dressings sowie zu neuen Kartoffeln oder auch Erdbeeren.

Grüne Minze, Ährige Minze, Speer-Minze

Mentha spicata

Diese Art hat kleine malven- bis purpurfarbene Blüten in endständigen, zylindrischen Ähren. Die Blätter sind mittelgrün, oval-lanzettlich geformt und runzelig.

Taschkent-Minze und Marokkanische Minze

Mentha spicata 'Tashkent' und *Mentha spicata* var. *crispa* 'Marokko'

Beide Sorten haben ein gekräuseltes, mittelgrünes Blatt. In der Küche ist es nicht leicht, sie auseinanderzuhalten, aber wenn sie im Garten nebeneinander wachsen, sieht man, dass die Taschkent-Minze höher wird und die Blätter runder sind.

Mildes Minzearoma

Diese Minzen haben ein mildes Aroma, das sich für Gelees und Saucen eignet.

Rundblättrige Minze

Mentha suaveolens

Diese Art blüht malvenfarben und hat runde, behaarte, mittelgrüne Blätter.

Apfelminze, Bowles-Minze

Mentha × *villosa* var. *alopecuroides* 'Bowles'

Hat malvenfarbene Blüten und runde, behaarte Blätter. Gilt bei vielen als die schmackhafteste Minze. Ich bin da anderer Meinung, finde aber auch, dass sie sich durchaus zum Kochen eignet.

BRUSCHETTA MIT MINZE UND AUBERGINEN

Auf dieser Bruschetta vereinen sich wunderbar die Aromen von Minze, Aubergine und Knoblauch.

Der Name »Bruschetta« leitet sich aus dem italienischen »bruscare« ab, was »über Kohlen geröstet« bedeutet. Das Brot ist jedenfalls ein leckerer Appetithappen oder der erste Gang einer frühherbstlichen Mahlzeit.

Ergibt 4 Portionen
2 feste Auberginen
Meersalz und frisch gemahlener schwarzer Pfeffer
6 EL kalt gepresstes Olivenöl
2 EL Balsamico-Essig
1 EL glatte Petersilie, Blätter fein gehackt
2 EL Grüne Minze (Taschkent-, Marokkanische oder Ährige Minze), fein gehackt
1 Knoblauchzehe, geschält und sehr dünn geschnitten
gehackte Schale und Saft von 1 Bio-Zitrone
1 Ciabatta-Brot

Auberginen diagonal in 1 Zentimeter dicke Scheiben schneiden. Mit Salz bestreuen, 40 Minuten beiseitestellen und danach in einem Sieb unter kaltem Wasser gründlich abspülen. Mit Küchenpapier oder einem sauberen Geschirrtuch trocken tupfen.

Eine Grillpfanne erhitzen, die Auberginen nacheinander darin von beiden Seiten braun anbraten und in eine Salatschüssel legen.

Während die Auberginen braten, Olivenöl und Essig in einer großen Schüssel mischen. Gehackte Petersilie und Minze, dann Knoblauch und 1 Teelöffel der Zitronenschale dazugeben. Mit Salz und schwarzem Pfeffer abschmecken.

Die fertig gebratenen Auberginenscheiben in die Schüssel geben und vermischen. Bei Bedarf nachwürzen.

Den Backofengrill anstellen. Das Ciabatta-Brot diagonal in 2–3 Zentimeter dicke Scheiben schneiden und auf beiden Seiten kurz grillen. Wenn die Brotscheiben abgekühlt sind, mit der Auberginen-Minz-Mischung bestreichen und etwas andrücken, damit die Säfte das Brot durchdringen. Sofort servieren.

TRADITIONELLER BORSCHTSCH

Dieses Rezept habe ich wieder einem Kochbuch meiner Großmutter entnommen. Ich habe es um die Minz-Crème-fraîche ergänzt, die vorzüglich zum erdigen Geschmack der Roten Beete passt. Außerdem passiere ich die Suppe nicht, sondern serviere sie mit der geraspelten Roten Beete, um etwas Substanz hineinzubringen.

Ergibt 4 Portionen
90 g Butter
4 große rohe Rote Beeten
1 l Hühnerfond, erhitzt
140 g Crème fraîche
1 EL gehackte Grüne Minze (nicht Pfefferminze)
2 TL gehackte Petersilie

Butter in einem großen Topf auf niedriger Hitze zerlassen. Rote Beete schälen, raspeln und in der Pfanne unter häufigem Rühren 20 Minuten dünsten. Etwas heißen Fond einrühren und wenn er absorbiert ist, nachgießen. Diesen Vorgang wiederholen, bis die Rote Beete zart ist. Dann den Rest des Fonds zugießen und sachte 30 Minuten köcheln lassen. Je nach Belieben passieren oder nicht.

Crème fraîche und Minze mischen. Borschtsch in Suppenschalen servieren, in jede einen Klecks Crème fraîche geben und mit etwas Petersilie bestreuen.

ERBSENSUPPE MIT SCHINKEN UND MINZE

Minze, Erbsen und gekochter Schinken sind die Basis für diese einfache Sommersuppe. Dabei mindert die Minze den Salzgeschmack des Schinkens und betont das Aroma der Erbsen. Wenn Sie noch Schinken mit Knochen haben, können Sie aus den Knochen einen guten Fond kochen. Mit frischem krustigen Weißbrot servieren.

Ergibt 6 Portionen

100 g Erbsen, gepalt (die Schalen aufbewahren), oder tiefgefroren (dann leider ohne Schalen)
1,5 l Fleisch- oder Gemüsefond
1 EL Olivenöl
1 mittelgroße Zwiebel, fein gehackt
2 Selleriestangen, in feine Scheiben geschnitten
2 Möhren, fein gehackt
2 EL trockener Weißwein
200 g weiße Bohnen, über Nacht eingeweicht, oder 2 Dosen à 400 g, abgetropft
250 g gekochter Schinken, klein geschnitten
2 EL Grüne Minze, grob gehackt
Salz und frisch gemahlener schwarzer Pfeffer

Die Erbsenschalen mit dem Fleisch- oder Gemüsefond in einen großen Topf geben. Zum Kochen bringen und 5 Minuten köcheln lassen, dann passieren, damit die Erbsenschalen zurückbleiben.

Auf mittlerer Stufe das Öl in einem großen Topf mit starkem Boden erhitzen. Zwiebel, Sellerie und Möhren dazugeben, zudecken und bei reduzierter Hitze ca. 15 Minuten dünsten, bis alles zart ist. Wein zugießen, umrühren und köcheln lassen, bis der Alkohol verkocht ist. Die Bohnen in den Topf geben, kurz umrühren und ein paar Minuten kochen, bis die Schalen weich werden.

Fond in den Topf gießen und 10 Minuten köcheln lassen. Wer eine dicke Suppe möchte, kann die Bohnen zu einem Brei zerdrücken. Erbsen in die Suppe geben und etwas mitköcheln lassen, dann Schinken und Minze einrühren und durchwärmen lassen. Vor dem Servieren abschmecken.

ATUL KOCHHARS CHUTNEY-PULAO

Dieses Rezept stammt vom Sternekoch Atul Kochhar, dessen Gerichte man in den Restaurants Benares am Berkeley Square in London sowie Vatika in Hampshire genießen kann. Atul inspiriert mich beim Kochen, denn er verbindet das Beste des Ostens mit dem Besten des Westens und ist ein leidenschaftlicher Kräuterexperte. Dieses Gericht kann mit Raita oder einfachem Joghurt serviert werden.

Atul sagt: »Dieses Pulao ist ein Allrounder. Es kann alleine oder als Beilage zu einem Fleischgericht serviert werden – speziell Lamm oder Schwein. Es birgt keine Geheimnisse, bis auf die große Liebe zu Kräutern. Das Chutney kurz vor dem Servieren unter den Reis heben, damit die Aromen lebendig bleiben. Der Reis kann nicht aufbewahrt werden, sondern muss am Tag der Zubereitung verzehrt werden.«

Ergibt 4–6 Portionen

Für das Chutney

100 g Blätter von Grüner Minze
50 g Korianderblätter
¼ TL gehackte grüne Chilischote
½ TL geraspelter frischer Ingwer
2 EL Zitronensaft
Salz, zum Abschmecken
2 EL Pflanzenöl
1 Messerspitze Zucker
50 ml Wasser

Für den Reis

1,5 EL Pflanzenöl
½ TL Kuminsamen
2 grüne Kardamomkapseln
1 Stück Zimtstange, 1 cm lang
½ mittelgroße Zwiebel, geschnitten
250 g Basmatireis, gewaschen und 30 Minuten eingeweicht
Salz
500 ml Wasser

Die Chutney-Zutaten in der Küchenmaschine oder mit dem Pürierstab zu einer zähen Paste zerkleinern. Wasser gründlich einrühren. In einer Schüssel zugedeckt in den Kühlschrank stellen.

Für den Reis das Öl in einem Topf mit schwerem Boden erhitzen und die Gewürze darin dünsten, bis sie hörbar brutzeln. Dann die Zwiebeln darin glasig anschwitzen, den Reis hinzufügen und ebenfalls 1–2 Minuten dünsten, dann Salz und Wasser dazugeben. Zum Kochen bringen und 3–5 Minuten köcheln lassen, dann zudecken und weiter köcheln, bis der Reis gar ist.

Vor dem Servieren die Chutneypaste gründlich in den Reis einrühren.

SOMMERHUHN MIT MINZE

Marian ist die Patentante meines Sohnes und meine frühere Mitbewohnerin. Dies ist eines ihrer einfachen Sommergerichte. Es eignet sich auch für große Tafeln – Marian habe ich dieses Gericht schon für Geburtstagsfeiern mit 80 Personen kochen gesehen. Ich mag daran besonders die Kombination von Grüner Minze und Mango Chutney – das passt ausgezeichnet zusammen. Mit knackigem grünem Salat und Baguette servieren.

Ergibt 4–6 Portionen
4 gekochte Hähnchenbrüste
150 ml Mayonnaise
150 ml Sour Cream
Mango Chutney
4 EL Grüne Minze, fein gehackt
Zum Servieren
1 reife Mango, geschält und geschnitten
1 EL Grüne Minzblätter, fein gehackt

Das Hühnerfleisch in Streifen schneiden. Die Zutaten mischen und mit den Fleischstreifen vermengen. In eine Schüssel geben, mit Frischhaltefolie abdecken und vor dem Servieren mindestens 12 Stunden im Kühlschrank die Aromen zur Entfaltung kommen lassen. Vor dem Servieren mit Mango und Minze garnieren.

BAISERS MIT MINZE UND KÜMMEL

Dieses Rezept entstand, als ich beim Säubern von Kümmelsamen über dieses Buch nachdachte. Ich hatte schon Walnüsse und andere Samen in Baisers verarbeitet – warum also nicht Kümmel? Dann fragte ich mich, was wohl herauskäme, wenn ich zum Anisgeschmack noch Minze hinzufügen würde. Diese Gedanken führten zu diesem wunderbaren Rezept. Mit frischen Früchten und Schlagsahne servieren.

Ergibt 12 Baisers
Öl und Mehl für die Backbleche (wahlweise)
4 Eier, getrennt (Eigelbe für Saucen aufbewahren)
225 g feiner Streuzucker
2 TL Kümmelsamen, in einem Mörser zerstoßen
2 EL Grüne Minzblätter, fein gehackt

Backofen auf 120 °C vorheizen. Entweder zwei Backbleche mit Backpapier auskleiden oder die Bleche mit Öl bestreichen und mit Mehl bestäuben. Überschüssiges Mehl von den Blechen klopfen. Die Eiweiße steif schlagen, bis die Masse Kuppen bildet. Unter ständigem Schlagen den Zucker dazugeben, danach Kümmel und Minze.

Löffelweise die Baisermasse auf den beiden Backblechen platzieren – insgesamt sollten 12 Baisers herauskommen. Die Bleche für 1 Stunde in den Ofen schieben, dann die beiden Bleche tauschen, da das obere mehr Hitze abbekommt. Weitere 30–40 Minuten backen.

Wenn sich die Baisers gesetzt haben, hebt man sie vorsichtig mit einem breiten Messer oder Tortenheber auf einen Rost zum Abkühlen. Will man sie rundum richtig knusprig haben, dreht man sie einzeln um und backt sie weitere 30 Minuten im Ofen.

Baisers lassen sich abgekühlt in einem luftdicht verschließbaren Gefäß einige Tage aufbewahren.

Überschüssige Minze

Mutters Minzsauce

Noch bevor ich eingeschult wurde, lernte ich von meiner Mutter, wie man diese Sauce zubereitet. Damals kniete ich auf einem Holzstuhl, um mit einem sehr scharfen Messer die Minze zu hacken. Zu meinen größten Erfolgserlebnissen zählte es, wenn diese Sauce zu unserem sonntäglichen Mittagessen serviert wurde, dem kulinarischen Höhepunkt der Woche.

1 Strauß Minze (Grüne Minze, keine Pfefferminze; folgende Sorten eignen sich besonders: Marokkanische, Ährige, Taschkent, Apfelminze, 'Guernsey')
Feiner Streuzucker (genug, um die gehackten Blätter komplett zu bedecken)
Weißweinessig (Balsamico-Essig geht auch, dann aber weniger Zucker nehmen)

Minzblätter von den Stängeln zupfen und sehr fein hacken. Unter Zugabe von Zucker weiter hacken, so werden die Öle und Aromen der Minze vom Zucker aufgenommen.

Wenn Sie mit der Konsistenz zufrieden sind, die Mischung in eine kleine Schüssel geben. So viel Essig einrühren, um die Masse eben flüssig zu machen, allerdings nicht zu viel, sonst wird der Essig zu dominant. Die Süße testen und gegebenenfalls noch etwas Zucker zugeben.

Zugedeckt hält sich die Sauce 7 Tage im Kühlschrank. Vor dem Verzehr gut umrühren und falls sie zu trocken geworden sein sollte, noch etwas Essig unterrühren.

MYRTE

(auch bekannt als Brautmyrte, Gemeine Myrte)
Myrtus communis

Ich habe mich in die Myrte verliebt, als ich sie als geschnittene Hecke auf der Alhambra in Granada gesehen habe und später wild wachsend in den Bergen von Sardinien. Dort klebt sie an schroffen Felsen und duftet himmlisch unter der brennenden Sonne. Mittlerweile ist die Myrte zu einem Muss in meinem Kräutergarten geworden. Sie sieht hübsch aus und ist meiner Meinung nach eines der völlig unterbewerteten Küchenkräuter. Sie vermag einen mitteleuropäischen Grillabend in ein mediterranes Fest zu verwandeln.

Beschreibung

Dieses hübsche und aromatische mediterrane Gewächs ist immergrün. Myrte trägt nahezu während des ganzen Sommers schöne weiße, duftende Blüten, denen purpur-schwarze Beeren folgen, die bis zum Spätherbst halten. Die dunkelgrünen, ovalen Blätter haben eine süßliche Würze.

Als Pflanze des Mittelmeerraumes braucht sie volle Sonne und einen nahrhaften, gut durchlässigen Boden. In Gegenden mit harschen Wintern gehört sie vor eine Süd- oder Westwand, die sie erstens vor kalten Ostwinden schützt und zweitens die Regenmenge um etwa 25 Prozent reduziert. Eine Reduzierung der Regenmenge ist auf jeden Fall notwendig. Wo im Winter die Temperatur häufig unter –5 °C fällt, empfiehlt es sich, Myrte besser im Topf mit guter Komposterde zu ziehen. So kann man sie im Winter an einen geschützten Platz stellen.

Als Küchenpflanze

Myrte wird seit über 2000 Jahren als Würze, Parfüm und Medizin verwendet. Die Alten Römer stellten Myrten-Wein her, indem sie die reifen Früchte in gärenden Traubensaft tauchten. Auch in der römischen Küche waren die Früchte beliebt, besonders zu Wildschwein. In Chile machte man aus getrockneten Myrtesamen und -knospen einen speziellen Kaffee.

Ernte und Verwendung

Blätter

Von dieser immergrünen Pflanze kann man ganzjährig Blätter ernten. Besonders aromatisch sind die im Hochsommer an frischen Trieben erscheinenden Blätter, die dann ihre Farbe von Hell- zu Dunkelgrün verändern. Sie schmecken angenehm würzig und leicht bitter. Man muss sie mit Bedacht verwenden, denn ihr intensives Aroma kann schnell eine Speise dominieren. Richtig dosiert kann Myrte Saucen, Eintöpfe, Gemüse, Geflügel- und andere Fleischgerichte in Festessen verwandeln. Wie beim Lorbeer werden Myrteblätter zum Aromatisieren genutzt und vor dem Servieren herausgenommen. Gerichte mit dem typischen Myrtearoma sind in den ländlichen Regionen Italiens und Sardiniens verbreitet.

Blüten

Blüten können während des ganzen Sommers gepflückt werden. Ihr mild-würziger Geschmack passt gut zu Reis- und Nudelgerichten.

Beeren

Die reifen Früchte können vom Spätherbst bis zum tiefen Winter geerntet werden. Ihre herbe Würze empfiehlt sich zu deftigen Fleischgerichten, Wildschwein, Ente oder Wachtel. Getrocknet können sie wie Pfefferkörner gemahlen werden – im Mittleren Osten werden sie als »Mursins« zum Würzen verwendet.

Eigenschaften

Myrtenblätter und -beeren wirken keimtötend, während die Knospen und Blüten Vitamin C und Zitronensäure enthalten. Mit Blättern und Beeren behandelte man früher Durchfall und Ruhr.

Weitere Arten

Buntblättrige Myrte

Myrtus communis ssp. *tarentina* 'Variegata'
Diese Sorte trägt im Sommer duftende weiße Blüten mit einem Hauch Rosa, auf die schwarzrote Beeren folgen. Die ovalen, dunkelgrünen Blätter sind silbern panaschiert und im Herbst leicht rosafarben überzogen.

Tarentina-Myrte

Myrtus communis ssp. *tarentina*
Diese Sorte hat kleine, duftende weiße Blüten und kleine, dunkle Früchte. Die Blätter sind zierlich, oval, dunkelgrün und duften. Ihre ausgeprägt geraden Zweige eignen sich ausgezeichnet als Grillspieße für Fleisch, Gemüse, Wurst und Fisch.

Buntblättrige Tarentina-Myrte

Myrtus communis ssp. *tarentina* 'Microphylla Variegata'
Mit einem Hauch Rosa erscheinen im Sommer die kleinen, weißen Blüten, die Beeren sind dunkel purpurfarben. Die kleinen, ovalen, dunkelgrünen Blätter haben eine silberne Zeichnung, die im Herbst rosa wird.

SUPPE MIT GERÖSTETEM KÜRBIS UND MYRTE

Die milde Würze der Myrte und die herbe Süße des gerösteten Butternusskürbisses ergeben eine köstliche Wintersuppe, die von innen wärmt. Mit Salbeibrot servieren (siehe Seite 234).

Ergibt 4 Portionen
8 kg Butternusskürbis
3 EL Olivenöl
4 Myrtenzweige
Salz und frisch gemahlener schwarzer Pfeffer
4 ganze, ungeschälte sowie
2 fein gehackte Knoblauchzehen
2 Zwiebeln, fein gehackt
2 Möhren, fein geschnitten
2 l Gemüse- oder Hühnerfond

Backofen auf 240 °C vorheizen. Butternusskürbis halbieren, mit einem großen Löffel die Kerne ausschaben. Das Kürbisfleisch mit der Schale in 7 Zentimeter lange Schnitzen schneiden und mit 1 Esslöffel Olivenöl einreiben. Zwei der Myrtenzweige auf ein Bratblech legen, darauf die Schnitzen platzieren und mit Pfeffer und Salz würzen. Im Ofen ca. 45 Minuten rösten, bis der Kürbis weich ist. Nach 25 Minuten die ungeschälten Knoblauchzehen dazulegen und die beiden anderen Myrtenzweige unter den Kürbis schieben.

In der Zwischenzeit das restliche Öl in einem großen Topf erhitzen. Zwiebeln, Möhren und gehackten Knoblauch 10–15 Minuten darin andünsten, ohne dass es braun wird. Mit Fond aufgießen, zum Kochen bringen und 20 Minuten köcheln lassen, bis das Gemüse zart ist.

Nachdem der Kürbis gar ist, sollte man ihn 5 Minuten abkühlen lassen. Mit einem großen Löffel das Kürbisfleisch von der Schale lösen und in den Fond geben. Knoblauchzehen aus der Schale in den Fond quetschen, die Myrtenzweige entsorgen. Fond und Gemüse weitere 5 Minuten köcheln lassen, bis der Kürbis zerfällt.

Die Suppe in einer Küchenmaschine oder mit einem Pürierstab cremig rühren, dann wieder in den Topf gießen und sachte erhitzen. Abschmecken, in Suppenschalen gießen und servieren.

GESCHMORTES RINDFLEISCH MIT MYRTE, ZIMT UND ROTWEIN

Dieses Rezept birgt zwei Tipps, die mir meine Mutter gab. Erstens: Eine Marinade macht Fleisch nicht nur aromatischer, sondern auch zarter. Zweitens: Der salzige Geschmack von Pancetta verleiht diesem Gericht eine ungewohnte Dimension. Wenn man in diese Gedanken noch die würzige Myrte aufnimmt, bekommt man ein großartiges Schmorgericht. Köstlich mit Nudeln oder Kartoffelpüree.

Ergibt 4 Portionen

500 g Schmorfleisch vom Rind, in 3–4 cm große Würfel geschnitten
2 Knoblauchzehen, zerdrückt
2 Zimtstangen, 4–6 cm lang
2 Myrtenzweige, ca. 8 cm lang
6 Myrtenblätter
70 g gewürfelter Pancetta (italienischer Bauchspeck)
30 g gesalzene Butter
6 kleine Schalotten, geschält und ganz gelassen
3 große Möhren, in Stücke geschnitten
1 EL Mehl
300 ml Rinderfond
300 ml Rotwein

Das vorbereitete Fleisch mit Knoblauch, Zimtstangen und Myrtenzweigen in einer großen Schüssel mischen, abdecken und über Nacht in den Kühlschrank stellen.

Am nächsten Tag den Backofen auf 150 °C vorheizen. Das Fleisch abtropfen lassen, die Marinade aufbewahren, Zimtstangen und Myrtenzweige entsorgen.

Pancetta in einer feuerfesten Kasserolle auf mittlerer Hitze leicht braun anbraten. Die Hälfte der Butter, alle Schalotten und Möhren dazugeben und schmoren lassen, bis das Gemüse braun zu werden beginnt.

Das Fleisch mit Küchenpapier trocken tupfen. In einem anderen Topf die restliche Butter zerlassen, das Fleisch darin braun anbraten, dann in die Kasserole geben. Mehl darüberstreuen, gründlich umrühren, dann die zurückbehaltene Marinade sowie die Myrtenblätter dazugeben. Zum Kochen bringen, den Fond dazugeben, erneut aufkochen, abdecken und für 1 Stunde und 20 Minuten im Ofen backen, bis das Fleisch zart und die Sauce angedickt ist.

Aus dem Backofen nehmen, zugedeckt 20 Minuten ruhen lassen und dann servieren.

WARMER PUNSCH AUS HONIGWEIN UND MYRTE

Auch wenn für einen Punsch vielfach Rotwein genommen wird, plädiere ich hier für die Kombination von Honigwein (Met) mit der süßen Würze der Myrtenbeeren. Heraus kommt ein überraschendes, überaus aromatisches Getränk. Gut als Weihnachtspunsch oder nach einem langen Winterspaziergang mit Freunden.

Ergibt ca. 1,5 Liter

700 ml Met
575 ml trockener Cidre
575 ml Apfelsaft
2 Orangen
12 Nelken
1 Zimtstange, 12 cm lang
4 Myrtenbeeren
60 g Honig (wer es süß mag)

Met, Cidre und Apfelsaft in einen großen Topf geben. Orange in Schnitzen zerteilen und mit den Nelken bestücken. Mit der Zimtstange und den Myrtenbeeren in den Topf geben. Wenn gewünscht, jetzt den Honig einrühren. Den Punsch bis kurz vor dem Siedepunkt erhitzen und 20 Minuten auf dieser Temperatur halten.

Die Flüssigkeit durch ein feines Sieb passieren. In angewärmten Bechern oder dicken, hitzebeständigen Gläsern servieren.

CHUTNEY AUS MYRTENBEERE, APFEL UND WALNUSS

Ich stelle häufig Chutneys als Weihnachtsgeschenke her. Dies ist ein besonders beliebtes, denn es schmeckt ausgezeichnet zu Käse und kaltem Fleisch.

Ergibt ca. 2,25 Kilogramm
900 ml Malzessig
450 g hellbrauner Zucker
12 Myrtenbeeren
(wenn möglich frisch)
900 g Kochäpfel
450 g Zwiebeln, gehackt
225 g Rosinen
25 g Senfpulver
25 g frisch geriebene Ingwerwurzel
2 TL mildes Currypulver
20 g Salz
110 g Walnüsse, klein gehackt

Essig und Zucker in einem großen Topf zum Kochen bringen. Äpfel schälen, entkernen und grob hacken und mit allen anderen Zutaten – mit Ausnahme der Walnüsse – in den Topf geben. Erneut zum Kochen bringen. Je mehr die Masse beim Kochen andickt, umso häufiger umrühren, bis die Masse gut dickflüssig ist (beim Abkühlen wird sie noch etwas fester).

Topf vom Herd nehmen und Walnussstücke einrühren. Die Mischung in warme, sterilisierte Gläser (siehe Seite 12) füllen und mit beschichteten Deckeln verschließen. Das Chutney hält sich bis zu 1 Jahr.

Überschüssige Myrte

Myrtensalz

Bei immergrünen Pflanzen wie der Myrte, die nahezu ganzjährig zu nutzen sind, kommt es weit seltener zum Zwang des Konservierens wie bei einjährigen Kräutern. Aber wenn Sie keinen Myrtenstrauch in Ihrem Garten haben und einmal Zweige geschenkt bekommen, ist die Zubereitung von Myrtensalz der einfachste Weg, das Aroma der Blätter zu konservieren. Dieses Salz passt ausgezeichnet zu Fisch und Grillware.

Ergibt 250 Gramm
250 g unjodiertes Salz
20 Myrtenzweige

Salz und Myrtenblätter in einem Mörser zerstoßen – das Salz wird das Aroma der Pflanze aufnehmen. Die Mischung in Gläser füllen und dunkel aufbewahren. Es kann sofort gebraucht, aber auch gelagert werden. Nach 3 Monaten beginnt sich das Aroma zu verflüchtigen.

OREGANO/ MAJORAN

(auch bekannt als Gemeiner Dost, Echter Dost, Wilder Majoran)

Origanum vulgare / Origanum majorana

Zu der bekannten Frage, wann es sich um Oregano und wann um Majoran handelt, habe ich eine feste Meinung: Nach meinem Verständnis ist der einzig echte Majoran *Origanum majorana*, wohingegen Oregano botanisch *Origanum vulgare* heißt (»vulgare« bedeutet »gewöhnlich«). Beide gehören unbedingt in Küche und Garten. Während meine Großmutter Oregano sparsam einsetzte, war meine Mutter als Liebhaberin der mediterranen Küche verschwenderischer, manchmal auch zu verschwenderisch.

Beschreibung

Im Sommer ist diese Pflanze eine wahre Freude für Bienen und Schmetterlinge. Alle Sorten von *Origanum vulgare* sind winterhart und blühen im Sommer in kleinen, malvenfarbenen Röhren. Die Blätter sind dunkelgrün, aromatisch und behaart. Echter Majoran hingegen kommt in kühleren Klimazonen nicht über den Winter. Er blüht weiß in kleinen Ähren, die graugrünen Blätter sind höchst aromatisch.

Vitalität und Aroma aller Oreganosorten variieren je nach Standort und Klima. Im Mittelmeerraum riecht man das Kraut, bevor man es entdeckt, während man hier im feuchten, kühlen Nordeuropa den Duft erst wahrnimmt, wenn man die Blätter zerreibt oder kocht. Daher sollte man ihn vollsonnig und in durchlässigen Boden pflanzen. Oregano und Echter Majoran sind aus Samen zu vermehren, wobei die Samen äußerst winzig sind und man sie deshalb besser mit Sand oder Mehl gemischt aussäen sollte, um einen zu dichten Pflanzenabstand zu vermeiden. Dann kann man von beiden Arten im Sommer Stecklinge vom neuen Austrieb nehmen, zudem lassen sich etablierte Oreganopflanzen im Frühling oder nach der Blüte auch teilen.

Alle Oreganoarten sind für die Topfkultur geeignet. Am besten sind gute Komposterde mit Kies oder Sand gemischt und ein Standort in voller Sonne.

Als Küchenpflanze

Im Mittelalter wurde in England Oregano, kombiniert mit Frauenminze *(Tanacetum balsamita)*, zur Aromatisierung von Bier verwendet – bis zur Regierungszeit von Heinrich VIII., als Hopfen nach Großbritannien kam. In *The Englishman's Flora* von Geoffrey Grigson (1905–1985) ist ein Holzschnitt aus dem 16. Jahrhundert abgebildet, auf dem eine Italienerin Oregano wässert. Als Bildunterschrift ist zu lesen: »confortat cerebrum et omnia viscera«, was sich mit »tut dem Kopf und allen inneren Organen gut« übersetzen lässt.

Ernte und Verwendung

Blätter

Oreganoblätter sind in Nord- und Mitteleuropa während des ganzen Jahres zu bekommen, die des Echten Majorans nur vom Frühling bis

Frühherbst. Für beide Arten gilt, dass die Blätter vor oder nach der Blüte am aromatischsten sind. Nach zahlreichen Sonnenstunden während des Sommers schmecken die Blätter strenger, da die Sonnenwärme den Öltransport zu den Blättern fördert. Die Blätter können in Salaten, zu Eiern, in Gemüse, gekocht mit Fleisch, in Marinaden und zu gegrilltem Fisch verwendet werden.

Blüten

Man kann die im Sommer geöffneten Blüten über Salate, Suppen, Pellkartoffeln und gebackenes Gemüse streuen.

Eigenschaften

Majoran und Oregano unterstützen die Verdauung, denn sie regen die Produktion von Magensäften an und tragen dazu bei, schwer verdauliche Nahrung aufzuschließen. Außerdem helfen sie bei Appetitlosigkeit, Übelkeit und Magenschmerzen.

Weitere Arten

Ich habe hier von den zahlreichen Oreganoarten und -sorten meine Favoriten für die Küche aufgelistet.

Griechischer Oregano

Origanum vulgare ssp. *hirtum* 'Greek'
Die behaarten, dunkelolivgrünen Blätter und weißen Blüten haben ein sehr starkes Aroma. Exzellent zu Fleisch und Geschmortem.

Oregano `Acorn Bank´

Origanum vulgare 'Acorn Bank'
Diese gelbblättrige Sorte hat im Sommer kleine rosa Blüten. Die Blätter schmecken mild und eignen sich für Salate und Gemüse.

Französischer Oregano

Origanum onites
In voller Sonne werden die grünen Blätter goldgelb. Blüht im Sommer in hellen pinkfarbenen Büscheln. Der leicht würzige Geschmack passt zu vielen Gemüsegerichten.

Majoran

Origanum majorana
Der Majoran wird als einjährige Pflanze angeboten. Er hat kleine weiße Blüten und ovale, blassgrüne, weiche, aromatische Blätter. Sie schmecken besonders gut zu Tomaten und Tomatensaucen, Gemüse und Fleischgerichten.

GEBACKENER ZIEGENKÄSE AUF GRILLGEMÜSE-SALAT MIT MAJORAN

Dies ist ein kräftiger Bauernsalat. Majoran und Minze, die miteinander verwandt sind, passen wunderbar zum salzigen Ziegenkäse.

Ergibt 4 Portionen

2 kleine oder 1 große Zucchini, in 1 cm dicke Scheiben geschnitten
2 rote Paprikaschoten, halbiert und ohne Samen
4 EL Olivenöl, plus etwas zum Beträufeln
1 Fenchelknolle, halbiert und sehr fein geschnitten
1 Bund Rucola
2 EL Majoranblätter, von den Stielen abgezupft
200 g Ziegenkäse, in 4 runde Scheiben geschnitten
Meersalz und frisch gemahlener schwarzer Pfeffer
Saft von ½ Zitrone
10 Zweige Grüne Minze, fein gehackt (die frischen Triebspitzen ernten; am besten von Marokkanischer oder Taschkent-Minze, nicht Pfefferminze)

Backofengrill anstellen, ein Backblech mit Alufolie auslegen, die Zucchinischeiben und Paprikahälften darauflegen, mit Olivenöl besprenkeln und unter den heißen Grill schieben. 3–4 Minuten grillen, das Gemüse nach der Hälfte der Zeit umdrehen. Aus dem Backofen nehmen, die Paprikaschoten auf einem Hackbrett abkühlen lassen, die Zucchini zusammen mit dem fein geschnittenen Fenchel und dem Rucola in eine große Schüssel geben.

Backofen auf 170 °C vorheizen. Majoranblätter fein hacken und mit 1 Esslöffel Olivenöl in einer kleinen feuerfesten Schüssel verrühren. Den Ziegenkäse ins Öl legen und mit schwarzem Pfeffer bestreuen. Der Käse soll rundherum von Kräuteröl bedeckt sein, dann die Schüssel auf ein mit Backpapier oder Alufolie belegtes Backblech stellen. Für 10 Minuten im heißen Ofen backen, bis der Käse goldbraun ist. (Nicht grillen, sonst verbrennen die Majoranblätter und das Aroma wird zerstört.)

Paprikahälften häuten, in schmale Streifen schneiden und zum Salat geben.

Für das Dressing das restliche Olivenöl mit Zitronensaft, Salz und Pfeffer mischen. Das Dressing über den Salat geben, gut vermengen und auf 4 Tellern verteilen. Darauf je einen Ziegenkäse platzieren, mit der gehackten Minze garnieren und servieren.

MAJORAN-PFANNKUCHEN MIT SPINAT UND TOMATEN

Durch die Verwendung des Majorans im Teig und in der Tomaten-Spinat-Füllung kann die milde Kräuterwürze alle Elemente der Speise durchziehen.

Dieses praktische Gericht kann man für zwei Personen zubereiten und die übrigen ungebackenen Teigfladen einzeln in Frischhaltefolie einfrieren, um später bei Zeitmangel schnell ein Essen daraus zu zaubern.

Ich gebe zu, dass meine Gartenhände nicht unbedingt fürs Backen geschaffen sind, doch kürzlich lernte ich eine wunderbare Technik: Die Butter einfrieren, ins Mehl raspeln und mit einem Bäckermesser mischen, damit möglichst wenig Wärme an die Butter kommt. Seit ich diesen Tipp befolge, werden diese kleinen Pfannkuchen stets ein voller Erfolg.

Ergibt 3–6 Portionen

Für den Teig

110 g Butter
175 g Mehl, plus etwas zum Bestäuben
1 Messerspitze Salz
1 TL Majoranblätter, fein gehackt
kaltes Wasser

Für den Belag

225 g junger Blattspinat
2 Zwiebeln, geschält und dünn geschnitten
1 Stückchen Butter
1 EL gehackte Majoranblätter, plus etwas zum Garnieren
6 mittelreife Tomaten, gehäutet und in feine Scheiben geschnitten
1 TL kalt gepresstes Olivenöl
25 g frisch geriebener Parmesan

Backofen auf 220 °C vorheizen und zwei Backbleche dünn einfetten. Für die Pfannkuchen vorher die Butter abwiegen und einfrieren, dazu in Alu- oder Frischhaltefolie wickeln. Mehl in eine große Rührschüssel sieben und Salz dazugeben. Butter aus dem Gefrierfach holen, Folie zurückschlagen und mit einer groben Reibe in das Mehl raspeln.

Dann die Majoranblätter dazugeben und alles mit einem Bäckermesser unterheben. Wenn die Butter gut bedeckt ist, 2 Esslöffel Wasser darübergießen – aber nicht mehr, das Mehl darf nicht zu feucht werden. Alles mit den Händen kurz verkneten. Den fertigen Teig aus der Schüssel nehmen und in Frischhaltefolie bis zur weiteren Verwendung in den Kühlschrank legen.

Spinat waschen und in einem zugedeckten Topf auf mittlerer Hitze dünsten, bis er zusammenfällt, was nach 2–3 Minuten geschieht. Kurz umrühren, dann Spinat in einem Sieb abtropfen lassen und mit der Rückseite eines Löffels so viel Flüssigkeit wie möglich herauspressen. Beiseitestellen.

Die Zwiebeln in der Butter glasig andünsten. Majoranblätter einrühren, vom Herd nehmen und sämtliche Flüssigkeit abtropfen lassen.

Zum Häuten der Tomaten werden diese in eine Schüssel gelegt, mit kochendem Wasser übergossen, 1 Minute darin liegengelassen und dann abgegossen. Nun kann die Haut leicht abgezogen werden – Vorsicht mit den Fingern, denn die Tomaten sind noch heiß!

Den Teig aus dem Kühlschrank holen und auf einer leicht mit Mehl bestäubten Fläche 3 Millimeter dick ausrollen. 6 Kreise aus dem Teig schneiden (Durchmesser ca. 15 Zentimeter; nehmen Sie einen kleinen Teller zu Hilfe) und auf die Backbleche legen. Spinat hacken und auf die 6 Teigfladen verteilen, dabei einen schmalen Teigrand freilassen. Zwiebel-Majoran-Mischung darüberstreuen und überlappend mit

Tomatenscheiben belegen. Mit Majoranblättern und Olivenöl besprenkeln.

Die bestückten Backbleche für 10–12 Minuten in den Backofen schieben. Nach der Hälfte der Backzeit das obere und untere Blech vertauschen. Aus dem Ofen nehmen, mit Parmesan bestreuen und entweder warm oder kalt servieren.

FISCHPASTETE MIT MAJORANBRÖSELN

In meiner Kindheit gab es freitags stets Fisch. Mutter machte normalerweise eine Pastete und erreichte so mit wenig Arbeit viel Wirkung. Ein besonderer Leckerbissen war geräucherter Schellfisch und immer, wenn ich diesen Fisch heute zubereite, bin ich sofort in meinen Kindheitstagen. Ich habe ihr Rezept um die Majoranbrösel erweitert, die das Aroma der Pastete noch heben. Einfach mit Möhren und Salzkartoffeln servieren.

Ergibt 4 Portionen
400 g geräucherte Schellfischfilets (möglichst ungefärbt)
1 Zwiebel, fein geschnitten
300 ml fettarme Milch
2 Lorbeerblätter
Salz und frisch gemahlener schwarzer Pfeffer
45 g Butter
75 g Vollkornmehl
3 EL frisch geriebener Parmesan
2 EL Majoranblätter, gehackt
4 TL Speisestärke
2 EL glatte Petersilie, fein gehackt

Backofen auf 170 °C vorheizen. Fisch in eine Bratenform legen, Zwiebeln, Milch und Lorbeerblätter dazugeben, mit Salz und Pfeffer abschmecken und mit Alufolie abdecken. 15–20 Minuten backen.

Aus dem Ofen nehmen und die Konsistenz des Fischs prüfen: Er sollte noch fest, aber leicht zu zerlegen sein. Fisch mit einem Pfannenwender aus der Milch heben und auf einen Teller legen. Die Milch in der Bratenform beiseitestellen, die Lorbeerblätter entsorgen. Die Fischhaut abziehen, das Fischfleisch in Stückchen zerlegen und dabei noch vorhandene Gräten entfernen.

Nun in einer Schüssel mit den Fingerspitzen die Butter in das Mehl einarbeiten und dabei feine Brösel herstellen. Mit Parmesan, Majoran und etwas Pfeffer und Salz vermengen.

Speisestärke mit etwas Wasser zu einer weichen Paste mischen. Die aromatisierte Milch in der Bratenform auf den Herd stellen und sachte erhitzen. Unter Zugabe der Speisestärkenpaste aufkochen und rühren, bis die Sauce angedickt ist. Nach und nach die Fischstückchen sowie die gehackte Petersilie einrühren, mit Salz und schwarzem Pfeffer abschmecken.

Die Fischmischung in eine Auflaufform geben, die Brösel darüberstreuen und mit der Rückseite einer Gabel gut andrücken. 35 Minuten backen, bis die Oberseite goldbraun ist, dann servieren.

COTTAGE-PIE MIT OREGANO

Im Notizbuch meiner Großmutter stieß ich auf dieses Gericht, das traditionell mit Rindfleisch zubereitet wird. Während meiner Kindheit gab es dieses Essen häufig an einem Mittwoch und es wurden Reste des Sonntagsbratens darin verwendet. Der Oregano verfeinert elegant den Geschmack dieses Gerichtes. Mit grünen Bohnen, Erbsen oder Rosenkohl servieren.

Ergibt 4 Portionen

15 g Butter, plus etwas zum Einfetten und Betupfen
285–340 g kaltes, gares Rind- oder Lammfleisch
180–225 g Möhren, in dünne Scheiben geschnitten
1 kleine Zwiebel, fein gehackt
1 EL Oregano- oder Majoranblätter, fein gehackt
2 TL Mehl
Salz und frisch gemahlener schwarzer Pfeffer

Für die Auflage

680 g Kartoffeln (mehlig kochend)
4 EL Milch
30 g Butter

Backofen auf 190 °C vorheizen und eine Auflaufform einfetten. Zuerst die Auflage zubereiten: Die geschälten Kartoffeln kochen, abtropfen, mit Milch und Butter pürieren und beiseitestellen.

Vom Fleisch vorhandenes Fett abschneiden, dann von Hand in kleine Stücke schneiden. Alternativ in einer Küchenmaschine zerkleinern, dann aber grob lassen und keinesfalls zu einem Mus zerhacken.

Möhren 5 Minuten kochen, abtropfen lassen, etwa 150 Milliliter des Kochwassers aufbewahren. Zwiebeln in der Butter etwa 5 Minuten glasig anschwitzen, dann das Fleisch und die Oregano- oder Majoranblätter einrühren. Unter ständigem Rühren einige Minuten braten, dann das Mehl einstreuen und umrühren, bis Fett und Flüssigkeit komplett aufgesogen sind. Möhrenwasser sowie sonstige vorhandene Saucenreste dazugeben und rühren, bis sich alle Flüssigkeiten vermischt haben. Mit Salz und Pfeffer abschmecken.

Die Masse in die eingefettete Auflaufform geben, darauf die geschnittenen Möhren und obenauf das Kartoffelpüree verteilen. Mit einer Gabel Rillen ins Püree ziehen und kleine Buttertupfer darauf platzieren. 30–35 Minuten backen.

HÄHNCHENFILETS AUS DER PFANNE MIT OREGANO UND ZITRONE

Dies ist ein einfaches Gericht, das schnell zubereitet ist und vorher nur etwas Zeit zum Marinieren braucht. In die Marinade kommen Oregano und Zitrone, die das Hähnchen mit ihren Aromen durchziehen. Schmeckt gut mit Reis und grünem Salat.

Ergibt 2 Portionen
2 Hähnchenbrustfilets
Schale und Saft von ½ Bio-Zitrone
2 TL Oreganoblätter, fein gehackt
1 EL Olivenöl
1 EL Petersilienblätter, fein gehackt
Salz und frisch gemahlener schwarzer Pfeffer

Hähnchenbrustfilets flach anritzen. Zitronenschale, -saft sowie Oreganoblätter mischen und damit die Filets einreiben. 30 Minuten im Kühlschrank marinieren lassen.

Olivenöl in einer kleinen Bratpfanne erhitzen. Die Marinade von den Filets abschaben und das Fleisch im heißen Öl 8–10 Minuten von jeder Seite braten. Dann die Marinade in die Pfanne geben und erhitzen, bis sie Blasen schlägt. Petersilienblätter dazugeben und Herd ausstellen. Kräftig umrühren, abschmecken und servieren.

YORKSHIRE-PUDDING MIT OREGANO

Oregano im Teig macht dieses Gericht zu einem Festschmaus. Bei mir freuen sich besonders Vegetarier darauf, denn in die eingefallene Mitte der Yorkshire-Puddings fülle ich eine dicke, selbst gemachte Tomatensauce (siehe Seite 12), bekrönt von einer Scheibe gegrilltem Ziegenkäse.

Ergibt 6–9 Yorkshire-Puddings, je nach Größe der Backformen
110 g Mehl
Salz
2 Eier
275 ml Milch
1 EL Oreganoblätter, fein gehackt
2–3 EL Pflanzenöl oder gutes Bratfett

Backofen auf 230 °C vorheizen. Für den Teig das Mehl in eine Rührschüssel sieben und Salz unterrühren. In der Mitte eine Mulde formen. Die Eier hineingeben, Eigelbe einstechen und vorsichtig verrühren. Dann Schluck für Schluck die Hälfte der Milch dazugeben, nach und nach mit dem Mehl verrühren, bis sich eine geschmeidige Masse gebildet hat, dann den Rest der Milch und die Oreganoblätter 5 bis 10 Minuten kräftig einrühren. Teig an einem kühlen Ort etwa 1 Stunde ruhen lassen.

Wenn der Teig fertig ist, Öl oder Bratfett in einer Auflaufform oder einer speziellen Yorkshire-Pudding-Backform (Muffinform geht auch) erhitzen, bis es gerade zu dampfen beginnt. In der Backform sollte das Fett 1 Zentimeter hoch stehen. Teig in die Auflaufform beziehungsweise in die Vertiefungen der Backform geben. 5 Minuten bei 230 °C backen, dann die Temperatur auf 200 °C senken und 35–40 Minuten backen, bis der Teig knusprig und luftig aufgegangen ist. Die Backofentür nicht sofort öffnen, denn sonst fällt das Backwerk wieder zusammen.

Überschüssiger Majoran

Majoranbutter

Die Butter kann zum Andünsten von Gemüse, auf gegrillten Tomaten oder für Gebackenes verwendet werden.

Ergibt 125 Gramm
3 EL Majoranblätter, gehackt
125 g Butter, zimmerwarm

Die gehackten Blätter mit der Butter mischen (am besten mit einer Gabel). Die Kräuterbutter in Backpapier wickeln und mindestens 24 Stunden vor Gebrauch in den Kühlschrank legen. Je länger man die Butter dort lagert, desto besser wird ihr Aroma.

Die Butter kann auch eingefroren werden. Dann die Gefrierbox beschriften und die Butter innerhalb von 3 Monaten verbrauchen.

PETERSILIE

(auch bekannt als Petersil, Peterwurz, Petergrün)
Petroselinum crispum

Petersilie gehört zu den am meisten verwendeten Küchenkräutern auf der ganzen Welt. Sie wird häufig zum Garnieren genutzt, ist aber auch ein großartiges Wurzelgemüse und kann als Blattgewürz fade schmeckende Gerichte regelrecht zum Leben erwecken. Alle vier Generationen meiner Familie haben oder hatten großen Respekt vor diesem Küchenkraut. Ich habe eine Handvoll Rezepte meiner Mutter und Großmutter ausgewählt, die die Vielseitigkeit von Petersilie zeigen.

Beschreibung

Petersilie ist eine zweijährige Pflanze, die im ersten Jahr Blätter produziert und im zweiten Jahr blüht. Die Blütendolden sind cremeweiß, während die Blätter in ihren Grüntönen je nach Sorte variieren können. Auch die Blattränder und -oberflächen variieren von gefiedert bis gelappt beziehungsweise glatt bis stark gekräuselt.

Dieses Küchenkraut wird über Samen vermehrt. Am besten sät man Petersilie am künftigen Standort aus, denn sie übersteht ein Verpflanzen nicht schadlos. Die Aussaat direkt in Gartenerde kann daher im Mai erfolgen, wenn sich die Erde etwas erwärmt hat. Als Alternative bieten sich tiefe Töpfe an. Geduld ist gefragt, denn das Auflaufen kann 10 Tage bis 6 Wochen dauern. Petersilie braucht tiefgründigen, nährstoffreichen und am besten leicht alkalischen Boden. Daher sollte man den Standort im vorhergehenden Herbst ausreichend mit verrottetem Kompost anreichern.

Wer Petersilie während des ganzen Jahres ernten möchte, sollte zwei verschiedene Plätze vorbereiten. Für die Versorgung im Sommer ist ein nach Osten oder Westen ausgerichteter Standort richtig, denn die Pflanze braucht Feuchtigkeit und etwas Schatten. Im Winter ist ein geschützter, sonniger Platz ideal, zum Beispiel vor einer Südwand.

Neben der Blatt- ist die Wurzelpetersilie im Handel. Sie braucht die gleichen Standortbedingungen und sollte Mitte Mai in flachen Rillen ausgesät werden. Auch sie benötigt zusätzliche Wassergaben in Trockenzeiten, denn dann wächst sie besonders stark. Anders als bei anderem Wurzelgemüse schmecken bei der Petersilie die größten Wurzeln am besten. Die Erntezeit reicht vom Spätherbst bis zum Wintereinbruch.

Als Küchenpflanze

Seit es Aufzeichnungen gibt, kommt darin Petersilie vor. Während die Alten Römer das Kraut gegen Mundgeruch aßen, gaben es die Alten Griechen ihren Athleten reichlich zu essen, weil sie glaubten, dass es aus dem Blut ihrer Götter erwuchs. Im Mittelalter nahmen die Mönche Petersilie gegen Übelkeit. Der englische Botaniker John Gerard (1545–1612) schrieb zur Petersilie: »Sie ist wunderbar auf der Zunge und angenehm für den Magen.«

Ernte und Verwendung

Blätter

Die Blätter kann man vom Frühsommer des ersten Jahres bis zum zeitigen Frühling des zweiten Jahres ernten. Petersilie ist ein vielfältig genutztes Küchenkraut, geschätzt wegen des Geschmacks und seiner wohltuenden Wirkungen (siehe Eigenschaften). Es vermag, die Aromen anderer Bestandteile des Essens zu verstärken, am besten gibt man es kurz vor Ende der Kochzeit dazu, so dass sich der Geschmack entfalten kann.

Samen

Die Samen können vom Hochsommer des zweitens Jahres an geerntet werden. Sie werden nur selten zum Kochen verwendet, aber wie einige ihrer Verwandten (z.B. Kümmel) schmecken zerstoßene Samen gut in Suppen, Eintöpfen und Geschmortem.

Wurzeln

Wenn Sie Petersilienwurzeln haben möchten, ziehen Sie eigens für diesen Zweck einige Pflanzen, damit Sie von den übrigen Pflanzen in der zweiten Saison Samen ernten können. Die Wurzeln werden von Herbst bis Frühwinter des ersten Jahres geerntet und sind eine delikate Alternative zu Möhren oder Sellerie. Sie schmecken nur für sich, aber auch in Suppen, Eintöpfen und zu Geschmortem.

Eigenschaften

Petersilie ist ein sehr gesundes Kraut. Sie wirkt blutreinigend, zudem sind ihre positiven Eigenschaften für die Verdauung, gegen Blähungen und Husten bekannt. Die langen Pfahlwurzeln haben einen hohen Vitamin- und Mineraliengehalt, während die Blätter viel Betakarotin sowie die Vitamine A, B, B2, B3, C und E enthalten, zudem Calcium, Eisen, Natrium, Phosphor und Magnesium. Damit gehört Petersilie zu den Pflichtkräutern, die regelmäßig gegessen werden sollten.

Weitere Arten

Krause Petersilie, Französische Petersilie

Petroselinum crispum Französische
Diese zweijährige Staude hat Dolden mit kleinen, cremeweißen Blüten und dunkelgrüne, krause Blätter mit einem intensiven Aroma.

Italienische Petersilie

Petroselinum crispum var. neapolitanum
Auch diese Varietät blüht im zweiten Sommer in cremeweißen Dolden. Sie hat glatte, dunkelgrüne, mehrfach gefiederte Blätter und einen markanten Geschmack.

Wurzelpetersilie

Petroselinum crispum var. *tuberosum*

Diese winterharte zweijährige Pflanze wird in der Regel als Einjährige angebaut. Sie blüht im Sommer weiß, trägt glatte Blätter und hat cremeweiße Wurzeln, die ähnlich wie Sellerie schmecken. Gezüchtet wurde sie wahrscheinlich zuerst in Holland, denn sie hieß früher Holländische Petersilie. Im frühen 18. Jahrhundert kam sie nach England, aber populär war sie dort nur bis zum 19. Jahrhundert. Auf Gemüsemärkten in Frankreich und Deutschland findet man sie heute noch häufig.

FRITTIERTE PETERSILIE

Dieses Rezept stammt aus Großmutters Notizbuch, ich habe es mit meinen Kommentaren in Klammern versehen. Frittierte Petersilie kommt gerade wieder als Vorspeise in Mode. Bei einer reichen Ernte ist diese Art der Zubereitung einfach wunderbar.

Bevor man pflückt, sollte alles fertig vorbereitet sein, denn schlaffe Petersilie ist wertlos. Mit frisch gemahlenem Salz servieren. Schmeckt gut zu Pastete und mit einem Aperitif.

Ergibt 4 Portionen
1 großes Bund krause Petersilie
Frittierfett

Wenn nicht unbedingt nötig, die Petersilie nicht waschen. Falls doch, einige Stunden vor dem Frittieren waschen und gut trocknen lassen. Nasse Petersilie lässt beim Eintauchen das heiße Fett unkontrolliert spritzen.

Die Seitenzweige von den Haupttrieben abzupfen. Für 4 Personen braucht man eine gute Handvoll an kleinen Seitenzweigen. Einen Topf mit Frittierfett auf hoher Stufe erhitzen und die Petersilie in einen Frittierkorb legen. Sobald das Öl einen schwach-bläulichen Schleier bekommt, die Kräuter in das heiße Fett tauchen. Lassen Sie sich von dem Geräusch nicht beunruhigen. Sobald das Zischen aufhört, die Petersilie aus dem Bad nehmen (ist in Sekunden fertig), die jetzt hellgrün sein sollte. (Sollte knusprig sein und nicht glitschig, schlaff oder braun.) Auf ein Küchenpapier legen, das herablaufendes Öl aufnimmt.

PETERSILIEN-KRÄUTER-AUFSTRICH

Petersilie unterstützt das Spinataroma, was die Paste zu einem wunderbaren Belag für getoastetes Pita-Brot, frisches Krustenbrot oder Käsecracker macht.

Ergibt 4–6 Portionen
450 g junge Spinatblätter
450 g Blätter der glatten Petersilie, grob gehackt
250 g Korianderblätter, grob gehackt
250 g Sellerieblätter, grob gehackt
4 Knoblauchzehen, geschält und halbiert
50 ml kalt gepresstes Olivenöl
1 TL Pimentón
¼ TL Cayennepfeffer
1 TL zerstoßener Kreuzkümmel
1 EL Zitronensaft

Spinat, Petersilie, Koriander und Sellerieblätter waschen und trocken schütteln, aber nicht abtupfen.

Kräuter und Gemüse mit dem Knoblauch in einen großen Topf geben, zudecken und sachte erhitzen, bis alles zusammengefallen ist. In einem Sieb abtropfen lassen, die Knoblauchzehen herausnehmen und auf einem Teller mit einer Gabel zu Püree zerdrücken.

Wenn Kräuter und Spinat abgekühlt sind, die restliche Flüssigkeit herauspressen. 1 Esslöffel Olivenöl in einer tiefen Pfanne erhitzen und Knoblauchpüree, Pimentón, Cayennepfeffer und Kreuzkümmel darin 30 Sekunden umrühren, bis sich ein Duft entwickelt. Spinat und Kräuter dazugeben, vermengen und etwa 8 Minuten lang kontinuierlich umrühren, bis alles weich geworden ist.

Vom Herd nehmen und in eine kleine Schüssel geben, das restliche Öl dazugießen, zu einer Paste vermischen und zudecken. Nach dem

Salz und frisch gemahlener schwarzer Pfeffer

Abkühlen die Schüssel für mindestens 24 Stunden in den Kühlschrank stellen.

Vor dem Servieren den Zitronensaft einrühren und die Schärfe prüfen, gegebenenfalls noch Pfeffer und Salz untermischen. Als Vorspeise oder ersten Gang servieren. Dieser Brotaufstrich hält sich im Kühlschrank 3 Tage.

SALSA VERDE

Petersilie kommt in salzigen Gerichten voll zur Geltung und lässt sich beispielsweise gut mit Anchovis kombinieren. Diese schmackhafte Sommersauce passt zu einer Vielzahl von Speisen, besonders zu Fisch, gekochtem Schinken und neuen Kartoffeln.

Ergibt etwa 250 Milliliter
1 großes Bund glatte Petersilie
1 Knoblauchzehe, zerdrückt
4 Anchovis, gehackt
1 EL Kapern, abgetropft und gehackt
200 ml kalt gepresstes Olivenöl
Salz und frisch gemahlener schwarzer Pfeffer

Petersilie waschen und trocknen, die Stiele unten 1 Zentimeter abschneiden, den Rest auf schadhafte Stellen prüfen und diese wegschneiden.

Petersilie mit dem Knoblauch, den Anchovis und Kapern in der Küchenmaschine auf langsamer Stufe einige Minuten zerkleinern, das Öl während des Zerkleinerns langsam dazugießen. Abschmecken.

PETERSILIEN-ZITRONEN-EIS

Hier ist ein weiteres Rezept aus Großmutters Notizbuch (mit meinen Ergänzungen in Klammern). Ich wäre nie darauf gekommen, Petersilie in einem Nachtisch zu verwenden, aber sie hat tatsächlich einen erfrischenden Geschmack. Wir würden Sorbet dazu sagen, meine Großmutter nannte es Eis. Ich finde, es ist ein gutes Sommerdessert.

Ergibt 4 Portionen
Saft und Schale von 1 Bio-Zitrone
425 ml Wasser
50 g Zucker
2 große Handvoll Petersilie

Zitronenschale in einem Topf mit Wasser und Zucker zum Kochen bringen und 5 Minuten köcheln, damit sich das Zitronenaroma entfaltet (den Zucker unter Rühren mit einem Holzlöffel auflösen lassen). Zitronensaft dazugeben, umrühren, durch ein feines Sieb gießen und kühl stellen. (Wer wie ich die winzigen Zitronenstückchen darin mag, verzichtet auf das Sieb und entfernt die Schale mit einem Schaumlöffel.)

Petersilie 5–10 Minuten kochen (einen kleinen Topf mit Wasser zum Kochen bringen und die Petersilie hineingeben – 5 Minuten genügen), dann abtropfen lassen und durch ein feines Sieb pressen. Petersilie ins Zitronenwasser mischen und einfrieren. (Ich empfehle, das Eis während der ersten 2 Stunden zweimal mit einer Gabel gründlich durchzurühren. So wird es kein fester Klumpen, wenn man es servieren will.)

PETERSILIEN-HONIG

Dieses Rezept finde ich faszinierend – meine Großmutter empfahl es während des Zweiten Weltkrieges, als man schwer an Honig kam. Es ist ein interessanter Brotaufstrich und jedenfalls eine ungewohnte Darreichungsform für Petersilie. Schmeckt großartig mit Joghurt, Crème fraîche und Früchten.

Ergibt 2 Gläser à 450 Gramm
175 g frische Petersilie
850 ml Wasser
Saft von 1 Zitrone
450 g Zucker

Petersilie waschen und trocknen, inklusive der Stiele grob hacken und in einem Topf mit Wasser zum Kochen bringen. 30 Minuten köcheln lassen. Durch ein Musselintuch passieren und die Flüssigkeitsmenge messen. Das Petersilienwasser mit dem Zitronensaft und 450 Gramm Zucker pro 570 Milliliter Flüssigkeit in einen Topf geben und bei schwacher Hitze gut umrühren, bis sich der Zucker aufgelöst hat. Dann zum Kochen bringen. Hitze reduzieren und 30–45 Minuten sachte köcheln lassen, bis die Mischung klar und sirupartig geworden ist – ähnlich wie Honig.

In angewärmte, sterilisierte Gläser (siehe Seite 12) füllen und verschließen, solange sie heiß sind.

Überschüssige Petersilie

Petersilie einfrieren

Petersilie gehört zu den Kräutern, die sich gut einfrieren lassen. So kann ein Ernteüberschuss leicht konserviert werden.

Für eine gute Ernte sollte man die Blätter an ihrem aromatischen Höhepunkt pflücken, der im Spätsommer des ersten Jahres liegt. Die Blätter nach dem Verdunsten des Morgennebels, aber deutlich vor Mittag ernten. Nach einem Tag in der Sonne ist ein erheblicher Anteil der aromatischen Öle verdunstet. Das Einfrieren zerstört zwar einen Teil dieser Öle, aber das Aroma wird dadurch nicht beeinträchtigt.

Blätter mit den Stielen ernten, wenn nötig waschen, gut trocknen lassen und in geeigneten Beuteln einfrieren.

Bei Bedarf einen oder mehrere Beutel aus dem Gefrierschrank holen und sogleich in der Hand zerdrücken. Nach wenigen Minuten beginnt die Petersilie schon aufzutauen. Indem man die Kräuter zerdrückt, wenn sie noch steif gefroren sind, bekommt man sie mit wenigen Handgriffen in feine Stücke zerbröselt.

PIMPINELLE

(auch bekannt als Kleiner Wiesenknopf, Gartenbibernelle, Rote Bibernelle)
Sanguisorba minor syn. *Poterium minor*

In der Grundschule meines Heimatdorfes gab es nur eine Lehrerin, Miss Woods, und diese Frau war überaus respekteinflößend. Ich habe zwiespältige Erinnerungen an diese Schule, zum Beispiel daran, dass mich Miss Woods von einer Linkshänderin in eine Rechtshänderin verwandelte – alles musste nun mal seine Ordnung haben. Schönere Erinnerungen sind die Wanderungen in die Natur, bei denen Miss Woods uns in das Erkennen von Vogelstimmen, Bäumen und anderen Wildpflanzen einführte. Zu den vielen Pflanzen, die wir sahen, gehörte auch die Pimpinelle. Sie wuchs beim Dorf Dundry, durch das wir auf unserer wöchentlichen Wanderung kamen. Wir pflückten die jungen Blätter und kauten sie, während wir im Gänsemarsch durch die Landschaft stapften.

Die Blätter haben einen leicht herben Gurkengeschmack, und wenn ich sie heute in Salaten esse, bin ich in Gedanken bei diesen Schulwanderungen.

Beschreibung

Dieses überaus nützliche Kraut sieht mit seinen hübschen ovalen, gezähnten Blättern nicht so widerstandsfähig aus, wie es ist. Im milden England ist es häufig immergrün, in kühleren Klimazonen aber zumindest frosthart und treibt nach dem winterlichen Einziehen im Frühling wieder aus. Wir haben es also eine lange Zeit im Jahr für die Küche verfügbar. Im Sommer erscheinen kleine magentafarbene Blüten, die etwa 30 Zentimeter über den Blättern in fingerhutähnlichen Köpfen zusammengefasst sind. Interessanterweise sitzen die männlichen Blüten unten, die zwittrigen in der Mitte und die weiblichen Blüten oben an den Köpfen.

Pimpinelle bevorzugt durchlässigen Boden in nicht unbedingt vollsonnigen Lagen. Zumindest für die Küchennutzung ist das wichtig, denn die Blätter bekommen in voller Sonne einen bitteren Geschmack.

Als Küchenpflanze

Früher aromatisierte man im Mittelmeerraum mit der Pimpinelle Wein, den man als Stärkungsmittel trank. Der Botaniker Nicholas Culpeper (1616–1654) beschrieb die Pimpinelle als »ein sehr wertvolles Kraut, dessen regelmäßiger Verzehr den Körper gesund und den Geist lebendig hält«. In die Neue Welt kam die Pimpinelle durch die Pilgerväter, die zu Anfang des 17. Jahrhunderts von England zum heutigen Neuengland aufbrachen. Auch im Standardwerk *The New Family Herbal* von Matthew Robinson aus dem Jahr 1865 steht: »Die kontinuierliche Nutzung hält den Körper gesund und den Geist lebendig. Man nehme zwei oder drei Stängel mit Blättern und tauche sie in Wein, besonders roten, und schon werden die Gedanken beflügelt und Melancholie vertrieben.«

Ernte und Verwendung

Blätter

Man kann die Blätter immer ernten, aber am besten schmeckt der frische Wuchs im Frühling und im Frühherbst – sofern man die Pflanze im Sommer stark zurückgeschnitten hat und sie danach erneut frisch ausgetrieben ist. Ältere Blätter schmecken bitter, trocknen den Mund aus und haben daher keinen kulinarischen Wert. Junge Blätter dagegen schmecken gut in Salaten, zu Eierspeisen, Frisch- und Hüttenkäse sowie in Getränken. Zum 60. Geburtstag meiner Mutter bereitete ich gedünsteten Lachs zu, garniert mit Pimpinelle – das zählt zu den besten von mir erdachten Gerichten mit diesem Kraut.

Eigenschaften

Pimpinelle hilft erwiesenermaßen bei Magenverstimmung. Schon einige nach der Mahlzeit gegessene Blätter sollen Linderung bringen. Weiterhin wirkt es gegen Blähungen sowie antioxidativ und ist verdauungsfördernd. Es beinhaltet die Vitamine A, B und C und ist reich an Calcium, Kalium, Eisen und Magnesium.

Weitere Arten

Keine

EIERSALAT MIT PIMPINELLE

Ein köstliches Mittagessen oder leichtes Abendessen am Wochenende, erfunden von meiner Tante Kate, die einfache, gute Gerichte liebt. In diesem passt der kühle Gurkengeschmack gut zu den Eiern und der Mayonnaise. Mit frischem, festem Vollkornbrot servieren.

Ergibt 2 Portionen
6 Eier
150 ml Mayonnaise
55 ml Naturjoghurt
2 EL Pimpinellenblätter, fein gehackt
Salz und frisch gemahlener schwarzer Pfeffer
ganze Blätter von 1 knackigen grünen Salat

Eier in einem großen Topf mit Wasser bei starker Hitze zum Kochen bringen. Dann auf mittlere Hitze reduzieren und die Eier 8 Minuten kochen.

Wasser abgießen, Eier kalt abschrecken, bis sie kühl sind. Eier schälen, schneiden und in eine große Schüssel geben. Die übrigen Zutaten gut unter die Eier mischen und auf einem großen Salatblatt servieren.

FRÜHLINGSSALAT MIT PIMPINELLE UND SÜSSDOLDE

Diesen Salat muss man im Frühling zubereiten, wenn man junge Pimpinellen- und Süßdoldenblätter ernten kann. Das Zusammenspiel des herben Gurkengeschmacks mit dem Anisaroma der Süßdolde ist einfach wunderbar.

Ergibt 2 Portionen
4 junge Stängel Süßdolde
8 Stängel Pimpinelle
1 Radicchio oder Chicorée, gewaschen, getrocknet und klein gezupft
4 Scheiben durchwachsener Speck, in kleine Vierecke geschnitten
1 TL Pinienkerne
2 EL kalt gepresstes Olivenöl
1 TL Balsamico-Essig
Salz und frisch gemahlener schwarzer Pfeffer

Süßdolde und Pimpinelle in einer großen Salatschüssel mit Radicchio oder Chicorée mischen.

In einer großen Bratpfanne die Schinkenstücke anbraten und die Pinienkerne dazugeben, bis sie goldfarben sind.

Aus Olivenöl, Essig, Pfeffer und Salz das Dressing zubereiten, dann Schinken und Pinienkerne dazugeben.

Dressing über die Salatblätter gießen, gut vermischen und servieren.

PIMPINELLEN-DILL-BUTTER

Der herb-nussige Geschmack der Pimpinelle verbindet sich mit dem einzigartigen Aroma des Dills zu einer delikaten Kombination.

Diese vielseitige Butter kann man in Sandwiches mit Fisch, kaltem Fleisch oder geraspelter Möhre und Apfel verwenden. Daneben eignet sie sich zur Zubereitung von gebackenem Fisch oder lässt sich ausgezeichnet über gedünstetem Spargel zerlassen.

Ergibt 225 Gramm
6 Stängel Pimpinelle
6 Stängel Dill
225 g Butter, zimmerwarm

Blätter der Pimpinelle von den Stängeln entfernen und zusammen mit den Dillblättern und -stängeln sowie der Butter hacken. Dabei gelangen die Kräuteröle in die Butter. Am Ende alles mit einer Gabel vermengen.

Wenn Kräuter und Butter gründlich vermischt sind, die Butter in Backpapier einrollen und mindestens 24 Stunden vor Gebrauch im Kühlschrank lagern. Je länger die Lagerzeit, desto intensiver die Aromatisierung.

Die Butter kann auch in einem geeigneten Gefäß eingefroren werden. Dort kann sie 3 Monate aufbewahrt werden.

PIMPINELLEN-SOMMER-COCKTAIL

Hier habe ich ein altes Rezept an den heutigen Geschmack angepasst.

Ergibt etwa 1 Liter (ohne Wasser)
12 Stängel Pimpinelle
1 Flasche guter trockener Weißwein
300 ml Amontillado-Sherry
1 Bio-Zitrone, in Scheiben geschnitten
2 l Tafelwasser
Eiswürfel

Pimpinellenblätter klein hacken und mit Weißwein, Sherry sowie Zitronenscheiben in ein großes Gefäß geben. Verschließen oder abdecken und 2 Stunden stehen lassen. Vor dem Servieren Tafelwasser und Eiswürfel dazugeben.

Überschüssige Pimpinelle

Pimpinellenessig

Dieser besonders für Salate und Mayonnaisen vielseitig verwendbare Essig bietet eine großartige Möglichkeit, viele frisch getriebene Blätter zu nutzen. Der Rückschnitt wird die Pflanze zudem zu neuer Blattproduktion anregen.

Ergibt 450 Milliliter
10 EL gehackte Pimpinellenblätter
450 ml Weißweinessig

Pimpinelle mit einem Stößel oder Holzlöffel in einem Mörser zerdrücken.

Essig in einem Topf aufkochen und eine kleine Menge über die zerdrückten Pimpinellenblätter gießen, 1–2 Minuten vermengen und abkühlen lassen.

Die Essig-Kräuter-Mischung mit dem restlichen Essig vermischen, in ein sterilisiertes Gefäß (siehe Seite 12) gießen und verschließen. (Einen Kunststoffdeckel oder mit Kunststoffring versehenen Verschluss nehmen, denn Essig greift Metall an.) 2 Wochen ziehen lassen, alle paar Tage kräftig schütteln. Nach 2 Wochen den Essig durch einen ungebleichten Kaffeefilter in eine andere Flasche umfüllen. Dieser Essig ist mindestens 2 Jahre haltbar.

PORTULAK

(auch bekannt als Gemüse-Portulak, Burzelkraut)
Portulaca oleracea

Dieses schmackhafte Küchenkraut ist in der Natur Europas, aber auch in Indien zu finden. In zahlreichen Gegenden ist es als lästiges Gartenunkraut verschrien. Ich erinnere noch gut, wie mich meine Mutter auf Urlaubsreisen in Frankreich und Italien auf das Sammeln von Portulak ansetzte.

Den witzigsten Hinweis zu dieser Pflanze fand ich in Matthew Biggs' *Complete Books of Vegetables*, in dem auf die Bedeutung des Pflanzennamens in der Sprache des afrikanischen Staates Malawi hingewiesen wird. Vermutlich in Anspielung auf die dickfleischigen, runden Blätter und saftigen Stängel bezeichnet man die Pflanze dort als »Gesäßbacken der Häuptlingsfrau«! Ein Schmunzeln lässt sich da kaum verkneifen.

Beschreibung

Portulak ist eine einjährige, sich selbst aussäende Pflanze mit kleinen, stiellosen, gelben Blüten, die im Sommer mit der Sonne aufgehen und sich im Schatten schließen. Die dickfleischigen, löffelförmigen, mittelgrünen Blätter schmecken, wie ich finde, nach leicht gesalzener Zuckererbse.

Das Kraut mag einen vollsonnigen Standort und eher leichten Boden, der nicht im vorangegangenen Herbst gedüngt wurde. Es macht sich im Garten am besten, wenn es in dichten Reihen oder größeren Flecken wächst, also nicht als spärliche Einzelpflanzen. Sobald sich die Erde etwas aufgewärmt hat, lässt Portulak sich im Frühling leicht aus Samen ziehen. Zwar gedeiht er auch in Töpfen, aber bei weitem nicht so gut wie in der offenen Gartenerde.

Als Küchenpflanze

Schon seit mehr als 2000 Jahren wird Portulak aus kulinarischen wie aus medizinischen Gründen verwendet. Früher nutzte man ihn auch als Gegenmittel bei Wespenstichen und Schlangenbissen. Vor der Ära der Vitaminpillen schätzte man das Kraut vor allem wegen der hohen Konzentration an Zitronensäure und setzte es gegen Skorbut ein.

Ernte und Verwendung

Blätter

Die Blätter sind während der Vegetationszeit von Sommer bis Frühherbst frisch zu ernten. Immer die vorderen, nie die seitlichen Blätter abzupfen, um die Pflanze zu neuem Wuchs anzuregen. Da sich Portulak weder trocknen noch einfrieren lässt, kann man ihn nur durch Auspressen des Saftes oder Einlegen in Essig konservieren. Im Mittleren Osten ist Portulak ein wichtiger Bestandteil des libanesischen Brotsalats namens Fattoush.

Blüten

Die Blüten erscheinen von Sommer bis Frühherbst. Stängel und Blütenknospen sind eine hübsche und knackige Garnierung eines gemischten Salates.

Eigenschaften

Portulak ist allein schon deshalb wertvoll, weil er zu den wenigen Kräutern gehört, die Omega-3-Fettsäuren beinhalten. Außerdem sind in der Pflanze die Vitamine A, B und C sowie Mineralien wie Magnesium, Calcium und Kalium nachgewiesen. Weiterhin hilft Portulak bei Durchfall, er hat antibakterielle Wirkung und schließlich werden ihm aphrodisierende Eigenschaften nachgesagt.

Weitere Arten

Gold-Portulak

Diese Art blüht ebenfalls klein und gelb im Sommer und hat große, goldfarbene, runde, fleischige Blätter. Der Gold-Portulak eignet sich besser für die Topfkultur.

SALAT AUS FLAGEOLET-BOHNEN UND PORTULAK

Portulak bereichert diesen Salat mit einem markanten Bisserlebnis, denn er ergänzt die weichen Bohnen mit etwas Knackigem – eine vorzügliche Mischung.

Ergibt 4–6 Portionen
300 g Flageolet- oder Cannellini-Bohnen, getrocknet oder aus der Dose
1 Knoblauchzwiebel, horizontal halbiert
1 große Bio-Zitrone, halbiert
2 Lorbeerblätter
1 Bund Sellerieblätter (mit Stängeln)
2 Handvoll Portulakblätter
5 EL kalt gepresstes Olivenöl
1 EL Zitronensaft
3 Anchovis
2 Knoblauchzehen, fein gehackt
1 EL Grüne Minze (Taschkent oder Marokkanische), fein gehackt
1 EL Sellerieblätter, gehackt
1 EL glatte Petersilie, gehackt

Getrocknete Bohnen über Nacht in kaltem Wasser einweichen. Wenn Sie Bohnen aus der Dose verwenden, diese abtropfen lassen.

Bohnen zusammen mit der halbierten Knoblauchzwiebel, der Zitrone, den Lorbeer- sowie Sellerieblättern und -stängeln in einem großen Topf mit viel Wasser zum Kochen bringen. 30–45 Minuten gar köcheln, bis auch die Schalen der Bohnen weich sind. Nicht salzen, bevor sie gar sind, da sonst die Schale zäh bleibt. Sobald sie gar sind, eine Prise Salz einrühren (nicht bei Dosenbohnen!).

Die warmen Bohnen in eine Schüssel geben und Portulakblätter, Olivenöl, Zitronensaft, Anchovis, Knoblauch und gehackte Kräuter mit den Bohnen mischen. Bis zum Servieren 30–40 Minuten ruhen lassen, damit sich die Aromen entfalten können.

SPINATSALAT MIT PORTULAK

Dieses Rezept stammt aus Frankreich. Von einem Kahn aus entdeckte ich Massen von Portulak entlang des Canal du Midi. Meine Kinder und ich sammelten genug davon, um daraus unseren täglichen Mittagssalat zu machen. Dieses hier war unser Lieblingssalat, vor allem wegen der Mandeln darin.

Ergibt 3–4 Portionen
100 g Portulak
100 g junge Spinatblätter
100 g Fetakäse
1 EL Mandeln, geschält
3 EL kalt gepresstes Olivenöl
1 EL Weißwein- oder Kräuteressig
1 Knoblauchzehe, zerdrückt
Salz und frisch gemahlener schwarzer Pfeffer
1 Prise brauner Zucker

Spinat- und Portulakblätter waschen, trocknen und von den Stängeln zupfen. In einer Schüssel vermischen und den Fetakäse darüberbröseln.

Mandeln im Backofen grillen, hin und wieder wenden, bis sie goldfarben, aber nicht dunkelbraun geworden sind.

Öl, Essig, Knoblauch, Salz, schwarzen Pfeffer und Zucker in einem verschließbaren Glas schütteln, bis sich alles gut vermischt hat. Das Dressing über Spinat, Portulak und Käse gießen, umrühren, Mandeln darüberstreuen und servieren.

TOMATEN-BROT-SALAT MIT PORTULAK

Mit diesem herzhaft-rustikalen Salat lässt sich ausgezeichnet älteres Weißbrot verwerten. Mit dem Portulak kommen Biss und Frische in den Salat, was die Tomaten und das Brot gut ergänzt. Dazu schmeckt hervorragend ein kühles Glas Weißwein.

Ergibt 4 Portionen
1100 g Portulak (die dickfleischigen Blätter)
500 g reife Tomaten
Salz
1 große rote Zwiebel, in feine Ringe geschnitten
4 EL Rotweinessig
500 g leicht trockenes Weißbrot (2 Tage alt)
4 EL glatte Petersilie, gehackt
1 Handvoll gezupfte Salat- oder Basilikumblätter
8 EL kalt gepresstes Olivenöl

Portulak waschen und trocknen. Tomaten in kleine Stücke schneiden, mit Salz bestreuen und 10 Minuten in einem Sieb abtropfen lassen.

Zwiebelringe in eine kleine Schüssel mit kaltem Wasser, einem Spritzer Rotweinessig und etwas Salz geben.

Brot in Stücke brechen, in einer Schüssel gerade so mit Wasser bedecken und einweichen lassen. Nach 10 Minuten abtropfen lassen und mit den Händen das Wasser aus dem Brot drücken. (Wenn das Brot nicht gründlich ausgedrückt wurde, wird der Salat pampig.) Das Brot in eine große Schüssel bröckeln.

In einer anderen Schüssel Portulakblätter, Tomaten, abgetropfte Zwiebelringe, Petersilie und Salat- oder Basilikumblätter vermengen. Öl und verbliebenen Essig gut mischen und mit Salz abschmecken. Dressing unter den Salat mischen, dann zum Brot geben. Gut vermengen und servieren.

Überschüssiger Portulak

Eingelegter Portulak

Dies ist die einzige mir bekannte Möglichkeit, Portulak haltbar zu machen. Man findet eingelegten Portulak auf Märkten in Südfrankreich. Schmeckt exzellent zu kaltem Fleisch, Käse und auf Sandwiches.

1 kg Portulakblätter und -stängel
3 Knoblauchzehen, geschnitten
10 schwarze Pfefferkörner
1 l Apfelsessig

Portulak waschen, trocknen und in etwa 3 Zentimeter große Stücke schneiden. Diese Stücke bis kurz unter den Rand in sterilisierte Gläser (siehe Seite 12) füllen. Knoblauch und Pfefferkörner hinzufügen, alles vollständig mit Essig bedecken und verschließen. (Kunststoffdeckel oder mit Kunststoffring versehene Verschlüsse nehmen, denn Essig greift Metall an.)

Mindestens 2 Wochen bis zum Verzehr in den Kühlschrank oder in ein kühles Regal stellen. Bleibt 3 Monate haltbar.

RINGELBLUME

(auch bekannt als Garten-Ringelblume)
Calendula officinalis

Die Ringelblume gehört zu den Favoriten aller Köchinnen unserer Familie, die sich auf vier Generationen verteilen. Immer schon haben wir diese schön blühende Pflanze in unsere Rezepte integriert. In ganz Europa ist die Ringelblume sowohl als medizinisch nutzbares wie auch als Küchenkraut bekannt. Auf Vorträgen außerhalb Europas habe ich erlebt, dass die Zuhörer Ringelblume mit Tagetes verwechselten, deren 'African'- und 'French'-Hybriden insektentötende Eigenschaften besitzen. Da deren Blüten überaus bitter und in manchen Fällen sogar giftig sein können, muss man genau prüfen, ob es sich tatsächlich um Blätter der Ringelblumenblüte handelt und nicht um Tagetesblätter.

Beschreibung

Die Ringelblume ist eine hübsche einjährige Pflanze mit margeritenähnlichen Blüten. Sie können gelb oder orange, einfach oder gefüllt sein und blühen vom Frühsommer bis zum ersten Frost. Da sie auf Schwankungen von Temperatur und Luftfeuchtigkeit reagieren, sind sie an sonnigen Tagen geöffnet – wenn sie geschlossen sind, sollte man den Schirm nicht vergessen. Ein Abschneiden welker Blüten ermuntert die Pflanze zu neuen Blüten. Ringelblumen säen sich reichlich selbst aus, werden aber nie zur Plage, denn die jungen, hellgrünen Blätter sind roh, die älteren gekocht essbar.

Ringelblumen sind anspruchslos, nur sumpfigen Boden mögen sie nicht. Sie bevorzugen einen sonnigen Standort und gedeihen auch in Töpfen, für die man gut verrottete Komposterde verwenden sollte. Da die Aussaat fast immer gelingt, eignen sich Ringelblumen nicht zuletzt gut, um Kindern das Gärtnern zu vermitteln. Ab dem späten Frühling kann man sie in den vorbereiteten Boden oder in große Töpfe säen.

Als Küchenpflanze

Schon seit ewigen Zeiten wird die Ringelblume auch als Nahrung genutzt. Die ersten Aufzeichnungen hat man bei Indianern und in arabischen Ländern entdeckt, danach auch bei den Alten Ägyptern. Im antiken Griechenland garnierte man mit den goldenen Blütenblättern Gerichte. Im 16. Jahrhundert lagerten bei Lebensmittel- und Gewürzhändlern zahlreicher Länder, besonders in Holland, ganze Fässer voller getrockneter Ringelblumenblüten. Sie wurden für die Aromatisierung von Getränken, Suppen und Eintöpfen, zudem für das Färben von Butter und zur Medikamentenherstellung verkauft.

Ernte und Verwendung

Blätter

Die jungen Blätter kann man im Frühjahr in Salate schneiden, während man ausgewachsene wie Spinat kochen kann. Man sollte aber im Hinterkopf behalten, dass die etwas bitteren, behaarten Blätter nicht jedermanns Geschmack sind. Ich mag sie auch nicht besonders. Die Blütenblätter dagegen sind eine ganz andere Geschichte.

Blüten

Man kann sie von Frühsommer bis zum ersten Frost pflücken, wobei nur die äußeren Blütenblätter genießbar sind und die Blütenmitte bitter schmeckt. Ihr milder Geschmack passt gut zu Käsegerichten, Salaten und Omelettes. Man kann aus ihnen einen guten Tee zubereiten und, wie die Geschichte lehrt, Lebensmittel färben: Die Blütenblätter werden dazu sehr fein geschnitten oder in einem Mörser zu einer Paste zerdrückt, mit der man Reisgerichte, Butter und letztlich alle Gerichte färben kann, für die man sich eine goldgelbe Farbe wünscht.

Eigenschaften

Ringelblumenblüten sollen die Verdauung fördern und die Gallenproduktion anregen. Weiterhin sollen sie Husten stillen und die Vitamine A, B und C enthalten.

Weitere Arten

Ringelblume 'Fiesta Gitana'
Calendula officinalis 'Fiesta Gitana'
Diese Sorte bleibt niedrig und blüht halbgefüllt, wobei die Blütenfarbe in den Mischungen variiert. Die Blütenblätter eignen sich für das Färben von Reis oder Butter.

RINGELBLUMEN-FARFALLE

Dieses einfache Nudelgericht ist leicht zuzubereiten und sieht schon allein wegen der Ringelblumenblüten verlockend aus. Schmeckt vorzüglich mit Salaten und Käse.

Ergibt 2–3 Portionen
1 Prise Salz
185 g Farfalle (oder andere Nudeln Ihrer Wahl; flache Sorten eignen sich am besten)
1 EL Olivenöl
1 Knoblauchzehe, zerdrückt
2 EL gezupfte Blättchen der Ringelblumenblüte

Wasser in einem großen Topf zum Kochen bringen, etwas Salz und dann langsam die Farfalle einrühren. 10–12 Minuten kochen lassen, bis die Nudeln al dente sind. Gut abtropfen lassen.

Olivenöl in den Topf geben, sachte erhitzen, Knoblauch andünsten und die Nudeln darin wenden. Dann die Ringelblumenblättchen darüberstreuen, alles in eine Schüssel geben und warm oder kalt servieren.

RINGELBLUMEN-KUCHEN

Auf einem vergilbten Zettel im Notizbuch meiner Großmutter fand ich dieses alte, traditionell englische Rezept. Ich habe die Zutaten etwas der heutigen Zeit angepasst. Die Blütenblätter der Ringelblume geben dem Teig und der Füllung goldene Farbkleckse und machen diesen Kuchen einzigartig.

Ergibt 4 Portionen

Für den Teig
110 g Vollkornmehl
¼ TL Salz
25 g Butter, gekühlt, plus etwas zum Einfetten
25 g Schmalz, gekühlt
1 EL Blütenblätter der Ringelblume
1 EL kaltes Wasser

Für die Füllung
3 Eier
4 EL Blütenblätter der Ringelblume
3 gehäufte EL Hüttenkäse
1 EL Puderzucker
1 Messerspitze Salz
frisch geriebene Muskatnuss
Schale von 1 Bio-Zitrone, gerieben

Backofen auf 190 °C vorheizen. Mehl und Salz in eine Rührschüssel sieben. Butter und Schmalz mit einem Messer in kleine Stücke schneiden und mit den Händen mit dem Mehl vermengen. Dabei die Hände mit jeder Bewegung einige Zentimeter über die Schüssel heben, so dass das Fett etwas abkühlt, wenn es wieder in die Schüssel fällt. (So hat es mir meine Mutter gezeigt, weil sie meinte, ich hätte warme Hände, die jeden Teig zu schwer machen würden.)

Wenn das Mehl wie feine Brotkrümel aussieht, die Ringelblumenblättchen dazugeben, dann das Wasser langsam aufgießen und dabei mit der anderen Hand einarbeiten, bis man einen leichten, festen Teig bekommt.

Sachte kneten, dann in eine Schüssel geben und diese abgedeckt für 1 Stunde in den Kühlschrank stellen. Man kann den Teig auch direkt in Frischhaltefolie in den Kühlschrank legen. Das Kühlen vor dem Ausrollen verhindert das Schrumpfen des Teiges beim Backen.

Eine Springform von 18–20 Zentimetern Durchmesser einfetten, Teig etwa 5 Millimeter dick mit einem Nudelholz ausrollen und damit die Backform auskleiden. Den Boden mit einer Gabel einstechen, mit einem runden Stück Backpapier belegen und mit Backbohnen beschweren. 15 Minuten backen.

Form aus dem Ofen nehmen, Bohnen und Backpapier entfernen und weitere 10 Minuten backen, bis der Boden nicht mehr feucht ist.

Ofentemperatur auf 170 °C senken. Eier trennen und die Dotter mit den Blütenblättchen mischen. Hüttenkäse mit Zucker, Salz und Muskat mischen. Die Ei-Blüten-Mischung mit dem Zitronensaft und dem Hüttenkäse vermengen.

In einer anderen Schüssel die Eiweiße steif schlagen und unter die Käsemischung heben. Diese Masse in die Backform gießen und etwa 25 Minuten backen, bis sich die Füllung bei Berührung fest anfühlt. Nach dem völligen Abkühlen servieren.

RINGELBLUMEN-LORBEER-CREME

Diese Creme hatte meine Großmutter immer in Reserve und war einfach köstlich. Der Geschmack von Lorbeer, Muskat und Ringelblume, vor allem aber der visuelle Eindruck der Blütenblätter waren stets eine Freude.

Ergibt 4 Portionen
600 ml Vollmilch
1 Lorbeerblatt
4 Eier
50 g feiner Streuzucker
240 g Blütenblätter der Ringelblume, fein gehackt
Muskat

Backofen auf 140 °C vorheizen. In einem mittelgroßen Topf die Milch mit dem Lorbeerblatt erhitzen, aber nicht zum Kochen bringen.

Eier und Zucker in einer großen Schüssel schaumig schlagen. Das Lorbeerblatt aus der Milch entfernen, dann die heiße Milch sachte mit einem Schneebesen in die Eimasse rühren. In eine 7,5 Zentimeter tiefe feuerfeste Form gießen, die Ringelblumenblüten einrühren und etwas Muskat auf die Oberfläche reiben.

In eine Bratenform mit so viel kaltem Wasser stellen, dass das Wasser bis zur Hälfte der feuerfesten Form reicht. 1,5 Stunden backen, bis die Masse fest geworden ist.

RINGELBLUMEN-KEKSE

Diese Kekse schmecken nur für sich schon gut, aber vorzüglich auch mit Schlagsahne und frischen Renekloden – wenn man das Glück hat, schon welche im Sommer zu bekommen.

Ergibt etwa 12 Kekse
100 g Butter oder Margarine, plus etwas zum Einfetten
50 g feiner Streuzucker
175 g Mehl, gemischt mit
1 TL Backpulver, plus etwas zum Bestäuben
4 TL Blütenblätter der Ringelblume

Backofen auf 230 °C vorheizen. Einen Bogen Backpapier leicht mit etwas Butter einfetten.

Butter und Zucker vermischen, das Mehl dazugeben und kräftig verrühren, bis sich eine Kugel formen lässt. Aus der Schüssel nehmen und auf einer bestäubten Fläche kneten.

Den Teig ausrollen, mit den Ringelblumenblüten bestreuen und sachte mit einem Nudelholz in den Teig drücken. Mit einer Form runde Kekse ausstechen und auf das Backpapier legen. 10–12 Minuten backen, bis die Kekse goldfarben und fest sind. Herausnehmen und auf einem Rost abkühlen lassen.

Überschüssige Ringelblume

Ringelblumenbutter

Eine der wenigen Möglichkeiten, die Blüten dieser Blume für die Küche zu konservieren, ist das Einlegen in Öl oder das Einarbeiten in Butter. Letzteres finde ich für viele Backprodukte überaus brauchbar.

Ergibt 250 Gramm
8 EL Blütenblätter der Ringelblume
250 g Butter

Blütenblätter fein hacken, Butter in eine Schüssel geben, die gehackten Blätter dazugeben und gut vermischen. Die Schüssel abdecken und die Mischung einige Stunden bei Raumtemperatur ruhen lassen. Dann die Butter in ein fest verschließbares Gefäß geben und ein paar Tage in den Kühlschrank stellen, damit sich die Aromen entfalten. Im Kühlschrank lässt sich die Butter etwa 2 Wochen aufbewahren, eingefroren hält sie sich 3 Monate. Beim Einfrieren die Etikettierung nicht vergessen.

ROSMARIN

Rosmarinus officinalis

In keinem Kräutergarten sollte diese Pflanze fehlen. Sie zählt zu den vielseitigsten Kräutern für Küche, Haus und Arzneischrank. Rosmarin ist für mich ein Zeichen für Liebe, Freundschaft und Andenken. Meine beiden Kinder haben je einen großen Rosmarinstrauch mitgenommen, als sie zum Studieren auszogen, zum Kochen und als Teekraut. Vom Tee sagt man, dass er die Erinnerung auf Trab bringt, zudem ist er nachweislich ein wirksames Mittel gegen Kater.

Beschreibung

Rosmarin ist in weniger strengen Lagen winterhart und dort also ganzjährig verfügbar. Er trägt im Frühjahr und noch einmal im Spätsommer attraktive, blassblaue Blüten. Die nadelartigen Blätter sind höchst aromatisch.

Verlässlich lässt sich Rosmarin durch Stecklinge vermehren, die man im Sommer vom frischen Trieb nimmt. Er lässt sich auch aus Samen ziehen, aber diese Pflanzen überleben häufig ihren ersten Geburtstag nicht. Das Gehölz bevorzugt versickerungsfähigen Boden in voller Sonne, wobei ich mit viel Geduld festgestellt habe, dass es auch auf Lehmboden gedeiht, sofern der Standort sehr viel Sonne abbekommt. Alle Rosmarinsorten eignen sich auch für die Topfkultur. Dafür gute Komposterde verwenden.

Als Küchenpflanze

Rosmarin wird seit Jahrhunderten in der Küche, als Konservierungsmittel und in der Medizin genutzt. Eine Überlieferung aus dem Mittelalter mag ich besonders: Damals wurde er bei größeren Banketten als essbare Tischdekoration verwendet. Größere Zweige wurden in Eiweiß getaucht, für besonderen Glanz mit Baumharz besprenkelt und dann, in Brot oder Schmalz gesteckt, auf dem Tisch platziert.

Ernte und Verwendung

Blätter

Rosmarin ist schon deshalb ein besonderes Küchenkraut, weil man es während des ganzen Jahres nutzen kann. Der Geschmack ist vielseitig einsetzbar und passt zu geröstetem Gemüse ebenso gut wie in Suppen, zu Fleisch, Fisch, Eierspeisen und vielen Brotsorten.

Blüten

Die Blüten kann man von Frühling bis Spätsommer pflücken. Sie schmecken süßlich und typisch nach Rosmarin und eignen sich als Garnierung für Salate oder gekochtes Gemüse.

Eigenschaften

Mit Rosmarin lassen sich Magenschmerzen und Blähungen lindern. Gekocht regt er den Appetit an und fördert die Verdauung, zudem wirken die Blätter antibakteriell.

Alle Pflanzen der Gattung *Rosmarinus* mit dem Artnamen *officinalis* sind essbar. Ihr Aroma kann vom gewohnten bis zu dem von Eukalyptus oder Kiefer reichen. Von den zahlreichen erhältlichen Rosmarinsorten habe ich in der folgenden Liste nur meine Favoriten für die Küche aufgenommen.

Weitere Arten

Weißer Rosmarin

Rosmarinus officinalis var. *albiflorus*
Dies ist eine winterharte Art, die sich in meinem Lehmboden besonders gut macht und ein volles Aroma entwickelt.

Rosmarin `Green Ginger´

Rosmarinus officinalis 'Green Ginger'
Die Sorte sieht gut aus, ihre Blätter schmecken neben Rosmarin auch etwas nach Ingwer, was gut zu Fleisch und Gemüse passt.

Rosmarin `Tuscan Blue´

Rosmarinus officinalis 'Tuscan Blue'
Diese Sorte wächst straff aufrecht, so dass man die Zweige auch gut als Grillspieße verwenden kann.

Rosmarin `Prostratus´

Rosmarinus officinalis 'Prostratus'
Mit seinem hängenden Wuchs eignet sich dieser Rosmarin besonders für Mauern oder Gefäßränder, über die er herabhängen kann.

MEDITERRANE TOMATENSUPPE MIT ROSMARIN

Meine Mutter war eine große Suppenköchin und dieses Rezept stammt von ihr. Sie fügte Tomatengerichten stets eine Messerspitze Zucker bei, auch Salaten und Dressings, denn sie war überzeugt davon, dass erst Zucker das Aroma der Tomaten zur Entfaltung bringt. Das trifft insbesondere für Tomaten zu, die aus dem Supermarkt stammen und nicht aus eigener Anzucht.

Was diese Suppe von einer Allerweltsspeise zu etwas wirklich Besonderem macht, ist der Rosmarin. Er rundet das Tomatenaroma wunderbar ab. Mit frischem, krustigem Weißbrot servieren.

Ergibt 4 Portionen

600 ml Gemüse- oder Hühnerfond
50 g Butter
1 EL Olivenöl
1 große Zwiebel, in feine Ringe geschnitten
1 große rote Paprika, ohne Samen, in feine Stifte geschnitten
1 Knoblauchzehe, fein gehackt
675 g Tomaten, gehäutet und gehackt
2 Rosmarinzweige, je 3 cm lang
Salz und frisch gemahlener schwarzer Pfeffer
1 Messerspitze brauner Zucker
1 EL Orangensaft

Fond in einem Topf sachte auf mittlerer Stufe erhitzen. In einem anderen großen Topf die Butter mit dem Olivenöl zerlassen, Zwiebeln und Paprika darin anschwitzen, bis sie weich sind. Knoblauch einrühren und 1 Minute dünsten. Die gehackten Tomaten dazugeben, ein paar Minuten umrühren, den Fond angießen und die Rosmarinzweige hineinlegen. Etwa 20 Minuten köcheln lassen, mit Salz und schwarzem Pfeffer abschmecken und, wie meine Mutter es immer getan hat, eine Prise braunen Zucker einrühren.

Rosmarinzweige entfernen – es macht nichts, wenn einige Blätter abgefallen sind. Mit einem Pürierstab oder in einer Küchenmaschine die Suppe kurz pürieren. Perfektionisten können sie danach in eine große Schüssel sieben und erhalten so eine perfekt geschmeidige Suppe.

Zurück in den Topf gießen, Orangensaft einrühren und erneut abschmecken. Suppe wieder langsam erhitzen, aber nicht mehr zum Kochen bringen, dann servieren.

WINTERGEMÜSE MIT ROSMARIN

Diese gesunde Wintermahlzeit macht satt und wärmt das Herz. Dabei durchzieht der Rosmarin das Gemüse und füllt die Küche mit appetitanregenden Düften. Mit Ofenkartoffeln servieren.

Ergibt 6–8 Portionen

225 g getrocknete Kidneybohnen oder 1 400-g-Dose, abgetropft
2 EL Oliven- oder Sonnenblumenöl
1 große Zwiebel, fein gehackt
2 kleine Rüben, in Scheiben geschnitten
2–3 Pastinaken (je nach Größe), in Scheiben geschnitten
2–3 Möhren (je nach Größe), in Scheiben geschnitten
110 g braune Champignons, halbiert
1 EL Vollkornmehl
425 ml heißer Gemüsefond
400 g italienische Dosentomaten
2 EL Petersilie, grob gehackt
2 EL Sellerieblätter, grob gehackt
1 EL Rosmarinblätter, vom Zweig abgezupft und fein gehackt
Salz und frisch gemahlener schwarzer Pfeffer

Die getrockneten Kidneybohnen in eine große Schüssel geben und mit kochendem Wasser übergießen. Die Bohnen sollen etwa 3 Zentimeter mit Wasser überdeckt sein. 1 Stunde einweichen lassen, dann in einem Sieb gründlich unter kaltem Wasser abspülen und in einen großen Topf geben. Erneut 3 Zentimeter tief in Wasser einlegen, 1 Esslöffel Öl dazugeben, damit das Wasser nicht überkocht. Zum Kochen bringen und 10 Minuten kochen lassen, dann 45–60 Minuten zugedeckt köcheln lassen, bis die Bohnen gar sind. Man kann die Bohnen auch in einem Dampfdrucktopf mit genügend Wasser (3 Zentimeter über den Bohnen) etwa 8–10 Minuten kochen – so mache ich es immer. Befolgen Sie dabei die Hinweise zum Dampfdrucktopf, die von Modell zu Modell variieren können. Selbstverständlich entfällt dieser Schritt komplett, wenn Sie Dosenbohnen verwenden.

Backofen auf 170 °C vorheizen. Öl in einer Kasserolle erhitzen, Zwiebeln darin 5 Minuten dünsten und das geschnittene Gemüse dazugeben. Gründlich im Öl wenden, damit es von allen Seiten mit Öl bedeckt ist. Dann die Pilze unterrühren, Hitze reduzieren, Mehl einrühren und unter ständigem Rühren nach und nach den Fond angießen. Danach Hitze erhöhen und das Gemüse 2–3 Minuten sachte köcheln lassen.

Tomaten und die gekochten (oder abgetropften) Bohnen in den Topf geben, Petersilie, Sellerieblätter und Rosmarin dazugeben und zugedeckt 1,5 Stunden im Backofen garen.

LAMMEINTOPF MIT ROSMARIN

Rosmarin ist besonders schmackhaft in Kombination mit Lamm. Zum einen ergänzen sich die Aromen perfekt, zum anderen hilft der Rosmarin bei der Verdauung des fetten Fleisches. Man kann dieses Gericht warm, aber auch kalt essen, falls etwas davon übrig bleiben sollte. Schmeckt köstlich mit Kartoffelpüree.

Ergibt 4 Portionen
6 EL Olivenöl
1 große Zwiebel, geschnitten
2 Knoblauchzehen, fein gehackt
8 Lammkoteletts
2 Möhren, gewürfelt
4 kleine Rüben, gewürfelt
2 Lorbeerblätter
3 Zweige Rosmarin, je 10 cm lang
900 ml warmer Gemüsefond
Salz und frisch gemahlener schwarzer Pfeffer
500 g Spinat, gründlich gewaschen und in größere Stücke gezupft

Backofen auf 170 °C vorheizen. Öl in einer Bratpfanne erhitzen und die Zwiebeln glasig anschwitzen. Knoblauch dazugeben und ein paar Minuten dünsten. Zwiebeln und Knoblauch aus der Pfanne nehmen, Koteletts darin kurz und sachte von beiden Seiten anbraten, um die Poren zu schließen.

Zwiebeln, Knoblauch und Fleisch in eine große Kasserolle geben, vorbereitetes Gemüse, Lorbeerblätter, Rosmarinzweige und warmen Gemüsefond dazugeben und würzen. Auf dem Herd langsam zum Kochen bringen.

Abdecken und 2 Stunden im Backofen garen. Von Zeit zu Zeit die Flüssigkeit überprüfen und gegebenenfalls etwas Wasser nachgießen. 20 Minuten vor Ende der Backzeit die Lorbeerblätter und Rosmarinzweige aus der Kasserolle nehmen und den Spinat hineingeben. Gründlich umrühren und dabei darauf achten, dass der Spinat gut mit Flüssigkeit bedeckt ist. Den Eintopf weitere 20 Minuten im Backofen garen.

GERÖSTETE ROSMARIN-KARTOFFELN

Diese raffinierten Röstkartoffeln kommen in meiner Familie und bei meinen Gästen immer bestens an und ich kann nie zu viel davon machen.

Ergibt 4–6 Portionen
1 kg Kartoffeln, gewaschen und ungeschält
2 TL Meersalz
1 EL Rosmarinblätter, fein gehackt
Olivenöl

Backofen auf 200 °C vorheizen. Kartoffeln in einem großen Topf mit Salzwasser etwa 12 Minuten kochen, bis sie sich mit einem Messer leicht halbieren lassen. Wasser abgießen und die Kartoffeln 5 Minuten abkühlen lassen. Sobald man sie anfassen kann, in Scheiben schneiden.

Rosmarin mit 1 Teelöffel grobem Meersalz im Mörser zerstoßen. (Dabei wird das Salz mit den Rosmarinölen durchzogen.) 1 weiteren Teelöffel Salz dazugeben und gut vermischen, das Salz aber nicht zu fein zerstoßen.

Ein Backblech mit etwas Öl einfetten, die Kartoffelscheiben darauflegen und im Öl wenden, Rosmarinsalz darüberstreuen, erneut wenden, mit 2 Esslöffeln Öl besprenkeln und in den Backofen schieben. 40–50 Minuten rösten, bis die Kartoffeln knusprig und goldgelb sind.

ROSMARINBROT

Bis vor kurzem war ich auf Brotbackmaschinen nicht gut zu sprechen. Doch nun habe ich eine ausprobiert und bin begeistert. Dieses Brot kann von Hand, aber eben auch in der Maschine zubereitet werden und schmeckt wunderbar zu Suppen und Salaten. Beim Rosmarin sollte man die angegebene Menge auf keinen Fall überschreiten, denn so durchzieht das intensive Aroma angenehm das Brot, ohne dominant zu werden. Beim Backen mit einer Maschine bitte die Herstellerangaben befolgen. Dieses Rezept ist für Handarbeit konzipiert, aber ich kann versichern, dass man die Zutaten auch für die Herstellung in einer Backmaschine übernehmen kann.

Ergibt 1 großen oder 2 kleine Brotlaibe oder 6 Brötchen

25 g frische Hefe
1 Messerspitze Zucker
310 ml warmes Wasser
500 g Mehl, plus etwas zum Bestäuben
1 TL Rosmarinblätter, von den Zweigen gezupft
2 TL Salz
60 ml Olivenöl

Backofen auf 200 °C vorheizen. Hefe mit Zucker in eine Schüssel geben, warmes Wasser einrühren und stehen lassen.

Mehl in eine große Schüssel oder auf eine große Arbeitsfläche geben und in der Mitte eine Mulde formen. Dort hinein kommen die Hefe, die meisten Rosmarinblätter, das Salz sowie ein Großteil des Olivenöls. Alles gut vermischen und den Teig etwa 10 Minuten kneten, bis er geschmeidig und elastisch ist und sich daraus eine feste Kugel formen lässt.

Teig in eine Schüssel legen, mit einem feuchten Tuch abdecken und etwa 1,5 Stunden an einem warmen Ort gehen lassen, bis er die doppelte Größe erreicht hat.

Arbeitsfläche mit etwas Mehl bestäuben. Teig je nach gewünschter Brotgröße zu einem oder zwei ovalen oder runden Laiben formen, oder aber sechs kleine Kugeln daraus formen. Reste von Rosmarin und Öl über die Oberfläche sprenkeln. Backpapier leicht mit Mehl bestäuben und die Laibe mit etwas Abstand daraufsetzen. Erneut mit einem Tuch abdecken und an einem warmen Ort weitere 30 bis 60 Minuten gehen lassen.

Dann etwa 35 Minuten backen, bis die Oberfläche goldfarben ist. Nach dem Backen auf einem Rost abkühlen lassen, erst dann servieren. Nach dem vollständigen Abkühlen kann das Brot auch eingefroren werden.

MARINADE MIT ROSMARIN, KNOBLAUCH UND ZITRONE

Für mich ist dies die Essenz des Mediterranen. Wenn man den Duft des Essens aufschnappt, das in dieser Marinade eingelegt wurde, spürt man geradezu die Wärme der Sonne, hört die Zikaden und riecht die Pinien.

Ausreichend für 1 Stück Fleisch, 1 größeren Fisch oder 1 ganzes Hähnchen
2 EL Rosmarinblätter, in einem Mörser zerrieben
6 Knoblauchzehen, geschält und zerstoßen
10 EL Olivenöl
Schale und Saft von 3 Bio-Zitronen
Salz und frisch gemahlener schwarzer Pfeffer

Sämtliche Zutaten in einer großen Schüssel mischen, abdecken und zur Entwicklung der Aromen etwa 1 Stunde ruhen lassen. Währenddessen Fleisch oder Fisch vorbereiten.

Fleisch oder Fisch einritzen, dann die Marinade in das Fleisch reiben beziehungsweise über den Fisch gießen. Abdecken und 1 bis 3 Stunden beiseitestellen. Je länger die Ruhezeit, desto zarter wird das Marinierte durch die Wirkung der Zitrone. Fleisch oder Fisch nach entsprechendem Rezept dünsten, braten oder backen.

Überschüssiger Rosmarin

Rosmarinöl

Ich weiß, dass Rosmarin als immergrüne Pflanze ganzjährig verfügbar ist und man kaum Überschüsse hat. Dessen ungeachtet schadet es nicht, ein mit Rosmarin aromatisiertes Öl zu haben, besonders für selbst gebackenes Brot oder für Gebratenes.

Mehr Informationen über das Konservieren von Kräutern in Öl und dessen Risiken finden Sie auf Seite 40.

Ergibt 250 Milliliter
3 große Handvoll Rosmarinblätter
250 ml Oliven- oder Sonnenblumenöl
2 TL Zitronensaft

Rosmarinblätter waschen und auf Küchenpapier trocknen. Fein hacken (geht auch maschinell), Öl sowie Zitronensaft dazugeben und gründlich vermischen. In ein Glas mit Schraubverschluss füllen und in den Kühlschrank stellen. Innerhalb von 5 Tagen verbrauchen und vor Gebrauch kräftig schütteln, damit sich Öl und Zitronensaft wieder vermischen.

Man kann alternativ das Öl auch nach 2 Tagen durch einen ungebleichten Filter in ein verschließbares Glas gießen. Dies lässt sich dann 3 Tage im Kühlschrank aufbewahren und muss vor Gebrauch ebenfalls kräftig geschüttelt werden.

RUCOLA

(auch bekannt als Acker-Doppelrauke, Rauke, Mauersenf, Mauer-Doppelsame)
Diplotaxis muralis

Ich liebe Rucola. Er ist überaus vielseitig, passt zu Fleisch, Fisch und Gemüse, und deshalb muss ich ihn in meinem Garten haben. Vor etwa zehn Jahren hatte ich in meiner Kräutergärtnerei eine große Rucolabestellung von einem Gartencenter. Aber die Pflanzen begannen zu blühen und ich konnte sie nicht mehr verkaufen. Als ich vor den Pflanzen stand und überlegte, was zu tun sei, begann ich, die Blüten zu essen. Sie schmeckten wunderbar und inspirierten mich dazu, ein Buch über essbare Blüten zu schreiben.

Beschreibung

Wilder Rucola ist eine ausdauernde Staude, wird aber in kühl-feuchten Klimazonen oft als Einjährige gezogen, da er dort den Winter nicht gut verträgt. Seine gelben Blüten haben vier Blütenblätter, das grüne, aromatische Laub ist tief eingeschnitten und bildet mit dem Wachsen der Pflanze eine Rosette. Er kann gut aus Samen gezogen werden. Sobald die Nachttemperaturen im ausgehenden Frühling nicht mehr unter 7 °C fallen, sät man direkt in die vorbereitete Gartenerde aus. Man kann auch tiefe Töpfe mit guter Komposterde nehmen, in der die Pfahlwurzeln den nötigen Platz finden. Im Garten bevorzugt wilder Rucola lichten Schatten und einen nahrhaften Boden, der im Sommer nicht austrocknet.

Als Küchenpflanze

Jahrhundertelang sammelte man wild wachsenden Rucola in Südfrankreich, Italien und Ägypten und verkaufte ihn auf Märkten. Sowohl Blätter als auch Samen verwendeten die Alten Römer in ihren Speisen. Im elisabethanischen England hatte man eine große Vorliebe für Rucola im Salat.

Ernte und Verwendung

Blätter

Die Blätter pflückt man vom zeitigen Frühjahr bis zum frühen Winter. Am besten schmecken sie, wenn sie voll ausgewachsen, aber noch nicht dunkelgrün sind – von Frühling bis Frühsommer und dann wieder im Herbst. Besonders bei Sommerhitze werden die Blätter derb und bitter. Die pfeffrig schmeckenden Blätter lassen sich gut Salaten beimischen, und auf italienischen Märkten gehört Rucola zu den dort angebotenen Blattsalatmischungen. Mit Salz, Essig und Öl oder auch nur mit etwas frischem Parmesan servieren.

Blüten

Man pflückt sie im Sommer gleich mit dem Öffnen. Die ganze Blüte ist essbar, wobei man allzu viel Grünes entfernen sollte. Biss verleiht der Fruchtknoten hinter den Blütenblättern, so dass man je nach Geschmack oder Rezept nur die Blütenblätter oder die ganze Blüte verwenden kann.

Eigenschaften

Wilder und Kultur-Rucola regen den Appetit an und fördern die Verdauung. Die Blätter enthalten viel Schwefel, der gut ist für gesunde Haut, Haare und Nägel. Weiterhin sind sie reich an Vitamin A, B, C und E.

Weitere Arten

Senfrauke

Eruca vesicaria
Die einjährige Pflanze blüht zunächst cremefarben und wird dann blasser mit purpurfarbenen Adern. Ihre ovalen bis lanzettlichen Blätter schmecken pfeffrig-nussig.

Gemeine Nachtviole

Hesperis matronalis
Diese recht kurzlebige Staude blüht im Sommer purpur- oder malvenfarben und duftet angenehm süß. Ihre lanzettlichen, grünen und leicht behaarten Blätter sind zwar essbar, aber es muss schon ein plötzlicher Mangel an Salat herrschen, bevor man dazu greift. Vielleicht sollte man dann eher den Speiseplan ändern. Die Blüten dagegen sind ein Gewinn für viele Salate.

RUCOLA-OMELETTE ARNOLD BENNETT

Meine Großmutter widmete in ihrem Kochbuch *Lovely Food* dieses Rezept dem Londoner Savoy Grill, wo dieses Omelette angeblich für den englischen Schriftsteller Arnold Bennett erfunden wurde. Ich dagegen widme es dem Sloane Club, dem meiner Ansicht nach wundervollsten urenglischen Gästehaus, in dem Mac und ich während der RHS Chelsea Flower Show stets übernachten. Es liegt recht nahe zum Schaugelände, und wenn wir abends erschöpft und verdreckt vom Aufbauen zum Sloane Club heimkehren und mit dreckigen Arbeitsschuhen und Leuchtwesten durch die Lobby kommen, verdreht niemand die Augen. Die wie das Wohnzimmer eines Landsitzes gestaltete Bar, an der man einen Longdrink bestellen kann und dazu ein Rucola-Omelette Arnold Bennett mit Pommes frites, ist der Himmel auf Erden.

Der strenge, pfeffrige Rucolageschmack ergänzt den des Omelettes und des geräucherten Schellfisches vorzüglich.

Ergibt 2 Portionen

Rucolablätter, zum Servieren
2 gehäufte EL Crème fraîche
225 g geräucherter Schellfisch, ohne Haut und Gräten, in 1 cm große Stücke geschnitten
5 große Eier
½ TL Speisestärke
Salz und frisch gemahlener schwarzer Pfeffer
10 g Butter
1 TL Olivenöl
50 g Gruyère, gerieben

Crème fraîche in einem mittelgroßen Topf erhitzen und den geräucherten Schellfisch darin etwa 5 Minuten sachte pochieren.

Als nächstes kommt die Sauce: Sie macht dieses Essen aus, insofern ist hier volle Aufmerksamkeit gefragt. Zunächst eines der Eier trennen und Eigelb sowie Eiweiß jeweils in eine kleine Schale geben. Eigelb mit der Speisestärke verrühren.

Den Fisch nach dem Pochieren mit einem Schaumlöffel aus dem Topf heben und in ein Sieb über dem Topf legen. Mit einem Holzlöffel sachte die Säfte aus dem Fisch zurück in den Topf pressen. Den Fisch auf einen Teller legen, die Flüssigkeit im Topf wieder zum Köcheln, aber nicht zum Kochen bringen, dann unter ständigem Rühren über Eigelb und Speisestärke gießen. Diese Sauce im Topf wenige Minuten köchelnd andicken.

Sauce vom Herd nehmen und den Schellfisch hineinlegen. Die Würze prüfen, schwarzen Pfeffer dazugeben und gegebenenfalls noch Salz, je nach dem Salzgehalt des Fisches.

Nun das Eiweiß steif schlagen und unter die Fischmasse geben, dann beiseitestellen.

Um nun das Omelette zuzubereiten, benötigen Sie eine große, backofentaugliche Bratpfanne von 20 Zentimetern Durchmesser. Bevor Sie mit dem Omelette beginnen, den Backofengrill auf höchster Stufe einschalten.

In einer Schüssel die restlichen Eier schlagen und mit Salz und Pfeffer würzen. Butter und Öl in der Bratpfanne zerlassen und heiß werden lassen, dann die Eier hineingeben und vom Rand her immer wieder sachte Richtung Pfannenmitte schieben. Pfanne leicht in alle Richtungen kippen, so dass sich die Eimasse gut verteilt und gar wird, wobei die Oberseite weich bleibt. Fischmischung auf dem Omelette verteilen, mit Gruyère bestreuen und das Omelette in der Pfanne unter den Grill stellen. Nach 2–3 Minuten wird sich das Omelette etwas aufgebläht haben und goldbraun sein.

Aus dem Backofen nehmen und kurz stehen lassen. Dann halbieren und die Hälften vorsichtig auf 2 Teller legen. Mit den Rucolablättern bestreut servieren.

RINDERFILET MIT RUCOLA FLORENTINER ART

Meine Tochter Hannah und ich verbrachten einen Urlaub in Florenz, wo wir einige vorzügliche Gerichte kennenlernten – dies ist eins davon. Es ist so einfach und nahrhaft, so aromatisch und verlockend. Und wieder einmal ist der pfeffrige Geschmack des Rucola essentiell.

Ergibt 4 Portionen
400 g Rinderfilet, am Stück
½ EL Olivenöl
Meersalz und frisch gemahlener schwarzer Pfeffer
1 EL Balsamico-Essig
4 EL Olivenöl
60 g Parmesan
100 g Rucola, gewaschen und grob gehackt

Eine Grillpfanne, einen Backofengrill oder einen Holzkohlengrill erhitzen.

Rindfleisch mit Olivenöl einreiben, würzen und in der Pfanne, unter dem Backofen- oder auf dem Holzkohlengrill 5 Minuten braten und dabei mehrmals wenden, damit es gleichmäßig gart. Wenn Sie das Fleisch medium oder ganz durchgebraten haben möchten, verlängern Sie die Bratzeit um weitere 3–5 Minuten, je nach Geschmack und Dicke des Filets. Danach auf einem Teller abkühlen lassen. Eventuell vorhandenen Bratensaft für später aufbewahren.

Für das Dressing Balsamico-Essig mit Olivenöl und Bratensaft vermischen, mit Salz und Pfeffer würzen. Mit einem Kartoffelschäler möglichst dünne Scheiben Parmesan schneiden. Das Fleisch in 0,5 bis 1 Zentimeter dicke Scheiben schneiden. Rucolablätter mit dem Dressing begießen und auf einer großen Platte oder gleich auf einzelnen Tellern anrichten. Die Filetscheiben darauf platzieren, mit den Parmesanscheiben garnieren und gleich servieren.

NUDELSALAT MIT RUCOLA

Dieser einfache Salat erweist sich als besonders nützlich, wenn man unvermittelt hungrigen Besuch bekommt. Hierfür nehme ich die Senfrauke, die etwas milder als der wilde Rucola schmeckt, eher nussig als pfeffrig, aber das ist Geschmackssache. Jedenfalls steht fest, dass der Salat vor allem wegen der Rauke gut ankommt.

Ergibt 4 Portionen
320 g Nudeln (Fiorelli, Cocciolette, Farfalle oder Francesine)
3 Knoblauchzehen, ganz und geschält
500 g rote Kirschtomaten
½ Salatgurke
1 EL schwarze Oliven ohne Kern
8 Stängel frischer Schnittlauch
4 EL Rucolablätter, grob gehackt
Meersalz und frisch gemahlener schwarzer Pfeffer
3 EL kalt gepresstes Olivenöl
1 EL Balsamico-Essig

Einen großen Topf mit Wasser zum Kochen bringen, Nudeln und Knoblauch hineingeben und darin köcheln, bis die Nudeln al dente sind. (Das dauert bei getrockneten Nudeln 7–10 Minuten, bei frischen etwa die Hälfte der Zeit.) Durch ein Sieb abgießen, den Knoblauch herausnehmen und für das Dressing beiseitestellen. Die Nudeln unter kaltem Wasser abspülen, damit sie abkühlen und nicht kleben. Erst nach gründlichem Abtropfen in eine große Schüssel geben.

Tomaten, Gurke und Oliven in Stücke schneiden. Mit einer Schere den Schnittlauch über die Nudeln schneiden, dann den gehackten Rucola unter die Nudeln heben.

Die Knoblauchzehen und etwas Salz mit einer Gabel zu einer Paste zerdrücken. Essig und Öl vermischen, Knoblauchpaste hinzufügen und erneut mischen, mit Salz und Pfeffer abschmecken und dann über den Salat gießen. Gut vermengen und servieren.

Überschüssiger Rucola

Es passiert schnell, dass man einen enormen Überschuss an Rucola hat, den man verbrauchen möchte. In der Tat sollte man die Blätter pflücken, um die Pflanze produktiv zu halten – aber irgendwann kann man Rucolasalat nicht mehr sehen. Hier gebe ich Ihnen eine einfache und delikate Lösung.

Rucolapesto

Kann unter Nudeln gerührt, als Dip oder in Kartoffelsalat verwendet werden.

Ergibt 1 kleines Glas
250 g Rucola- oder Senfraukenblätter, gewaschen, getrocknet und grob gehackt
275 ml kalt gepresstes Olivenöl
1 EL Zitronensaft
1 TL Zitronenschale
30 g Pinienkerne
2 Knoblauchzehen
Salz
60 g Parmesan, gerieben

Rucolablätter mit Olivenöl, Zitronensaft, Zitronenschale, Pinienkernen, Knoblauch und Salz in einer Küchenmaschine oder mit einem Pürierstab zu einer Paste zerkleinern. Währenddessen immer wieder die am Gefäßrand klebenden Kräuter in die Masse streichen. Man kann die Zutaten natürlich auch in einem großen Mörser zerstoßen.

Die geschmeidige Paste in eine Schale geben und den geriebenen Parmesan unterrühren. Gegebenenfalls nachwürzen. Schale abdecken und in den Kühlschrank stellen.

Wenn man das Pesto länger aufbewahren möchte, füllt man es in ein Glas mit Schraubverschluss und bedeckt die Paste vor dem Verschließen mit einem Schuss Olivenöl. Dieses Pesto hält dann 4–6 Wochen im Kühlschrank. Wenn man nicht alles auf einmal verbraucht, muss man unter Umständen etwas Öl nachgießen, um die Paste immer bedeckt zu halten.

SALBEI

(auch bekannt als Heilsalbei, Gartensalbei)
Salvia officinalis

Salbei gehört zu den Kräutern, dessen Geschmack einem wohlbekannt ist. Aber solange man noch keine Nudeln mit Salbeibutter probiert hat, kennt man die Bandbreite dieser Pflanze nicht ganz.

Zweifellos ist Salbei eine typische Pflanze im Landhausgarten, die während der Blüte ein Magnet für Bienen und Schmetterlinge ist.

Beschreibung

Salbei ist eine winterharte Staude mit schönen blaulila Blüten im Sommer. Seine länglichen, graugrünen, derben Blätter verströmen beim Zerreiben ein intensives Aroma. Auch wenn seine Heimat im Mittelmeergebiet liegt, übersteht er auch in unseren Breiten den Winter, sofern der Boden versickerungsfähig, nicht zu sauer und der Winter nicht zu nass ist. Die Blätter sind besonders aromatisch, wenn die Pflanze in voller Sonne auf gut durchlässigem, nährstoffarmem Boden wächst.

Salbei kann durch Samen und durch Stecklinge von nicht blühenden Trieben vermehrt werden. Man kann ihn auch in Töpfen ziehen, wobei man kein Substrat auf Torfbasis verwenden sollte. Darin wächst er in den ersten Monaten überhaupt nicht weiter.

Als Küchenpflanze

Der Gattungsname *Salvia* leitet sich aus dem lateinischen *salvere* ab, das »heilen« oder »sich bei guter Gesundheit befinden« heißt. Dies deutet auf seine historische Bedeutung hin. Vor der Erfindung des Kühlschranks konservierte man mit Salbei und Salz Fleisch, und im Mittelalter, bevor er als kulinarische Köstlichkeit bekannt wurde, trocknete man ihn und streute ihn zerbröselt über das Essen wie heute Pfeffer.

Ernte und Verwendung

Blätter

In milderen Klimazonen kann man die Blätter während des ganzen Jahres pflücken. Im Frühling vor der Blüte schmecken sie milder als danach.

Blüten

Die Blüten sollte man gleich ernten, wenn sie im Sommer erscheinen. Ihr Geschmack ist dem der Blätter sehr ähnlich – sie haben etwas mehr Süße, was sie zur idealen Beigabe zu Reis, Rindfleisch, Ente und Gebratenem macht, zu dem man gerne etwas mehr Pfiff möchte.

Eigenschaften

Salbei fördert die Verdauung, wirkt Blähungen entgegen und lindert Husten. Seine antibakterielle Wirkung ist bekannt. Ein Tee aus 3–4 Blättern hilft bei Magenschmerzen und Durchfall.

Weitere Arten

Es gibt unzählige verschiedene Salbeiarten, so dass ich hier nur meine Favoriten aufgelistet habe. Die einfachste Methode, auf die Genießbarkeit einer Salbeiart einen Hinweis zu bekommen, ist ein Blick auf den Namen. Wenn hinter dem Gattungsnamen *Salvia* die Art mit *officinalis* angegeben ist, ist er essbar. Aber auch von den Arten, die nicht *officinalis* heißen, sind einige genießbar. Eine davon ist hier beschrieben.

Lavendelblättriger Salbei

Salvia lavandulifolia
Diese weitgehend winterharte Art hat im Sommer attraktive Blüten. Ihre kleinen, schmalen, derben und höchst aromatischen Blätter schmecken sehr intensiv. Meines Erachtens der beste Salbei für die Küche.

Roter Gartensalbei

Salvia officinalis 'Purpurascens'
Die immergrüne Art blüht im Sommer malvenfarben-blau. Ihre aromatischen, purpur-rot-graugrün gezeichneten Blätter schmecken milder als die des Lavendelblättrigen Salbeis und passen gut zu Gemüsegerichten wie gefüllte Paprikaschoten und Zucchini.

Griechischer Salbei

Salvia officinalis 'Greek'
Der Griechische Salbei ist weitgehend frosthart und hat besonders attraktive blassblaue Blüten. Die aromatischen, länglich-ovalen Blätter haben am Stängelansatz ein weiteres Läppchen. In voller Sonne bekommt dieser Salbei ein intensives Aroma, das gut zu Fleisch und Tomatengerichten passt.

KNACKIGER APFEL-WALNUSS-SALAT MIT SALBEI

Dies ist ein altes Familienrezept, dessen Herkunft ich nicht genau kenne. Fest steht aber, dass die Kombination von Salbei, Apfel, Walnuss und Blattsalat alles hat, was ein guter Salat braucht.

Ergibt 2 Portionen
100 g Walnüsse, grob gehackt
5 Salbeiblätter, klein gezupft
1 Cox-Apfel, entkernt, in dünne Scheiben geschnitten
3 EL Walnuss- oder Olivenöl
1 ½ TL Weißweinessig
1 Salbeiblatt, fein gehackt
Salz und frisch gemahlener schwarzer Pfeffer
1 Schalotte, fein gehackt
eine gute Mischung aus Salatblättern

Eine beschichtete Bratpfanne auf niedriger Stufe erhitzen und die Walnüsse darin rösten, dabei die Pfanne öfters leicht rütteln. Nach 5 Minuten die gezupften Salbeiblätter und die Apfelscheiben in die Pfanne geben und dabei die Pfanne weiter sachte rütteln, so dass nichts ansetzt, bis Walnüsse und Apfelstückchen weich geröstet sind. In eine Schale geben und beiseitestellen.

In einer großen Schüssel Öl, Essig, fein gehackten Salbei, Salz und Pfeffer verrühren. Dann die Schalotte untermischen.

Salatblätter in mundgerechte Stücke zupfen, in die Schüssel geben und mit einem Löffel im Dressing wenden. Den Salat auf Tellern arrangieren und mit den gerösteten Salbeistückchen, Apfelscheiben und Walnüssen garnieren.

BROTFLADEN MIT SALBEI

Diese kleinen ungesäuerten Fladen sind schnell gemacht und extrem vielseitig. Sie schmecken gut zu Suppen und eignen sich zum Füllen mit Salat fürs Lunchpaket. Der Salbeigeschmack durchzieht das Brot, ohne dominant zu sein.

Ergibt 6 Stück
100 g Vollkornmehl, plus etwas zum Bestäuben
1 Messerspitze Salz
2 TL fein gehackte Salbeiblätter (Lavendelblättriger Salbei hat das beste Aroma, aber auch Roter und normaler Salbei eignen sich)
1 TL Sonnenblumenöl
60 ml warmes Wasser
Butter

Mehl und Salz in eine große Rührschüssel sieben und den Salbei dazugeben. Eine Mulde in der Mitte formen, zuerst das Öl, dann das warme Wasser hineingießen und mit den Händen einen geschmeidigen Teig daraus formen. Auf einer bestäubten Arbeitsfläche mindestens 2, besser 5 Minuten weiterkneten. Je länger man knetet, desto weicher werden die Brotfladen.

Teig in 6 Portionen teilen und daraus Kugeln formen. Arbeitsfläche mit reichlich Mehl bestäuben und den Teig in flache Scheiben von etwa 10 Zentimetern Durchmesser ausrollen.

Die Scheiben bei starker Hitze in einer Bratpfanne backen, bis sie leicht aufgehen. Umdrehen und die Ränder mit einem Pfannenwender herunterdrücken. Sobald braune Flecken erscheinen, ist das Fladenbrot fertig.

Brot aus der Pfanne nehmen und mit Butter bestreichen. In Alufolie oder einem Geschirrtuch warm halten und die übrigen Fladenbrote genauso backen. Warm servieren oder unter dem Backofengrill erhitzen – dabei aufpassen, dass sie nicht verbrennen.

GESCHMORTES SALBEI-LAMM

Das Aroma dieses wärmenden Wintergerichtes durchzieht das ganze Haus und lockt die Familie ohne schallende Rufe zum Mittagessen an den Esstisch. Salbei verleiht dem Lamm einen erdigen Geschmack, was bei diesem Gericht besonders gut passt. Er ist zudem eine schöne Alternative zu Rosmarin, meinem Lieblingswinterkraut. Mit Kartoffelpüree und Brokkoli servieren.

Ergibt 4 Portionen
2 EL Olivenöl
8 fleischige Lammkoteletts (ca. 1,3 kg)
2 Salbeizweige, Blätter abgezupft und gehackt
3 Knoblauchzehen, fein gehackt
Salz und frisch gemahlener schwarzer Pfeffer
2 TL Mehl
120 ml Weißweinessig
120 ml Wasser
4 gesalzene Anchovis

Olivenöl in einer großen Kasserolle auf mittlerer Stufe erhitzen und die Lammkoteletts darin von beiden Seiten braun anbraten.

Salbei, Knoblauch, Salz und Pfeffer dazugeben, kräftig rühren, damit sich die Aromen verteilen und alles gut vom Öl ummantelt ist. Fleisch mit Mehl bestreuen, zunächst ständig, dann gelegentlich rühren, bis das Fleisch sehr dunkel geworden ist (8–10 Minuten). Wichtig ist, dass der Knoblauch nicht anbrennt. Essig und Wasser angießen und angebratene Stücke vom Kasserollenboden schaben. Flüssigkeit zum Köcheln bringen, dann die Hitze herunterdrehen, Kasserolle zudecken und 40 Minuten köcheln lassen, bis das Fleisch zart ist.

Kurz vor dem Servieren eine Kelle Bratensaft in eine kleine Schüssel schöpfen und darin die Anchovis zerdrücken. Diesen Brei über das Fleisch gießen.

WÜRSTCHEN IM SALBEITEIG

Das ist beste Hausmannskost und spricht alle Altersklassen an. Dabei erweckt erst der Salbei im Teig das Gericht zum Leben. Mit selbst gemachter Bratensauce oder auch einfach nur mit grünem Salat servieren.

Ergibt 4 Portionen
2 Eier
125 g Mehl
150 ml Milch
150 ml kaltes Wasser
1 EL Salbeiblätter (alle Sorten außer Griechischem Salbei), fein gehackt
Salz und frisch gemahlener schwarzer Pfeffer
6 große Schweinswürste
100 g durchwachsener Speck
3 EL Bratfett oder Schmalz

Backofen auf 220 °C vorheizen. Eier, Mehl, Milch, Wasser, Salbei, Salz und schwarzen Pfeffer mischen, ohne dass Mehlklumpen entstehen. Am Ende sollte die Konsistenz der von Crème double ähneln. Dem Mehl bei Raumtemperatur mindestens 15 Minuten Zeit zum Aufgehen geben.

Mit einem scharfen Messer die Wurstpelle einritzen und von der Wurst abziehen. Jede Wurst in eine Scheibe Speck einrollen. Bratfett oder Schmalz in eine Bratenform geben (meine Bratenform ist 28 x 32 Zentimeter groß) und in den Backofen schieben, bis das Fett leicht zu dampfen beginnt.

Den Teig in die Form geben – es wird brutzeln, aber keine Sorge – die Würste darauflegen und 25 Minuten backen lassen. Nachsehen, ob der Teig aufgegangen und schön goldfarben ist. Wenn nicht, weitere 5 Minuten backen.

SALSICCE E FAGIOLI

Der Name dieses Gerichtes klingt im Italienischen viel appetitlicher als »Wurst und Bohnen«. Ich aß dieses Gericht mit meiner Tochter in der Toskana. Es war ein kalter Februartag, der Wind wehte heftig, und das Essen war derart nahrhaft und wärmend, dass ich mir das Rezept geben ließ. Leider bekommen wir hier nicht die gleiche Wurst wie in Italien, aber Schweinswürste mit einem Fleischanteil von 80 Prozent und mehr, die man auch hier findet, sind ein wirklich guter Ersatz. Mit selbst gemachten Nudeln oder frischem Brot servieren, dazu einen knackigen grünen Salat und ein Glas guten Rotwein.

Ergibt 4 Portionen

- 500 g getrocknete Cannellini oder andere weiße Bohnen, 12 Stunden oder über Nacht in kaltem Wasser eingeweicht
- 3 Knoblauchzehen, geschält und ganz gelassen
- 2 Salbeizweige
- 2 EL Olivenöl
- 6 große italienische Schweinswürste, alternativ Würste mit mindestens 80 Prozent Fleischanteil
- 400 g Dosentomaten in Stücken
- Salz und frisch gemahlener schwarzer Pfeffer

Bohnen unter kaltem Wasser abspülen, in einen großen Topf mit kaltem Wasser geben und zum Kochen bringen. Während des Kochens entstehenden Schaum abschöpfen. 2 Knoblauchzehen und 1 Salbeizweig in das Wasser geben und 1–1,5 Stunden kochen lassen, bis die Bohnen gar sind.

In einem anderen großen Topf das Olivenöl erhitzen. Wurstpellen einstechen, damit sie nicht platzen. Würste von allen Seiten braun anbraten, 1 Knoblauchzehe und 1 Salbeizweig hinzufügen. Sobald die Kräuter zu brutzeln beginnen, die Tomaten in den Topf geben und etwa 15 Minuten köcheln lassen, damit sich die Aromen verbinden.

Bohnen abgießen und 2 Tassen des Kochwassers auffangen. Die Bohnen zu den Würsten und Tomaten geben, je nach Geschmack noch Salz und Pfeffer einrühren und weitere 10 Minuten köcheln lassen. Wenn die Sauce zu dick wird, noch etwas Bohnenwasser dazugeben.

KARTOFFEL-SALBEI-AUFLAUF

Dies ist eins meiner Zufallsgerichte. Ich war dabei, Bratkartoffeln zu machen, als unerwartet Freunde zu Besuch kamen und zum Essen blieben. Sie sollten aber mehr bekommen als nur Bratkartoffeln – und so machte ich mit Kräutern, Milch und Eiern einen Auflauf daraus. Der Trick bei diesem Gericht besteht darin, die Kartoffeln aus der Milch herausschauen zu lassen, damit sie knusprig werden. Das schmeckt wunderbar in Kombination mit der Ei-Kräuter-Mischung. Mit Brathähnchen servieren oder als vegetarische Mahlzeit mit geriebenem Käse.

Ergibt 4–6 Portionen

- 900 g gekochte Kartoffeln, geschält und in Scheiben geschnitten
- 2 EL Olivenöl oder Rapsöl
- 25 g Butter, plus etwas zum Einfetten
- 110 g Crème double
- 200 ml Fettarme Milch
- 1 Ei
- 1 EL Salbeiblätter, fein gehackt
- 1 EL glatte Petersilie, fein gehackt
- 1 Knoblauchzehe, zerdrückt

Backofen auf 170 °C vorheizen. In einer Bratpfanne Öl und Butter zerlassen und die Kartoffeln goldgelb anbraten. Eine feuerfeste Form (ich nehme eine Lasagne-Form) einfetten und die Kartoffeln hineingeben.

In einer Schüssel Crème double, Milch, Ei, Salbei, Petersilie und Knoblauch mischen und über die Kartoffeln gießen. Im Ofen etwa 1 Stunde backen.

MUTTERS BROTSAUCE

Mutters Brotsauce war immer köstlich: schön dick und cremig, wunderbar duftend und überaus schmackhaft. Damals war die Verwendung von Salbei etwas Besonderes. Wir liebten diese Sauce zu vielen Gerichten, von Brathähnchen bis zu gebackenen Zwiebeln.

Ergibt 4–6 Portionen

- 570 ml Milch
- 10 Nelken
- 1 kleine oder ½ große Zwiebel
- Muskat
- Salz und frisch gemahlener schwarzer Pfeffer
- 10 frische Salbeiblätter, abgezupft
- 110 g frische weiße Brotkrumen
- 25 g Butter (wenn nötig)
- 2 EL Crème double

Milch in einen Topf gießen, Zwiebel mit Nelken spicken und in die Milch legen. Muskat und Pfeffer in die Milch mahlen und auf niedrigster Stufe ohne Deckel 30–40 Minuten sieden lassen, damit sich die Aromen ausbreiten können. Zwiebel in eine Schale legen, Nelken herausziehen und beiseitestellen. Salbei in die Milch geben und umrühren. Es wird sich eine Schicht auf dem Topfboden gebildet haben, die man abkratzen muss, bevor man die Hitze etwas erhöht und unter Rühren die Brotkrumen dazugibt. Hitze wieder reduzieren und 10 Minuten sachte köcheln lassen, dabei stets rühren, damit nichts ansetzt. Wenn die Sauce zu dick werden sollte, die Butter hineingeben. Gründlich umrühren.

Zwiebel fein hacken, in die Sauce rühren und abschmecken. In eine vorgewärmte Sauciere gießen und vor dem Servieren Crème double dazugeben.

Überschüssiger Salbei

Salbeibutter

Diese Butter ist fantastisch und vielseitig. Besonders gut schmeckt sie geschmolzen zu Nudeln, ohne jede weitere Sauce. Dazu etwas Parmesan und ein knackiger Salat – Himmel auf Erden!

Ergibt 125 Gramm
1 Handvoll Salbeiblätter
125 g Butter, zimmerwarm

Salbeiblätter von den Stielen und in Stücke zupfen, dann zusammen mit der Butter hacken, damit sich die Öle ausbreiten können. Die Blätter nicht zu fein hacken, denn der Salbei sollte den Geschmack des Essens nicht dominieren, zu dem die Butter verwendet wird.

Abschließend mit einer Gabel mischen und dann die Butter in Backpapier eingerollt mindestens 24 Stunden in den Kühlschrank legen. Je länger man sie dort lagert, desto intensiver wird der Geschmack.

Die Butter kann auch eingefroren werden. In eine Gefrierdose streichen, diese etikettieren und innerhalb von 3 Monaten verbrauchen.

SAUERAMPFER

(auch bekannt als Wiesen-Sauerampfer, Großer Sauerampfer)
Rumex acetosa

Als meine Kinder auf die Grundschule gingen, besuchte die Klasse häufig meine Gärtnerei und ich zeigte den Schülern die Pflanzen, von denen sie schon in der Schule gehört hatten. In einem Jahr erzählte ich ihnen von den Römern, die auf ihren langen Märschen Sauerampferblätter gegen den Durst aßen, weil sie keine Trinkflaschen dabei hatten. Ein kleiner Bursche fragte mich gleich, ob er einmal Sauerampfer probieren dürfe. Ich gab ihm ein Blatt, er aß es und verkündete: »Das schmeckt wie ein Granny-Smith-Apfel!« Danach gab es zahlreiche Anfragen nach Blättern.

Vorsicht Menschen mit Nierensteinen und Gichtneigung sollten rohen Sauerampfer meiden – gekocht ist er kein Problem. Auch stillende Mütter sollten nicht zu viel rohen Sauerampfer essen.

Beschreibung

Dieses Kraut weist zwar Unterschiede zu den anderen Ampferarten auf, aber die blassen und wenig auffälligen Blüten sind sehr ähnlich. Am deutlichsten wird der Unterschied im Geschmack der Blätter, die fast so sauer wie Zitronen schmecken. Es ist eine ausdauernde Staude, die vor dem Winter einzieht und im Frühjahr wieder erscheint.

Sauerampfer bevorzugt nahrhaften, sauren Boden mit hoher Wasserhaltekraft. Grundsätzlich ist er recht tolerant, bis auf die Bodenfeuchtigkeit. Wer ihn für die Küchennutzung anbaut, sollte ihm einen lichtschattigen Platz geben, denn die Hochsommersonne macht die Blätter schnell derb und bitter. Auch eine Schicht Rindenmulch hilft, denn sie hält die Erde kühler. Wenn die Temperaturen fallen, wird der Geschmack wieder angenehmer. Im Sommer blüht die Pflanze und setzt Samen an. Um die Blätter frisch und saftig zu halten, sollte man die Blüten entfernen, sobald sie erscheinen.

Als Küchenpflanze

Die Nutzung von Sauerampfer als Nahrungsmittel geht zurück bis ins Jahr 3000 v. Chr. Es heißt, dass Sauerampfer Julius Cäsars Soldaten vor Skorbut bewahrte. Im Alten Ägypten und im Alten Rom aß man ihn zur Verdauungsförderung nach fettem Essen. In der Tudorzeit galt das Kraut als eins der besten Gemüse und in Lappland nutzte man es anstelle von Lab bei der Käseherstellung.

Ernte und Verwendung

Blätter

Die jungen Blätter sind zarter und weniger sauer als alte, so dass man von Frühling bis Frühherbst stets diese nehmen sollte. Ein paar Blätter geben einem Salat eine erfrischende Note, zudem schmeckt Sauerampfer in Saucen, die zu Fleisch oder Fisch serviert werden. Zähes Fleisch wird zarter, wenn man es während des Schmorens mit Sauerampferblättern ummantelt. Schließlich passt das Kraut in Eintöpfe, Aufläufe oder zu Eiern und Käse.

Eigenschaften

Sauerampfer hat viel Tannin, Oxal- und Weinsäure, außerdem die Vitamine A, B1 und C sowie die Mineralien Calcium, Kalium, Eisen und Schwefel. Die Blätter regen die Speicheldrüse an und sind daher gut für die Verdauung.

Weitere Arten

Kleiner Sauerampfer, Zwerg-Ampfer

Rumex acetosella

Diese Art hat kleine unscheinbare Blüten; die Früchte werden mit zunehmender Reife im Sommer grünbraun. Die lanzenförmigen Blätter sind mittelgrün. Wild kommt der Ampfer in Heidelandschaften und auf Wiesen vor und zeigt an, dass der Boden sauer ist. Junge Blätter für Salat und Saucen nehmen.

Schild-Ampfer

Rumex sculatus

Blüht klein und unscheinbar, auch hier werden die Früchte grünbraun. Die mittelgrünen Blätter haben die Form von plumpen Schutzschilden. Die jungen Blätter eignen sich für Salate und Saucen.

GROSSMUTTERS SAUERAMPFER-SUPPE

Ich habe das Rezept für Potage à l'oseille von meiner Großmutter Ruth übernommen, einschließlich der Notizen, die unter dem Rezept standen. Es war bereits in ihrem 1950 veröffentlichten Kochbuch vertreten. In meiner Ausgabe steht: »Für Clare, mit Liebe von Mama«. Clare ist meine Mutter.

Sollten Sie keinen Sauerampfer im Garten haben oder kaufen können, gehen Sie mit einem Experten sammeln, um Verwechslungen zu vermeiden. Sauerampfer schmeckt leicht bitter und nach Zitrone.

Ergibt 2 Portionen

3 große Handvoll Sauerampfer
Butter oder Margarine
Salz und frisch gemahlener schwarzer Pfeffer
300 ml Hühnerfond oder Wasser, vorher erwärmt
Brot, in 4 sehr dünne Scheiben geschnitten (altbackenes Brot ist ideal)
2 Eigelb
1 EL Milch

Backofen auf 150 °C vorheizen. Stiele und Mittelrippen der Sauerampferblätter wegschneiden, Blätter waschen. In einem etwa eiergroßen zerlassenen Stück Butter dünsten, Pfeffer, Salz und schließlich Hühnerfond oder Wasser dazugeben.

Brotscheiben im Backofen rösten. Dafür nicht den Toaster verwenden, der die Scheiben zu hart und knusprig macht, anstatt sie nur anzubräunen.

Eigelbe mit der Milch verschlagen, in die Suppe geben und gut umrühren. Zwei Scheiben Brot in Stücke brechen und auf zwei Suppenteller verteilen. Suppe darübergießen und servieren. Die verbliebenen Brotscheiben können zur Suppe gegessen werden.

GURKENSUPPE MIT SAUERAMPFER

Dies ist eine weitere Suppe meiner Großmutter, die gleich in zweien ihrer Kochbücher auftaucht. Ich habe sie nur leicht an die heutige Zeit angepasst. Die Kombination von Gurke und Erbsen mit dem scharfsäuerlichen Ampfer ist großartig. Kaum zu glauben, dass das Rezept schon über sechzig 60 Jahre alt ist.

Ergibt 4 Portionen

2 Handvoll Erbsen in ihren Hülsen
2 Handvoll Sauerampfer
2 Gurken, geschält und geraspelt, dann 30 Minuten abgetropft
300 ml kaltes Wasser
850 ml Gemüsefond
300 ml Weißwein
Salz und frisch gemahlener schwarzer Pfeffer
Schlagsahne, zum Servieren

Zwei kleine Töpfe mit Wasser zum Kochen bringen. Im einen die Erbsen, im anderen den Sauerampfer zart kochen. Abtropfen lassen, das Erbsenwasser aufbewahren. Erbsen und Sauerampfer pürieren. So viel Flüssigkeit wie möglich aus den Gurken pressen und mit den Pürees vermischen.

Wasser, Gemüsefond und Weißwein in einem Topf zum Kochen bringen, dabei den Alkohol verkochen. Abkühlen lassen und die Püree-Gurken-Masse einrühren. Gründlich rühren, dann durch ein Sieb passieren – die Masse nicht flüssiger machen, denn dies würde die Konsistenz verschlechtern. Abschmecken und die Suppe in einem Gefäß mindestens 2 Stunden im Kühlschrank aufbewahren. Zum Servieren einen Schlag Sahne auf die Suppe geben.

SAUERAMPFER-ANCHOVIS-TARTE

Bei dieser Tarte überzeugt die Verbindung aus der sauren Schärfe des Sauerampfers und dem salzigen Geschmack der Anchovis. Mit frischem Tomatensalat und neuen Kartoffeln servieren.

Ergibt 4–6 Portionen
185 g Fertig-Mürbeteig
350 g Sauerampfer, gewaschen und Stiele entfernt
25 g Butter
2 EL Olivenöl
3 Zwiebeln, in feine Ringe geschnitten
10–12 Anchovis, gehackt
½ TL frisch gemahlene Muskatnuss
frisch gemahlener schwarzer Pfeffer
2 Eier, plus 2 Eigelb
350 Crème double

Backofen auf 200 °C vorheizen. Eine 24 Zentimeter messende Tarteform mit dem Teig auslegen, den Boden mit einer Gabel mehrmals einstechen und im Ofen 20 Minuten blindbacken. (»Blindbacken« bedeutet: Man legt ein kreisförmiges Backpapier, das etwas größer ist als die Tarteform, auf den Teigboden und beschwert ihn mit getrockneten Hülsenfrüchten, zum Beispiel mit Bohnen. So geht nur der Rand auf und der Boden bleibt flach.)

Form aus dem Ofen nehmen, Backpapier und Hülsenfrüchte entfernen und den Teig nochmals 5 Minuten backen. Aus dem Ofen nehmen und etwas abkühlen lassen, während Sie den Sauerampfer dünsten.

Dazu den Ampfer in einen Topf mit etwas Wasser geben. Zugedeckt auf niedrigster Stufe etwa 5 Minuten köcheln lassen. In einem Sieb abtropfen lassen und möglichst viel Flüssigkeit herauspressen. Beiseitestellen.

Öl und Butter in einer Bratpfanne erhitzen und darin die Zwiebeln bei wenig Hitze 10 Minuten dünsten, bis sie weich sind und langsam anfangen zu karamellisieren. Gelegentlich umrühren. Pfanne von der Herdplatte nehmen und Sauerampfer, Anchovis, geriebene Muskatnuss sowie schwarzen Pfeffer einrühren.

Eier, Eigelbe und Crème double in einer großen Schüssel verquirlen, die Sauerampfermischung hineingeben und gründlich verrühren. Die Masse auf dem Teig verteilen und 25–30 Minuten backen. Sie muss sich gesetzt haben und die Ränder sollten goldbraun geworden sein. Tarte aus dem Ofen nehmen und vor dem Servieren etwas abkühlen lassen.

SAUERAMPFER-RHABARBER-SAUCE

Dies ist ein Frühsommerrezept, denn dann ist der Rhabarber am besten und der Sauerampfer noch jung und zart. Die saure Kombination von Rhabarber und Ampfer passt und schmeckt ausgezeichnet zu jedem geräucherten Fisch, besonders zu Makrele.

Ergibt 4 Portionen
450 g Rhabarber, in 2,5 cm große Stücke geschnitten
150 ml geschmolzene Butter
½ TL geriebener Ingwer
½ TL geriebene Bio-Zitronenschale
1 Messerspitze geriebene Muskatnuss
2 EL feiner Streuzucker
2 Handvoll Sauerampfer, gewaschen und gehackt

Rhabarber mit einem Spritzer Wasser kochen, bis er weich ist, dann durch ein Sieb passieren. Die Masse mit der geschmolzenen Butter bei niedriger Hitze zum Siedepunkt bringen. Ingwer, Zitronenschale, Muskat und Zucker einrühren und alles etwa 10 Minuten sachte köcheln lassen. Dann den Sauerampfer unterheben und ein paar Minuten köcheln lassen, bis der Ampfer zusammengefallen ist. Servieren.

Überschüssiger Sauerampfer

Die beste Methode, mit einem plötzlichen Überschuss an Sauerampfer fertig zu werden, ist das Einfrieren. Dazu vorwiegend junge Blätter in Portionsbeuteln einfrieren. Zwar werden die Blätter nach dem Auftauen schlaff sein, aber sie haben ihren Geschmack behalten und eignen sich daher noch hervorragend für Saucen und Suppen.

SCHNITTLAUCH

(auch bekannt als Binsenlauch, Jakobszwiebel, Schnittling)

Allium schoenoprasum

Schnittlauch gehörte zu den ersten Kräutern in meiner Gärtnerei. Sein milder Zwiebelgeschmack passt zu zahlreichen Gerichten, daher ist diese vielseitige Pflanze für mich unverzichtbar. Meine Mutter setzte Schnittlauch an den Wegen meines elterlichen Gartens entlang, was während der Blüte im Frühjahr stets atemberaubend aussah. Als Kind fand ich, dass die Pflanzen aussahen wie die Soldaten mit Bärenfellmützen vor dem Buckinghampalast.

Beschreibung

Schnittlauch ist eine hübsche winterharte Staude, die nach dem vorwinterlichen Einziehen im zeitigen Frühjahr wiederkommt. Die mild nach Zwiebel duftenden purpur-violetten Blütenköpfe setzen sich aus kleinen, sternförmigen Einzelblüten zusammen. Die röhrenförmigen Blätter duften und schmecken wie die Blüten mild nach Zwiebel.

Zur Vermehrung sät man Schnittlauch entweder unter Glas aus, wo etwa 20 °C herrschen sollten, oder im späten Frühling gleich ins vorbereitete Gartenbeet. Etablierte Horste sollten alle drei Jahre im Frühling geteilt werden, um sie zu neuem Wachstum anzuregen. Besonders wohl fühlt sich Schnittlauch in voller Sonne in nahrhafter Gartenerde, die während der Sommersaison stets ausreichend feucht sein sollte. Im Herbst tut den Pflanzen eine Mulchschicht aus verrottetem Kompost gut. Schnittlauch, aber auch Knoblauchzwiebeln, lassen sich gut in Töpfen ziehen, sofern man ihnen gute Komposterde gibt.

Als Küchenpflanze

Schnittlauch gehört zu den ältesten Kulturpflanzen und seine Verwendung ist seit 3000 v. Chr. dokumentiert. Er ist das einzige Mitglied der Zwiebelgewächse, das wild in Asien, Europa, Australien und Nordamerika vorkommt. Früher verwendete man ihn auch als Gegengift und um den Blutfluss zu stillen.

Ernte und Verwendung

Blätter

Die frischen Blätter erntet man mit der Schere vom zeitigen Frühjahr bis zum Spätherbst. Man kann sie frisch verwenden, aber auch einfrieren oder in Kräuterbutter verarbeiten (siehe Seite 252). Frisch schmecken sie ausgezeichnet als Garnierung in Omelettes, Rühreiern und Salaten, aber auch in Sour Cream als Füllung für Ofenkartoffeln. Man kann sie hacken und auf Suppen, auf ein mächtiges Schinkenomelette oder auf gegrilltes Fleisch streuen. Aber stets sollten sie erst kurz vor dem Servieren auf oder in die Speisen gestreut werden, denn gekocht verlieren sie schnell ihren Geschmack und werden bitter.

Blüten

Man kann sie zwischen Frühlingsende und Hochsommer pflücken, allerdings schmecken sie im Frühsommer am besten. Ihr milder Zwiebelgeschmack passt vorzüglich zu Salaten, Reis und vielen anderen Gerichten. Auch sie sollte man erst am Ende des Kochens über das Gericht streuen, damit sie ihren milden Zwiebelgeschmack nicht verlieren.

Eigenschaften

Die über das Essen gestreuten Blätter regen die Speichelproduktion an und unterstützen damit die Verdauung. Weiterhin wirken sie antioxidativ und keimtötend.

Weitere Arten

Die beiden nachfolgend genannten Arten sind frostharte Stauden, die im Winter einziehen. Sie können wie Schnittlauch haltbar gemacht werden, und ihre Blüten werden in der gleichen Weise verzehrt wie die des Schnittlauchs.

Knoblauch-Schnittlauch, Chinesischer Schnittlauch

Allium tuberosum

Knoblauch-Schnittlauch blüht im Sommer in weißen Blütenköpfen. Seine flachen, festen, mittelgrünen Blätter schmecken mild nach Knoblauch.

Frühlingszwiebel, Winterzwiebel

Allium fistulosum

Große, cremeweiße Blütenköpfe erscheinen im zweiten Sommer auf langen, hohlen Röhrenblättern. Von Frühsommer bis Frühherbst können die Zwiebeln geerntet werden.

BUBBLE AND SQUEAK MIT SCHNITTLAUCH

Bei meiner Mutter landete Essen nie im Abfall. Immer wenn Reste übrig blieben, hatte sie eine Suppe oder ein Schmorgericht im Kopf, in denen sie verwendet werden konnten. So auch in einem meiner Favoriten, dem typisch englischen Restegericht »Bubble and Squeak«. Das gab es normalerweise samstags – also vor dem Sonntagsbraten, mit dem Mutter die kulinarische Woche einläutete.

Mit Schnittlauch bekommt dieses Gericht einen dezenten Beigeschmack; zudem machen die Blüten es im Sommer optisch attraktiv. Am besten schmeckt es mit einer selbst gemachten Tomatensauce (siehe Seite 12) oder zu kaltem Fleisch.

Ergibt 2–4 Portionen

450 g Kartoffelpüree aus gekochten Kartoffeln
225 g gekochter Weiß- oder Grünkohl, in schmale Stücke geschnitten
115 g Cheddar, gerieben
1 Ei, geschlagen
1 EL fein gehackter Knoblauch-Schnittlauch
frisch geriebene Muskatnuss
Salz und frisch gemahlener schwarzer Pfeffer
Mehl
Sonnenblumenöl oder ein leichtes Olivenöl
2 Blütenköpfe vom Knoblauch-Schnittlauch (während der Saison), zum Garnieren

Kartoffelpüree, Kohl, Käse, geschlagenes Ei, Knoblauch-Schnittlauch und Muskatnuss vermischen und mit Pfeffer und Salz abschmecken. Daraus 8 Puffer formen.

1 Stunde im Kühlschrank kühlen, denn so wird die Masse steif und zerfällt während des Bratens nicht. Dann die Puffer in Mehl wenden.

Öl in einer großen Bratpfanne erhitzen und wenn es heiß ist, die Puffer hineinlegen und jede Seite etwa 3 Minuten braten. Vorsichtig aus der Pfanne nehmen, denn jetzt können sie leicht auseinanderfallen. Kurz auf Küchenpapier legen, damit überschüssiges Öl abtropfen kann. Heiß und knusprig servieren und, falls vorhanden, mit Blüten garnieren.

SALAT MIT FRÜHLINGS-ZWIEBELN UND FETAKÄSE

Die Blätter der Frühlingszwiebel sind bedeutend größer als die von Schnittlauch und eignen sich auch zum kurzen Kochen und Braten. Diesem Salat verleihen sie einen leichten Zwiebelgeschmack, der ihn zusammen mit dem Fetakäse zu einem einfachen, aber sehr schmackhaften Sommeressen macht. Man kann mit dem Salat auch wunderbar Pita-Brote füllen, ihn zum Picknick oder zu Grillabenden mitnehmen.

Ergibt 4 Portionen

2 Bund Frühlingszwiebeln
kalt gepresstes Olivenöl
250 g Fetakäse
1 kleine Salatgurke
1 Romanasalat, gewaschen und grob geschnitten
5 kurze Zweige Grüne Minze, gehackt

Für das Dressing

Saft und etwas geriebene Schale von 1 Bio-Zitrone
3 EL kalt gepresstes Olivenöl
1 TL Dijon-Senf
Salz und frisch gemahlener schwarzer Pfeffer

Von den Frühlingszwiebeln sämtliche schlaffen Blätter wegschneiden, den Rest in Ringe schneiden. Eine Brat- oder Grillpfanne ohne Öl erhitzen und darin die Zwiebeln 45 Sekunden braten. Aus der Pfanne nehmen und auf einem Teller mit Olivenöl besprenkeln.

Zutaten für das Dressing vermischen, abschmecken und beiseitestellen. Fetakäse in kleine Stücke zerbrechen.

Salatgurke schälen und der Länge nach halbieren. Mit einem Teelöffel die Kerne ausschaben. Gurke in feine Scheiben schneiden, mit dem Romanasalat, den Frühlingszwiebeln, der gehackten Minze und dem Dressing vermischen. Fetakäsestücke über den Salat streuen und servieren.

WOLFSBARSCH MIT KNOBLAUCH-SCHNITTLAUCH

Dieses Fischgericht ist leicht zuzubereiten und wird durch den Lauch subtil bereichert. Mit Reis und gedünstetem Brokkoli servieren.

Ergibt 2 Portionen

2 Seebarsche (insgesamt 450 g)
1 EL Mehl
Salz und frisch gemahlener schwarzer Pfeffer
3 EL Sonnenblumenöl
175 g Knoblauch-Schnittlauch, mit einer Schere klein geschnitten
1 EL trockener Sherry oder Reiswein
1 TL feiner Streuzucker
1 Blütenkopf vom Knoblauch-Schnittlauch (während der Saison), in einzelne Blüten gezupft

Mit dem Messerrücken die Schuppen der Barsche vom Schwanz zum Kopf abkratzen, dann den Fisch filettieren. (Oder kaufen Sie gleich Filets beim Fischhändler.)

Die Filets in große Stücke schneiden und in Mehl, Salz und Pfeffer wälzen. 2 Esslöffel Öl in einem Wok oder einer beschichteten tiefen Pfanne erhitzen. Die Fischstücke in das heiße Öl geben und schnell wenden, um die Poren zu schließen. Aus der Pfanne nehmen und beiseitestellen. Schnittlauch in den Wok geben. 10 Sekunden rösten, Sherry oder Reiswein angießen, zum Kochen bringen und Zucker einrühren. Über den Fisch geben und – während der Saison – mit Lauchblüten dekoriert servieren.

FISCHPUFFER MIT SCHNITTLAUCH

Meine Kinder waren ganz versessen auf diese Fischpuffer, die ich immer mit meiner hausgemachten Tomatensauce (siehe Seite 12) serviert habe. Der Schnittlauch durchzieht sie mit einem leichten Zwiebelgeschmack, den Kinder meist mögen. Das Rezept ist schon deshalb praktisch, weil man mit wenig Fischanteil ein vollwertiges Gericht für vier Personen zustande bringt. Es ist auch ein ideales Abendessen, wenn unerwartet Gäste zu Besuch kommen.

Ergibt 4 Portionen

500 g mehlig kochende Kartoffeln, geschält und in große Würfel geschnitten
500 g Fisch (etwa Lachs, Schellfisch, Kabeljau, Seehecht)
Milch (genug, um den Fisch zu bedecken)
1 Lorbeerblatt
2 EL Schnittlauch, mit einer Schere klein geschnitten
Salz und frisch gemahlener schwarzer Pfeffer
50 g Mehl
50 g Butter
Sonnenblumenöl oder leichtes Olivenöl, zum Braten geeignet
120 ml Weißwein
300 ml Schlagsahne

Backofen auf 170 °C vorheizen. Die Kartoffeln in einen Topf mit kaltem Wasser geben, auf hoher Stufe erhitzen und 20 Minuten kochen lassen, bis sie gar sind.

Fisch waschen, in einer feuerfesten Form mit der Milch bedecken und das Lorbeerblatt dazugeben. 10–15 Minuten im Ofen backen, bis sich der Fisch leicht von Haut und Gräten lösen lässt (die Kochzeit variiert je nach Fischart).

Kartoffeln abgießen, in den Topf zurückgeben und auf niedriger Stufe ein paar Minuten warm halten, dann mit einem Kartoffelstampfer zerstampfen.

Fisch aus der Milch heben (Milch für später aufbewahren), Gräten und Haut entfernen, dann in Stücken zu den gestampften Kartoffeln geben. 1 Esslöffel des Schnittlauchs sowie Pfeffer und Salz dazugeben und sachte unterrühren, ohne dabei die Fischstücke weiter zu zerkleinern.

Aus der Mischung Bällchen formen, etwas flach drücken und von beiden Seiten im Mehl wenden. Die Puffer können unterschiedlich groß sein, dies liegt an der Größe der Fischstücke und macht nichts. Butter und Öl in einer Pfanne erhitzen und die Puffer darin von beiden Seiten gold anbraten – das nimmt nur wenige Minuten pro Seite in Anspruch. Aus der Pfanne nehmen und in einer Auflaufform mit Deckel im Backofen bei niedrigster Temperatur warm halten.

Pfanne mit Küchenpapier auswischen, Wein angießen, zum Kochen bringen und köchelnd bis auf die Menge weniger Esslöffel reduzieren. Bei niedriger Hitze Sahne und ein Glas der Fischmilch einrühren und zum Kochen bringen. Mit Salz und Pfeffer abschmecken. Den restlichen Esslöffel Schnittlauch dazugeben, die Sauce über die Fischpuffer gießen und servieren.

PFANNKUCHEN MIT GERÄUCHERTER MAKRELE UND SCHNITTLAUCH

Dieses Rezept nehme ich mir häufig vor, wenn der Schnittlauch blüht. Die geräucherte Makrele passt ausnehmend gut zum Gruyère und zum Zwiebelaroma des Schnittlauchs. Man kann auch Räucherlachs verwenden.

Ergibt 4 Portionen
30 g Butter
2 Schalotten, fein gehackt
4 EL Weißwein
1 Lorbeerblatt
200 g geräucherte Makrele, ohne Haut und Gräten, in Stücke geschnitten
30 g Mehl
150 ml fettarme Milch
Salz und frisch gemahlener schwarzer Pfeffer
1 EL Schnittlauch, klein geschnitten
50 g Gruyère, fein gerieben
30 g frische Brotkrumen
Schnittlauchblätter, zum Garnieren
Blütenköpfe (während der Saison), gezupft in Einzelblüten, zum Garnieren

Für die Pfannkuchen
100 g Mehl
2 Eier
300 ml Milch
2 EL Schnittlauch, klein geschnitten
1 TL kalt gepresstes Olivenöl

Backofen auf 200 °C vorheizen. Mit den Pfannkuchen beginnen. Dazu Mehl und gut 1 Messerspitze Salz in eine Rührschüssel sieben, Eier und die Hälfte der Milch dazugeben und mit einem Handmixgerät 2 Minuten mischen, bis sich ein geschmeidiger Teig gebildet hat, der an der Oberfläche Blasen wirft. Man kann natürlich auch einen Schneebesen verwenden, was aber länger dauert. Dann den Teig mit der restlichen Milch verdünnen und den Schnittlauch einrühren.

Eine beschichtete Bratpfanne (20 Zentimeter) erhitzen, etwas Öl dazugeben und dann den Pfannenboden mit Teig ausstreichen. Auf moderater Hitze goldbraun braten, wenden und auch die andere Seite goldbraun braten. Die restlichen 7 Pfannkuchen ebenso zubereiten, bei jedem Pfannkuchen etwas mehr Öl in die Pfanne geben als beim vorigen. Die fertigen Pfannkuchen auf einem Teller im Backofen warm stellen, mit Backpapier voneinander getrennt.

In einer großen, tiefen Pfanne ein Drittel der Butter zerlassen und die Schalotten 2 Minuten dünsten. Wein und Lorbeerblatt dazugeben, zudecken und auf mittlerer Hitze etwa 3 Minuten köcheln lassen. Währenddessen die Pfanne gelegentlich schwenken. Flüssigkeit durch ein feines Sieb passieren, wieder in die Pfanne geben und zum Köcheln bringen. Makrelenstücke hineingeben, 2 Minuten pochieren und dann mit einem Schaumlöffel herausheben. Kochflüssigkeit aufbewahren.

Restliche Butter in einem kleinen Topf zerlassen, Mehl einrühren und 1 Minute erhitzen. Die aufbewahrte Kochflüssigkeit und die Milch einrühren und 3–4 Minuten köcheln lassen, dabei ständig umrühren, bis die Masse angedickt ist. Schnittlauch dazugeben und mit Salz und Pfeffer abschmecken. Makrelenstücke unter Rühren hineingeben.

Pfannkuchen auf 8 Tellern ausbreiten, die Makrelen-Mischung darauf verteilen und die Pfannkuchen zu Dreiecken falten. Die gefüllten Pfannkuchen in eine feuerfeste Form legen, die restliche Flüssigkeit darübergießen, mit dem Gruyère und den Brotkrumen bestreuen. Etwa 20 Minuten backen, bis die Sauce zu blubbern beginnt und die Oberfläche goldbraun ist. Mit Schnittlauchblättern und -blüten, sofern verfügbar, garnieren.

Überschüssiger Schnittlauch

Schnittlauch gehört zu den Kräutern, die ich gerne für später konserviere. Dies sind zwei schnelle und einfache Methoden.

Schnittlauchbutter

Ein nützlicher Vorrat, der im Voraus gemacht werden kann. Nicht nur in Rühreiern, Omelettes und gekochtem Gemüse, sondern auch zu gegrilltem Lammfleisch, Fisch oder Ofenkartoffeln schmeckt die Butter geradezu brillant.

Ergibt 100 Gramm
4 EL Schnittlauch oder Knoblauch-Schnittlauch, klein geschnitten
100 g Butter, zimmerwarm
1 TL Zitronensaft
Salz und frisch gemahlener schwarzer Pfeffer

Schnittlauch und Butter gründlich miteinander vermengen, dann den Zitronensaft, Salz und Pfeffer einkneten. Abdecken und bis zum Gebrauch in den Kühlschrank stellen, wo sich die Butter mehrere Tage hält. Sie kann auch in etikettierten Behältern eingefroren und bis zu 3 Monaten aufbewahrt werden.

Schnittlauch-Eiswürfel

Schnittlauch zieht als Staude im Winter ein. Das ist für jemanden wie mich dann besonders enttäuschend, wenn man an einem Wintertag entscheidet, ein Schnittlauch-Omelette mit einem knackigen Salat und ein paar Rosmarinkartoffeln zu machen und zu spät feststellt, dass kein Schnittlauch mehr da ist. Mit diesem Verfahren lässt sich etwas Sommer für den Winter einfangen.

Schnittlauch am späten Morgen schneiden, waschen, gelbe Blätter wegschneiden und die grünen vorsichtig auf Küchenpapier trocknen. Mit einer Schere den Schnittlauch in die einzelnen Fächer der Eiswürfelschale schneiden. Wenn alle dicht gefüllt sind, die Schale ohne Zugabe von Wasser in den Gefrierschrank stellen. 48 Stunden einfrieren.

Bevor man die Eiswürfelschale aus dem Kühlfach holt, Gefrierbeutel bereithalten, denn Schnittlauch taut sehr schnell. Die einzelnen Würfel in Gefrierbeutel geben und gleich wieder in den Gefrierschrank legen. Damit hat man passende Portionen für ein Omelette im Winter.

SELLERIE

(auch bekann als Wilder Sellerie, Echter Sellerie)

Apium graveolens

Nach über 25 Jahren professionellem Anbau von Küchenkräutern finde ich es immer wieder faszinierend, wenn man etwas Neues über eine Pflanze erfährt, von der man viel zu wissen meinte. Der Echte Sellerie gehört dazu, die Wildform des kommerziell angebauten Selleries, die in der Natur Europas und Nordafrikas vorkommt. Bis vor kurzem wusste ich nicht, dass diese Pflanze ein wichtiges Gewürz in Indien darstellt, wo man die Samen in verschiedenen Currygerichten auf Tomatenbasis verwendet.

Beschreibung

Der wichtigste Unterschied zwischen dem Kultursellerie und dem hier beschriebenen Kraut liegt im Geschmack der ausgewachsenen Stiele, die bei der Wildform anders als bei den Kultursorten bitter und ungenießbar sind. Die zweijährige Staude erreicht eine Höhe von einem Meter, wenn sie im zweiten Jahr in Blüte steht. Dann bilden sich im Frühsommer Dolden aus kleinen grüngelben Einzelblüten, auf die graubraune, gezahnte Samen folgen. Die aromatischen mittelgrünen Blätter ähneln dem des Echten Kerbel, mit dem er in jungem Stadium verwechselt werden kann.

Wer den Wilden Sellerie nur wegen der Blätter zieht, sollte ihn jährlich neu im späten Frühjahr nach der Frostgefahr in vorbereitetem Gartenboden aussäen. Sellerie bevorzugt einen tiefgründigen Boden, der im Sommer nicht austrocknet. Für diese hungrige Pflanze sollte man den Boden im Herbst stets mit verrottetem Kompost anreichern.

Als Küchenpflanze

Schon seit Jahrtausenden wird Wilder Sellerie als Nahrungsmittel genutzt. Man fand Samen in Tutanchamuns Grab (gestorben 1324 oder 1323 v. Chr.), zudem weisen Aufzeichnungen eine Verwendung auch im antiken Griechenland nach. Der Bleichsellerie *(Apium graveolens* var. *dulce)* wurde im 17. Jahrhundert aus der Wildform gezüchtet.

Ernte und Verwendung

Blätter

Die Stängel können während der gesamten Vegetationsperiode geschnitten werden, solange sie noch jung sind. Dann schmecken sie ausgezeichnet in Salaten und zu Kartoffelpüree. Weiterhin profitieren Suppen von ihnen und sie lassen sich gut mit Zwiebeln dünsten. Ältere Triebe sind für meinen Geschmack ungenießbar.

Blüten

Ihr mildes Selleriearoma passt zu Tomatensalat. Man kann sie im zweiten Sommer der Pflanze pflücken.

Samen

Sie werden im zweiten Spätsommer gebildet. Im Herbst sind sie vollkommen reif und fallen nach und nach aus den Dolden. Man kann sie im Mörser zerstoßen und Eintöpfe, Geschmortes oder Suppen damit würzen. Zudem macht sich ihr Aroma in selbst gebackenem Brot gut. Auch in Indien werden Selleriesamen häufig als Gewürz verwendet.

Stängel

Man sollte sie in der ersten Saison schneiden, also bevor sie im zweiten Frühjahr Blüten ansetzen.

Wurzeln

Als Verwandter der Möhre bildet auch der Sellerie eine beachtliche Pfahlwurzel. Ursprünglich wurde die Pflanze vorwiegend als Wurzelgemüse angebaut. Die Wurzel im zweiten Jahr ernten.

Eigenschaften

Die tiefe Pfahlwurzel ist reich an Calcium, Eisen, Carotin sowie den Vitaminen B1, B2, C und K. Auch die Samen sind gesund. Aber ein Wort der Vorsicht ist angeraten: Manche Menschen vertragen die Samen nicht und zeigen, ähnlich wie bei einer Erdnussallergie, anaphylaktische Reaktionen.

Weitere Arten

Keine

PASTINAKEN-SELLERIE-PLÄTZCHEN

Meine Tante machte mich vor langer Zeit mit diesen Plätzchen bekannt. Pürierte Pastinaken schmecken für sich schon gut, und zusammen mit dem markanten Geschmack des Selleries kommt ein köstliches, leichtes Mittag- oder Abendessen heraus.

Ergibt 2–4 Portionen
750 g große Pastinakenwurzeln, geschält und in große Stücke geschnitten (holzige Stellen wegschneiden)
1 kleine Zwiebel, fein gehackt
1 Knoblauchzehe, zerdrückt
125 g Ricotta- oder Hüttenkäse
2 EL Selleriegrün, fein gehackt
2 Eier, getrennt
Salz und frisch gemahlener schwarzer Pfeffer
Muskatnuss
Butter, zum Einfetten
Cheddar oder anderer Hartkäse, gerieben

Backofen auf 200 °C vorheizen. Pastinaken in einem großen Topf mit leicht gesalzenem Wasser kochen, bis sie weich sind. Abgießen und mit Zwiebel, Knoblauch, Ricotta und fein gehacktem Sellerie vermengen. Eigelbe darübergeben und mit Salz, Pfeffer und Muskatnuss würzen.

Eiweiße steif schlagen und mit der Pastinakenmischung vermengen. 6–8 Esslöffel dieser Mischung auf ein gefettetes Backblech verteilen, jedes Plätzchen mit geriebenem Käse besprenkeln und 30–35 Minuten hellbraun backen. Sofort servieren.

SALAT MIT KNOLLENSELLERIE UND ECHTEM SELLERIE

Knollensellerie, Selleriestängel und -blätter ergeben zusammen eine leichte, erfrischende Mahlzeit. Die Granatapfelkerne sind eine hübsche Garnierung und verleihen dem Salat zudem Biss und eine fremdartige, frische Note. Der Salat passt gut zu kaltem Fleisch, Weichkäse und frischem Krustenbrot.

Ergibt 4–6 Portionen
1 mittelgroße Sellerieknolle, geschält und fein geschnitten
1 große Handvoll junger Stängel des Echten Selleries, Blätter abgezupft, Stängel gewaschen und fein geschnitten (ausgewachsene Stängel mit Blüten sind sehr bitter)
2 EL Sellerieblätter, gehackt
2 EL reife Granatapfelkerne
3 EL kalt gepresstes Olivenöl
1 EL Zitronensaft
Salz und frisch gemahlener schwarzer Pfefferr

Knollensellerie, Stiele und Blätter des Echten Selleries mit 1 Esslöffel der Granatapfelkerne mischen. Aus Olivenöl, Zitronensaft, Pfeffer und Salz ein Dressing herstellen. Salat mit dem Dressing vermengen, als Garnierung den zweiten Esslöffel Granatapfelkerne darüberstreuen und servieren.

KÄSESTANGEN MIT SELLERIESAMEN

Diese Käsestangen stoßen stets auf Begeisterung. Ich habe sie als Kind mit meiner Mutter gemacht und später mit meinen eigenen Kindern. Man kann sie pur, aber auch zu Salaten oder Dips anbieten.

Vorsicht Einige Menschen reagieren allergisch auf die Selleriesamen, ähnlich wie bei einer Erdnussallergie.

Ergibt etwa 24 Stück

100 g Butter, plus etwas zum Einfetten
100 g Mehl, plus etwas zum Bestäuben
150 g alter Cheddar, fein gerieben
1 TL Selleriesamen
frisch gemahlener schwarzer Pfeffer
1 Eigelb

Backofen auf 220 °C vorheizen. Ein Backblech mit Backpapier auslegen.

Mehl in eine große Rührschüssel sieben, geriebenen Käse, Selleriesamen und schwarzen Pfeffer gründlich damit vermischen. Butter in kleine Würfel schneiden und per Hand mit der Mehlmischung vermengen. Wenn diese krümelig geworden ist, das Eigelb mit einem Buttermesser (nicht mit dem Löffel) in die Masse einarbeiten.

Aus dem Teig eine Kugel formen, Arbeitsfläche mit Mehl bestäuben und den Teig zu einem etwa 5 Millimeter dicken Quadrat ausrollen. Dieses Quadrat mit einem scharfen Messer in Streifen und diese Streifen dann in 7–8 Zentimeter lange Stücke schneiden. Behutsam auf dem Backblech verteilen und etwas Platz zwischen den Stücken lassen.

Etwa 6 Minuten im Ofen backen. Wenn die Stangen dann noch nicht satt goldfarben sind, ein paar Minuten weiterbacken.

Backblech aus dem Ofen nehmen, die Stangen etwas abkühlen und fest werden lassen. Erst dann auf einen Rost legen und vollständig abkühlen lassen.

Überschüssiger Sellerie

Selleriesalz

So kann man eine große Ladung von Samen aufbewahren. Die Samen müssen dazu vollständig trocken und sauber sein – Stängel und beschädigte Samen kann man nicht gebrauchen. Dieses Salz ist als vielseitige Würze einsetzbar und wird häufig zur Aromatisierung des Cocktails Bloody Mary verwendet.

2 EL Selleriesamen
5 EL Meersalz

Meersalz und Selleriesamen in einer Küchenmaschine oder portionsweise in einem Mörser zerstoßen. In ein fest verschließbares Glas geben und bis zu 6 Monate an einem dunklen Ort aufbewahren.

BRAUNER SENF

(auch bekannt als Indischer Senf, Chinesischer Senf, Ruten-Kohl)

Brassica juncea

Mir ist es ein Rätsel, warum dieses Kraut nicht in jedem Garten steht, denn es ist anspruchslos und enorm nützlich. Ich habe es schon als Kind gezogen und weiß noch, wie ich am Tisch die Samen aus den Schoten gepult habe, aus denen meine Mutter dann Senf machte. Hausgemachter Senf ist ein großartiges Weihnachtsgeschenk.

Beschreibung

Der Braune Senf ist einjährig, blüht hellgelb im Sommer und setzt lange, schmale Samenschoten an. Je nach Sorte kann das Laub mal oval und mal tief gelappt, mal grün, gelb oder rotpurpur angehaucht sein. Ich rate schon alleine deshalb zu Senfpflanzen, weil sie schnell wachsen und von Frühling bis Spätsommer ausgesät werden können. Während von den im Frühling ausgesäten Pflanzen Blätter und Samen von Interesse sind, kann man die im Spätsommer noch ausgesäten nur für die Blatternte nutzen. Senf braucht einen sonnigen Platz, den man im Winter mit verrottetem Kompost anreichern sollte.

Als Küchenpflanze

Seit Jahrtausenden wird Senf medizinisch und in der Küche verwendet. Die Römer nutzten Braunen Senf als scharfe Salatpflanze und Schwarzen Senf als Gewürz. Man sagt, dass der englische Name »mustard« sich vom römischen »mustem ardens« herleitet, was man mit »brennender Wein« übersetzen kann. Dies weist auf die Schärfe von Senf und die einstige französische Praxis hin, Traubensaft mit zerstoßenen Senfsamen zu fermentieren.

Ernte und Verwendung

Blätter

Die Blätter vom Braunen Senf kann man von Frühling bis Spätherbst ernten – allerdings schmecken die jungen Blätter am besten und haben eine mild-pfeffrige Note. Sie passen zu Salaten und gebratenen Gerichten und verwandeln ein schnödes Sandwich in die reinste Freude.

Blüten

Von Frühling bis zum Frühherbst kann man die Blüten pflücken, sobald sie sich öffnen. Sie schmecken mild nach Senf und eignen sich hervorragend für Salate.

Samen

Sobald die Schoten ihre Farbe verändern, werden sie geerntet. Von Sommer bis zum Frühherbst kann man sie an einem hellen, luftigen Ort trocknen, dann die Samen herausholen und in verschließbaren Gläsern lagern. Ihre Schärfe bekommen sie nur, wenn sie zerstoßen in Flüssigkeit aufgelöst werden. Wenn man die Samen ganz oder zerstoßen zu lange kocht, werden sie allerdings bitter.

Am einfachsten lassen sie sich in hausgemachtem Senf verwenden (siehe Seite 263). Auch in Salatdressings und Saucen schmecken die Samen vorzüglich. Wenn man Senf in warme Gerichte gibt, dann erst am Ende des Kochens, sonst wird die Schärfe durch die Hitze zerstört.

Eigenschaften

Senfsamen, -blätter und -blüten regen den Kreislauf an und sind ein wichtiger Teil einer basenreichen Ernährung. Weiterhin wirkt Senf harntreibend und hustenstillend. Blätter und Blüten im Salat reichern diesen mit Mineralien wie Phosphor, Calcium, Eisen, Kalium sowie den Vitaminen A, B und C an.

Weitere Arten

Weißer Senf

Brassica alba
Blüht blassgelb im Sommer und bekommt lange Schoten mit mattgelben Samen. Die Blätter sind mittelgrün, rau, behaart und tief gelappt.

Brauner Senf

Brassica juncea
Auf blassgelbe Blütenbüschel folgen lange Samenschoten, in denen braune Samen sitzen. Die Blätter sind gelappt, olivgrün mit blassgelber Aderung und gewelltem Rand.

Roter Senf

Brassica juncea 'Rubra'
Diese Sorte blüht reingelb und hat ovale, rot-purpur gefärbte Blätter mit gezähntem Rand mit einem scharfen Senfgeschmack. Gut für Salate und belegte Brote.

Brauner Senf 'Red Frills'

Brassica juncea 'Red Frills'
Blüht gelb im Sommer und hat attraktive dunkelrote, schmale Blätter, deren milder Senfgeschmack ausgezeichnet in Salate passt.

Schwarzer Senf

Brassica nigra
Auf die blassgelben Blüten folgen lange Schoten, in denen dunkelbraune Samen sitzen. Die Blätter sind grün, rau behaart und gelappt.

BOHNENSALAT MIT SENFBLÄTTERN

Senfblätter haben einen markanten Geschmack und ihre milde Schärfe passt zu vielen Gemüsen, wobei mein Favorit die Kombination mit grünen Bohnen ist, die es im Sommer ja zuhauf gibt. Auch meine Mutter mischte Senfblätter gern in Salate, dieses Rezept kannte sie aber nicht, obwohl es sicher nach ihrem Geschmack gewesen wäre. Mit Thunfisch oder Anchovis wird eine komplette Mahlzeit daraus.

Ergibt 2–4 Portionen
200 g grüne Bohnen, geputzt und halbiert
3 EL Olivenöl oder Basilikumöl (siehe Seite 40)
1 EL Balsamico-Essig
1 Knoblauchzehe, zerdrückt
100 g gemischte Senfblätter

Die vorbereiteten grünen Bohnen in reichlich Wasser gar kochen, dann abgießen und abkühlen lassen.

Öl mit Essig und Knoblauch mischen. Senfblätter wenn nötig waschen und trocken schütteln. In einer Salatschüssel mit den Bohnen mischen, Dressing darübergießen, erneut gut vermischen und servieren.

WENDYS LANDBROT MIT SENF UND FETA

Seit einigen Jahren ist Wendy verantwortlich für die Zier- und Gartenpflanzen in meiner Kräutergärtnerei. Dieses gehört zu ihren Lieblingsgerichten, denn die Senfblätter ergänzen sich wunderbar mit Fetakäse und Kartoffeln. Mit selbst gemachter Tomatensauce und einem knackigen grünen Salat servieren.

Ergibt 4 Portionen
175 g mit Backpulver vermischtes Mehl
1 TL Salz
1 Messerspitze Cayennepfeffer
4–5 Frühlingszwiebeln, fein geschnitten
1 TL Salbei, fein gehackt
1 EL Senfblätter, grob gehackt
115 g Fetakäse, klein zerbröselt
1 sehr große Kartoffel, geschält und gerieben
1 Ei
1 TL Dijon-Senf
2–3 EL Milch

Backofen auf 190 °C vorheizen. Mehl sieben und mit Salz und Cayennepfeffer mischen. Frühlingszwiebeln, Salbei, Senfblätter und zwei Drittel des zerbröselten Käses dazugeben und vermengen. Geriebene Kartoffel untermischen und dafür sorgen, dass alles gut mit Mehl bedeckt ist.

In einer anderen Schüssel Ei, Senf und Milch verschlagen und nach und nach mit der Mehl-Kräuter-Mischung zu einem Teig verrühren. Den Teig auf ein eingefettetes oder mit Backpapier ausgelegtes Backblech legen und einen runden Laib von etwa 15 Zentimetern Durchmesser formen.

Das restliche Drittel der Fetakrümel in die Oberfläche des Brotlaibes drücken. Mit Mehl bestreuen und 35–40 Minuten im Ofen goldbraun backen. Warm servieren.

SENFBLÄTTER-SAUCE

Dies ist eine schmackhafte, würzige Sauce, die durch weitere Zutaten noch verändert werden kann. So rühre ich häufig hartgekochte Eier oder in Essig eingeweichte Brotkrumen hinein. Zu Fisch, kaltem Fleisch, Käse oder Salaten servieren.

Ergibt 2–4 Portionen
100 g gemischte Senfblätter (roter und weißer Senf), gewaschen und grob gehackt
1 Knoblauchzehe, zerdrückt
2–3 EL Weißweinessig oder Kräuteressig
150 ml Olivenöl
Salz und frisch gemahlener schwarzer Pfeffer

Senfblätter und Knoblauch mit 2 Esslöffeln Essig in der Küchenmaschine zerkleinern und vermengen. Bei laufendem Motor das Olivenöl untermischen. Die Sauce abschmecken und falls nötig den restlichen Essig dazugießen.

KANINCHEN IN SENFSAUCE

Ich stelle mit Interesse fest, dass Kaninchenfleisch wieder seinen Weg in die Küchen findet. Steve, Chris und John, meine Metzger in Chipping Sodbury, haben es häufig im Angebot. Mir persönlich schmeckt es besonders gut in Senfsauce. Mit einem knackigen grünen Salat und einer großen Portion Kartoffeln servieren, die die Sauce aufsaugen.

Ergibt 4–6 Portionen
575 g Kaninchenfleisch, von den Knochen gelöst (das kann Ihr Metzger für Sie tun)
etwas Mehl, zum Bestäuben
40 g Butter
225 g Schalotten, halbiert (oder 1 große Zwiebel, in feinen Ringen)
1 Knoblauchzehe, in Scheiben geschnitten
300 ml Gemüse- oder Hühnerfond
1 kleine Handvoll Thymianblätter
Salz und frisch gemahlener schwarzer Pfeffer
1 Lorbeerblatt
1 EL Thymiansenf (oder anderer Kräutersenf, siehe Seite 264)
150 ml Crème double

Das entbeinte Kaninchenfleisch in Stücke schneiden und in Mehl wenden. Beiseitestellen.

In einem großen Topf die Butter zerlassen und Schalotten oder Zwiebeln darin goldbraun, aber nicht dunkelbraun anbraten. In den letzten Minuten den Knoblauch einrühren. Kaninchenstücke dazugeben und wenden, bis sie von allen Seiten angebraten sind, dann den Fond angießen und zum Köcheln bringen. Hitze reduzieren, Thymian, Lorbeerblatt, Salz und Pfeffer einrühren. Zudecken und auf niedriger Hitze 1,5 Stunden köcheln lassen, bis das Fleisch gar ist. Hin und wieder umrühren, damit nichts anbrennt.

Die Zwiebeln und das Fleisch herausheben, sobald dieses zart ist, und auf eine vorgewärmte Servierplatte geben. Die Thymianblätter und das Lorbeerblatt aus dem Bratensaft herausnehmen und diesen wieder erhitzen. Thymiansenf und Crème double dazugeben und kräftig umrühren, um Angesetztes vom Boden zu lösen. Nicht kochen lassen, da sonst das Senfaroma verloren geht. Abschmecken und das Kaninchenfleisch mit Sauce begossen servieren.

Überschüssiger Senf

Senf wird immer beliebter und ist leicht herzustellen. Die verschieden gefärbten Senfsamen – weiß oder gelb, braun oder schwarz – schmecken recht unterschiedlich und ergeben je nach Kombination stark variierende Geschmacksnoten. Gemischt mit den verschiedensten Zutaten wie Wein, Essig und Kräutern kann man den perfekten Senf für sich, seine Freunde und die Familie herstellen.

Kräutersenf kann man besonders gut kombinieren mit Crème fraîche oder Frischkäse als Dip für Gemüse oder Salzgebäck. Auch für Salatdressings oder Saucen ist er zu empfehlen. Zu diesem Basisrezept können Sie Kräuter Ihrer Wahl verwenden (siehe zum Beispiel Seite 264).

Das schnelle und einfache Senfrezept

Meine Mutter machte ihren Senf selbst, aber nach ihrem Kochbuch dauerte das insgesamt zwei Tage. Dank Küchenmaschine oder Pürierstab kann ich einen guten Senf in einer Stunde herstellen. Es macht Spaß und die Kräutervariationen sind endlos: Er kann süß, scharf, stechend, würzig oder nach Kräutern schmecken, ganz nach Ihrem Geschmack.

Der Herstellungsprozess ist überraschend unkompliziert, denn man muss nur Senfsamen mahlen und mit anderen Zutaten mischen. Dabei sind die Samen selbst nicht scharf, erst das Vermischen mit kalter Flüssigkeit sorgt für die Schärfe. Vorsicht, frischer Senf ist meistens sehr scharf. Man sollte ihn auf jeden Fall 30 Minuten stehen lassen, damit sich die Aromen entwickeln können und die Schärfe etwas zurückgeht. Je länger er steht, desto milder wird der Senf.

Ergibt 2 Gläser à 100 Milliliter
50 g weiße Senfsamen
30 g schwarze Senfsamen
50 g brauner Zucker
1 TL Salz
1 TL Kurkuma
25–50 g Kräuter (siehe Seite 264; bei getrockneten Kräutern nur die Hälfte der Menge nehmen)
200 ml Weißweinessig, oder Weißwein- und Apfelessig, oder Kräuteressig, oder eine Kombination von allem

Senfsamen, Zucker, Salz, Kurkuma und Kräuter mit dem Pürierstab oder im Mörser zu einer Masse vermengen, die körnig oder geschmeidig sein kann. Esslöffel für Esslöffel den Essig dazugeben und nach jeder Portion alles gut vermischen. So lange mischen, bis eine grobe Paste entstanden ist.

10–15 Minuten stehen und fest werden lassen. Senf in kleine sterilisierte Gläser füllen (siehe Seite 12), verschließen, etikettieren und mit Datum versehen. Vor dem Gebrauch mindestens 2 Wochen dunkel lagern, damit sich die Aromen entfalten können. Senf innerhalb von 6 Monaten verbrauchen. Nach dem Öffnen verfliegen die Aromen nach und nach, so dass man den Senf in den Kühlschrank stellen und innerhalb von 1 Monat verbrauchen sollte.

Kräuter für Senf

Alle hier genannten Kräuter können Sie entweder einzeln verwenden oder je nach Geschmack mit anderen Kräutern mischen.

Alle Kräutermengen sind für 100 g Senf angegeben.

Dill: 50 g gehackte Dillblätter und 1 TL zerstoßene Dillsamen. Schmeckt besonders gut zu Räucherlachs.

Meerrettich: 2 EL geriebene Wurzel. Eignet sich für dunkles Fleisch.

Oregano: 25 g gehackte Blätter. Bietet sich zu Ziegenkäse und Tomaten an.

Rosmarin: 25 g gehackte Blätter. Passt zu kaltem Lammfleisch.

Thymian: 25 g gehackte Blätter. Den Senf sollten Sie zu Käse, Fleisch und Fisch probieren.

Bohnenkraut: 25 g gehackte Blätter. Schmeckt besonders gut im Dressing für Bohnensalat.

Estragon: 25 g gehackte Blätter. Passt wunderbar zu Fisch und kaltem Geflügel, außerdem in zahlreiche Saucen.

SHISO

(auch bekannt als Perilla, Schwarznessel, Sesamblatt)

Perilla frutescens

Bis vor kurzem war diese ostasiatische Pflanze als kulinarische Bereicherung im Westen noch weitgehend unbekannt. Noch in den 1980er Jahren wurde sie in England zwar als auffällige Beetpflanze verwendet, als Küchenpflanze aber nicht.

Ich lernte die Küchentalente von Shiso vor etwa 15 Jahren kennen, als ich ihn auf einer Londoner Blumenschau ausstellte. Unter den japanischen Besuchern der Schau verbreitete sich schnell die Neuigkeit, dass ich Shiso im Angebot hatte, und mein Bestand war bald ausverkauft. In diesen Tagen lernte ich von meinen Kunden viel über dieses Kraut. Mittlerweile verwenden es viele Chefköche und servieren es häufig wie Kresse.

Beschreibung

Shiso ist eine einjährige Pflanze, die im Sommer blass pinkfarben blüht und große, tief eingeschnittene, runzelige und nach Kurkuma schmeckende Blätter hat. Nach der Frostperiode kann sie ausgesät oder in gut vorbereitetem und im vorjährigen Herbst mit Kompost oder Laubmull angereicherten Boden gepflanzt werden. Shiso bevorzugt einen durchlässigen Standort in voller Sonne oder Halbschatten. Eine Warnung jedoch: Nicht an der Grenze zu Viehweiden pflanzen, denn bei Kühen und Pferden kann der Verzehr Atemversagen zur Folge haben.

Als Küchenpflanze

Seit dem 5. Jahrhundert werden Blätter und Samen von Shiso in China kulinarisch und medizinisch verwendet. Auch in der japanischen Küche nutzt man Shiso seit Jahrhunderten.

Traditionell wurde das Öl aus den Samen beim Backen verwendet, was sich bis heute in ländlichen Regionen Koreas erhalten hat. In Nepal und Teilen Indiens dagegen mischte man die zerstoßenen Samen mit Chili und Tomaten zu einem herzhaften Dip – auch dies hat sich bis in die heutigen Tage erhalten.

Ernte und Verwendung

Blätter

Vom Frühling bis zum ersten Frost können die Blätter gepflückt werden. Wenn man von oben die neuen Triebe nimmt, wird die Pflanze zum Neuaustrieb angeregt. Zudem schmecken sie besser als die Seitenblätter, am besten roh oder zu Gebratenem. Ältere Blätter sollten gekocht werden.

Blüten

Blüten mit dem Erscheinen im Sommer pflücken. Sie schmecken mild und großartig in Salaten oder über kalten Fisch gestreut.

Samen

Die interessant süßlich schmeckenden Samen kann man von Spätsommer bis Frühherbst ernten. Ich habe noch nicht mit ihnen gekocht, weiß aber, dass man sie in Japan und Nordindien erntet. Sie werden gemahlen und das extrahierte Perillaöl wird in Küche und Medizin ähnlich wie Leinsamenöl verwendet. In Teilen Asiens schätzt man die medizinischen Eigenschaften mehr als die kulinarischen, denn Shisosamen sind eine reiche Quelle an Omega-3-Fettsäuren und Linolensäure.

Eigenschaften

Shiso zählt zu den stärksten natürlichen Antioxidantien. Forschungen an der Universität von Osaka wiesen eine stärkere Wirkung als Askorbinsäure nach, zudem wirkt das Kraut positiv auf den Cholesterinspiegel.

Weitere Arten

Zi Su

Perilla frutescens var. *frutescens*
Die einjährige Pflanze blüht im Sommer malvenfarben und hat große, aromatische, grüne Blätter, mit einem Hauch Braun-Purpur unterseits. Sie ist in Korea ein bedeutendes Kraut für Küche und Gesundheit.

Grünes Shiso

Perilla frutescens var. *crispa*
Grünes Shiso blüht im Sommer pinkfarben und hat nach Anis duftende, tief geschnittene, hellgrüne Blätter mit gewellten Rändern. Diese Sorte ist auf Märkten in Japan weit verbreitet. Dort wird Shiso als Gemüse verwendet, aber auch als Hülle für Reisplätzchen oder als Salatzutat. Aus den Samen werden Gewürze hergestellt, die für Eingelegtes genutzt werden. Das aus Blättern und Blüten gewonnene Öl ist um ein Vielfaches süßer als Zucker und wird in Süßigkeiten verarbeitet.

Rotes Shiso

Perilla frutescens var. *purpurascens*
Blüht im Sommer pinkfarben und hat tief eingeschnittene, aromatische, dunkel-purpurfarbene Blätter mit gewellten, bronzenen Rändern. Unter den Sämlingen kann es Unterschiede geben, beispielsweise rotblühende und solche mit weicheren Blättern. Rotes Shiso kann als Färbemittel für eingelegte Früchte und Gemüse dienen. Zudem wird es als getrocknetes Pulver in Reis gemischt, als Zutat in Kuchen und zur Aromatisierung von Erfrischungsgetränken verwendet. Die Blütenköpfe findet man gelegentlich als Zutat in Sushi.

GEMÜSE- UND SHISO-TEMPURA

Frittiert behält Shiso seinen markanten Kumingeschmack, der vielseitig mit anderem Gemüse kombiniert werden kann.

Tempuras gelingen problemlos, wenn alles vorbereitet ist, bevor man mit dem Teig beginnt. So muss eine Schüssel mit Mehl zum Wenden des Gemüses bereit stehen, außerdem ein Rost zum Abtropfen, Küchenpapier sowie Servierschalen.

Das Gemüse wird in kleinen Schüben frittiert und kommt nach und nach heiß auf den Tisch. Insofern mus man sich für Tempuras Zeit nehmen. Wenn Sie das Frittierte dennoch in einer Portion servieren möchten, heizen Sie den Backofen auf 180 °C vor und halten die abgetropften Teile in einer Schüssel warm.

Ergibt 4 Portionen

100 g Champignons, in Bissgröße geschnitten
100 g Zucchini, in Bissgröße geschnitten
100 g rote Paprika, ohne Samen und in Streifen geschnitten
100 g Brokkoli, in kleine Röschen zerlegt
20 Shisoblätter (rote, grüne oder eine Mischung), Stängel entfernt

Für die Sauce

3 EL Sojasauce
3 EL trockener Sherry
1 EL Zucker
Schale von 1 Bio-Zitrone

Für den Teig

85 g Mehl, plus etwas zum Wenden
1 TL Speisestärke
1 TL Meersalz
200 ml eiskaltes Mineralwasser mit Kohlensäure
einige Eiswürfel
Frittieröl

Zuerst das Gemüse und die Shisoblätter waschen und vorbereiten. Für die Sauce alle Zutaten in einer Schale vermischen.

Den Teig in 2 Portionen zubereiten – so wird er nicht zu fest. Dazu die Zutaten nur kurz mischen, auch wenn so ein paar Klumpen bleiben werden. Wenn man zu lange mischt, wird der Teig sehr schwer.

Das Öl in einem Wok oder einer tiefen Bratpfanne auf 170–180 °C erhitzen. Die Temperatur ist richtig, wenn man ein Stückchen Teig hineinfallen lässt und dieses zuerst auf den Boden sinkt und dann wieder auftaucht.

Nun immer nur wenige Stücke auf einmal frittieren. Vorher die Gemüsestücke in Mehl wenden, Überschuss abschütteln, dann in den Teig tauchen und ins Öl legen. Die Shisoblätter werden nicht vorher in Mehl gewendet, sondern gleich in den Teig getaucht, abgeschüttelt und für nur 1 Minute im Öl frittiert. Die anderen Gemüsearten 2 bis 3 Minuten frittieren. Sobald sich der Teig golden färbt und die Teile an die Oberfläche steigen, mit Essstäbchen oder Schaumlöffel wenden.

Die frittierten Stücke aus dem Öl nehmen, über Küchenpapier abtropfen lassen und mit der Sauce servieren. Wiederholen, bis alle Gemüsestücke und Shisoblätter frittiert sind.

GEBRATENES SHISO MIT GURKE

Köstlich ist die Kombination der kühlen Gurke mit dem süßlichen Kumingeschmack der Shisoblätter. Ein leckeres, leichtes und außerdem schnell zubereitetes Abendessen. Mit gekochtem Reis servieren.

Ergibt 2–3 Portionen
1 Gurke, streifenweise geschält
3 EL Olivenöl
1 frische rote Chilischote, ohne Samen und fein gehackt
2 Knoblauchzehen, fein gehackt
1,5 TL helle Sojasauce
1 TL Weißweinessig
6–8 Shisoblätter (rote oder grüne), fein gehackt
1 TL Sesamöl

Gurke längs halbieren und in 3 Millimeter dicke Halbkreise schneiden.

Einen Wok mit flachem Boden oder eine tiefe Pfanne erhitzen, dann das Öl hineingeben. Gurken dazugeben und in der Pfanne so ausbreiten, dass der Pfannenboden großteils bedeckt ist. Von Zeit zu Zeit wenden, bis beide Seiten hellbraun sind. Chili und Knoblauch in die Pfanne geben und so lange braten, bis sich ihr Duft entwickelt. Sojasauce und Essig darübergießen und gut vermischen. Shisoblätter dazugeben und umrühren. Von der Herdplatte nehmen, Sesamöl einrühren und sofort servieren.

SCHARFE THUNFISCH-SHISO-BURGER

Fisch, besonders Thunfisch, passt gut zum würzigen Shiso. Diese Burger sind köstlich und sehr scharf – daher sparsam mit der Wasabi-Paste umgehen.

Ergibt 6 Portionen
700 g frische, grätenfreie Thunfischsteaks oder
2 Dosen Thunfisch à 200 g
6–8 grüne Shisoblätter
2 Frühlingszwiebeln, geschnitten
1 TL Wasabi-Paste oder Senf
1 Stück frischer Ingwer (3 cm dick), gerieben
Salz und frisch gemahlener schwarzer Pfeffer
60 ml Teriyaki-Sauce
2 EL Honig
1 EL Maiskeimöl
3 Ciabatta-brötchen
2 EL milde Chilisauce, plus etwas zum Servieren
1 Gurke
1 Kopf grüner Salat, gewaschen und getrocknet
eingelegter Ingwer zum Servieren

Thunfisch in Stücken in eine Schüssel legen. Shiso fein hacken und zusammen mit Frühlingszwiebeln, Ingwer, Wasabi oder Senf zum Thunfisch geben. Gründlich vermengen und falls nötig mit Pfeffer und Salz würzen. Man kann auch Thunfisch, Shiso, Frühlingszwiebeln, Wasabi und Ingwer in einer Küchenmaschine kurz zerhacken – auf keinen Fall zu lange.

Mischung zu 6 Burgern formen, auf einem Teller mit Klarsichtfolie abdecken und 1 Stunde in den Kühlschrank stellen. Teriyaki-Sauce mit dem Honig vermischen und beiseitestellen.

Maiskeimöl in einer beschichteten Pfanne erhitzen und darin die Burger von jeder Seite 3–4 Minuten braten, danach mit der Teriyaki-Honig-Sauce bepinseln.

Backofengrill vorheizen. Brötchen halbieren und die angeschnittenen Seiten unter dem Grill toasten. Die Gurke mit einem Sparschäler in dünne Streifen hobeln und den Salat klein rupfen. Chilisauce auf die Brötchenhälften streichen und mit Gurke und Salat bestücken. Darauf die Burger legen und Bratensaft darüberlöffeln. Zusammen mit eingelegtem Ingwer und milder Chilisauce in kleinen Schälchen servieren.

Überschüssiger Shiso

Shiso-Marinade für rohen Fisch

Diese Marinade schmeckt vorzüglich zu vielen Fischarten. Man sollte mehrere Shisopflanzen haben, denn 2 Esslöffel frische Triebspitzen sind hierfür nötig. Mit einem knackigen grünen Salat oder Klebreis servieren.

Ergibt ca. 250 Milliliter
500 g Kabeljaufilet oder ein vergleichbarer Fisch
200 ml Weißweinessig
2 EL Triebspitzen Shiso (grün oder rot)
Saft von 1 Zitrone
Saft von 1 Limette
1 EL Meersalz
2 Knoblauchzehen, in Scheiben

Fisch in 2,5 Zentimeter große Stücke schneiden und in eine flache Schale legen. Alle anderen Zutaten für die Marinade vermischen. Mit der Marinade begießen, die Schale mit einem Deckel oder Folie abdecken und 3 Stunden in den Kühlschrank stellen. Fisch alle 30 Minuten wenden, so dass er von allen Seiten in der Marinade gelegen hat. Weitere 24 Stunden abgedeckt im Kühlschrank lassen.

Fisch aus der Marinade nehmen und zum Servieren in dünne Scheiben schneiden. Grundsätzlich hält sich die Marinade in einem verschließbaren Gefäß im Kühlschrank bis zu 48 Stunden, ohne Aroma zu verlieren.

STEVIA

(auch bekannt als Süßkraut, Süßblatt, Honigkraut)
Stevia rebaudiana

Stevia ist eine wirklich bemerkenswerte Pflanze. Wer je ein winziges Stück an seine Zunge gehalten hat, kann die Behauptung nachvollziehen, Stevia sei 30-mal süßer als Zucker. Untersuchungen haben ergeben, dass ¼ Teelöffel getrocknete Steviablätter 225 Gramm Zucker entsprechen.

Die Japaner haben alle künstlichen Süßstoffe aus ihrem Essen verbannt und verwenden seit mehr als 30 Jahren Stevia als Süßungsmittel; in den USA wird Stevia als Nahrungsergänzungsmittel angeboten. Seit kurzem sind nun auch in der Europäischen Union die Süßstoffe aus den Blättern, die Steviolglykoside, als Zusatzstoff E960 zugelassen, da Studien der Europäischen Behörde für Lebensmittelsicherheit weder eine Genotoxizität noch eine krebserregende Wirkung der Pflanze nachweisen konnten.

Beschreibung

Stevia ist ein immergrünes Gewächs aus den Subtropen, das in kaltem Klima einjährig ist. Die Pflanze blüht in weißen Dolden und hat grüne, ovale Blätter mit einem intensiven Zuckergeschmack und einem Hauch von Lakritz. Man kann sie aus Samen ziehen, sicherer ist allerdings die Vermehrung von im Frühsommer geschnittenen Stecklingen. Nur in den Subtropen überlebt sie draußen, bei uns sollte man sie in Töpfen pflanzen und im Winter frostfrei stellen.

Als Küchenpflanze

Im 16. Jahrhundert fiel den spanischen Invasoren auf, dass die Guarani-Indianer in Paraguay das Kraut nicht nur als Süßungsmittel für ihre Getränke, sondern auch medizinisch verwendeten.

Ernte und Verwendung

Blätter

In unseren Breiten können die Blätter vom späten Frühling bis in den Herbst hinein geerntet werden. Junge Blätter schmecken am besten und tatsächlich kann man mit ihnen vollständig auf Zucker verzichten. Allerdings ist Zurückhaltung geboten, denn zu viel des Krauts kann ein Essen ruinieren. Stevia passt zu allen Früchten, Säften und zu Milchprodukten. Selbst hohe Temperaturen zerstören nicht ihre Süße, dennoch ist Stevia nicht für Backwaren zu empfehlen (mit einigen Ausnahmen wie Möhrenkuchen, siehe Seite 274), denn sie vermag nicht zu karamellisieren wie Zucker und ist nicht am Gärungsprozess von Hefe beteiligt.

Eigenschaften

Stevia fördert die Verdauung und ist ein natürlicher Süßstoff. Die Blätter enthalten die Vitamine B und C sowie die Mineralien Calcium und Kalium.

Weitere Arten

Keine

STEVIA-LÖSUNG FÜR JEDEN TAG

Verschiedene Faktoren können den Zuckergehalt der Steviablätter bestimmen. Es kommt auf die Jahreszeit, auf die Temperaturen des Wuchsortes und die Bodenverhältnisse an, so dass man zunächst nie genau weiß, wie süß die geernteten Blätter sind. Mit dieser Stevia-Lösung für den täglichen Gebrauch kann man auf Nummer sicher gehen und die Süße selbst bestimmen.

Beginnen Sie immer mit wenigen Blättern, denn man kann immer noch Süße hinzufügen, diese aber nicht mehr rückgängig machen.

Ergibt ca. 300 ml
Steviablätter

300 ml gekochtes Wasser

Ein Steviablatt in einen Messbesser geben und das gekochte, aber nicht mehr kochende Wasser darübergießen. 10 Minuten ziehen lassen. Mit einem Teelöffel das Wasser probieren. Wenn Ihnen die Süße noch zu schwach ist, ein weiteres Blatt hineingeben.

Wasser und Blätter in einem Topf erneut bis zum Siedepunkt erhitzen, aber nicht kochen lassen. 10 Minuten zugedeckt stehen lassen und noch einmal probieren. Je nach Geschmack noch ein weiteres Blatt dazugeben, wieder erhitzen und probieren. Diesen Vorgang wiederholen, bis die Lösung Ihrem Geschmack entspricht.

STEVIA-LIMONADE

Ein schmackhaftes, kühles Erfrischungsgetränk für den Sommer, bei dem Stevia perfekt die Säure der Zitrone mildert.

Ergibt 825 Milliliter
Schale von ½ Bio-Zitrone
275 ml frisch gepresster Zitronensaft
550 ml kaltes Wasser
2 TL Stevia-Lösung (siehe Rezept oben), oder nach Geschmack
3 Zitronenscheiben, plus Scheiben zum Garnieren
2 Minzzweige, plus Zweige zum Garnieren
1 Zweig Zitronenverbene
Eiswürfel

Sämtliche Zutaten in einen großen Krug geben und gründlich mischen.

In jedes Glas einen Eiswürfel geben, die Limonade darübergießen und mit einer Zitronenscheibe und einem Minzzweig garnieren.

MÖHRENKUCHEN MIT STEVIA

In diesem Kuchen funktioniert Stevia ausgezeichnet, denn die reifen Bananen ersetzen die karamellisierende Wirkung von Zucker.

Ergibt 8–10 Portionen
Butter, zum Einfetten
275 g Mehl
1 TL Salz
1 TL Natron
2 TL Backpulver
1 gestrichener TL getrocknete Steviablätter, zu Pulver zerstoßen
25 g Walnüsse, fein gehackt
25 g blanchierte Mandeln, fein gehackt
150 g Möhren, gerieben
3 große Eier
180 ml Maiskeimöl
2 reife Bananen, geschält und püriert

Für die Glasur
75 g Butter, zimmerwarm
150 g fetter Frischkäse
½ TL getrocknete Steviablätter, zu Pulver zerstoßen
½ TL Vanilleessenz

Backofen auf 180 °C vorheizen. Eine Springform von 20 Zentimeter Durchmesser einfetten.

Mehl, Salz, Natron und Backpulver in eine große Rührschüssel sieben. Steviapulver, Walnüsse und Möhren dazugeben und kräftig umrühren.

In einer anderen Schüssel die Eier schlagen und mit dem Öl und den pürierten Bananen verrühren. Die Masse unter ständigem langsamem Umrühren in die Mehlmischung geben.

Alles in die vorbereitete Backform streichen und auf der mittleren Schiene im Ofen etwa 65 Minuten backen, bis die Oberseite goldbraun ist, sich die Masse etwas von den Rändern gelöst hat und sich ein in den Kuchen gestochener Holzspieß sauber wieder herausziehen lässt. Herausholen und auf einem Rost abkühlen lassen.

Für die Glasur sämtliche Zutaten mischen. Anders als Zuckerglasur wird diese nicht hart, schmeckt aber ebenso köstlich. Wenn der Kuchen abgekühlt ist, die Glasur auf den Kuchen streichen und mit den Zinken einer Gabel darin ein Muster zeichnen.

BANANENKUCHEN

Dieses altbewährte Familienrezept habe ich um Stevia ergänzt, weil dieses Kraut so gut zu Bananen passt. Mit einer Küchenmaschine ist der Kuchen im Nu vorbereitet; ansonsten ist das Rezept ein gutes Training für die Oberarme.

Ergibt 8–10 Portionen
2 Bananen
100 g weiche Margarine
1 gestrichener Teelöffel getrocknete Steviablätter
2 Eier
225 g Mehl
1 gestrichener Teelöffel Backpulver

Backofen auf 180 °C vorheizen. Eine Springform von 20 Zentimeter Durchmesser einfetten.

Falls Sie eine Küchenmaschine benutzen, zuerst die Bananen 10 Sekunden schnetzeln, dann Margarine, Stevia, Eier, Mehl, Backpulver und Milch dazugeben und wieder 10 Sekunden vermengen.

Wer den Kuchen von Hand vorbereitet, zerdrückt die Bananen in einer großen Schüssel mit einer Gabel und vermengt diese Masse mit Margarine und Stevia. In einer kleinen Schüssel die Eier schlagen und nach und nach in die Bananenmasse mischen. Dann langsam Mehl mit Backpulver einrühren und gut vermischen, so dass sich keine Klumpen bilden. Milch einrühren.

Den Teig in eine vorbereitete Backform geben und etwa 1 Stunde im Ofen auf mittlerer Schiene backen, bis der Kuchen aufgegangen und goldbraun geworden ist.

Aus der Form nehmen und auf einem Rost abkühlen lassen. Pur oder mit Butter servieren.

Überschüssige Stevia

Getrocknete Steviablätter

Beim Trocknen geht es darum, sämtliches Wasser aus der Pflanze verdunsten zu lassen, gleichzeitig aber die enthaltenen Öle und den Geschmack zu bewahren. Bei Stevia sind die getrockneten Blätter drei- bis viermal so süß wie die frischen, deshalb sollte man sie sparsam einsetzen. Man verwendet die getrockneten Blätter in Flüssigkeiten. Die frischen Blätter in einer dünnen Lage auf einem mit Musselin bespannten Holzgitter ausbreiten und an einem warmen, dunklen, trockenen und gut gelüfteten Ort lagern. Ein Gästezimmer mit zugezogenen Vorhängen ist ideal dafür, oder auch ein Küchenschrank mit einen Spaltbreit geöffneten Türen.

Die Blätter mehrmals pro Woche per Hand wenden. Wenn die Blätter vollständig trocken sind und sich leicht zerreiben lassen, werden sie in ein dunkles Glas mit Schraubverschluss gefüllt. Mit Name und Abfülldatum versehen. Die getrockneten Blätter halten sich etwa 1 Jahr.

SÜSSDOLDE

(auch bekannt als Myrrhenkerbel)

Myrrhis odorata

Ich kannte die Süßdolde nicht, bis ich sie zufällig in einem Kräutergarten entdeckte. Von da an faszinierte mich die Geschichte dieser Pflanze und ich wundere mich, wie selten sie verwendet wird. Aber vielleicht kommt auch die Süßdolde eines Tages mit der verstärkten Rückbesinnung auf das, was unsere Vorfahren aßen, wieder in Mode.

Beschreibung

Diese winterharte Staude gehört zu den ersten, die nach dem Winter wieder erscheint. Im Frühling kann man ihr buchstäblich beim Wachsen zusehen. Die feinen, farnähnlichen Blätter duften beim Zerreiben süßlich nach Anis. Im Frühling blüht die Süßdolde in cremeweißen Dolden. Die länglichen Samenschoten sind zuerst grün und werden bis zum Herbst schwarz. Grün schmecken auch sie nach Anis.

Die Süßdolde bevorzugt einen nahrhaften, durchlässigen Boden in absonniger Lage. Wo es ihr gefällt, sät sie sich leicht aus. Wenn man die Samen weder zur Aussaat noch für die Winterküche verwertet, sollte man die Pflanze gleich nach der Blüte zurückschneiden. Das wird zum Austrieb frischer Blätter führen, die sich hervorragend für Spätsommersalate oder Desserts eignen. Vermehren lässt sich Süßdolde durch Aussaat im Herbst, denn zum Auflaufen braucht der Samen Frost. Alternativ dazu kann man im Herbst etablierte Pflanzen teilen.

Als Küchenpflanze

Die altehrwürdige Süßdolde findet man wild wachsend in ganz Europa. In Aufzeichnungen des Botanikers John Gerard aus dem 16. Jahrhundert ist zu lesen, dass damals die Wurzeln wie die der Pastinake gekocht wurden. Auf dem Land kennt man die Samen auch als Knabbereien am Wegesrand.

Ernte und Verwendung

Blätter

Blätter kann man von Frühling bis Frühherbst pflücken. Sie schmecken süßlich nach Anis und passen fein gehackt in Salate, Dressings und Omelettes, aber auch in Suppen, Schmorgerichte und ins Kochwasser von Weißkohl. Sie süßen Schlagsahne und nehmen ihr den fetten Geschmack.

Blüten

Die ganze Blüte ist essbar und kann gleich nach dem Öffnen der Knospen im Frühling geerntet werden. Dabei die Einzelblüten abzupfen und alles Grüne entfernen. Die süßen Blüten passen zu sauren Fruchtdesserts, etwa unter Apfelmus, Pflaumenmus oder auf Rhabarbertörtchen.

Samen

Ab Spätsommer sind die Samen reif. Unreife Samen mit ihrem süßlichen Anisgeschmack kann man in Fruchtsalate oder Eiscreme mischen. Reife Samen wiederum schmecken etwas nussiger und passen gut in warme Gerichte wie Apfelkuchen oder eignen sich zur Aromatisierung von Suppen und Saucen.

Wurzeln

Sie werden im zeitigen Herbst ausgegraben. Man kann sie als Gemüse heiß mit Butter oder heller Sauce servieren oder abgekühlt in den Salat schneiden. Roh kann man sie geschält und geraspelt essen, dazu ein French Dressing. Ihr Geschmack ähnelt dem von Pastinake mit einem Hauch Anis. Aus sicherer Quelle weiß ich, dass man aus ihr auch Wein machen kann – in einem hiesigen Weinkennerzirkel erzielte Süßdolde den ersten Preis für einen Wurzelwein.

Eigenschaften

Süßdolde enthält Anisöl, das auch in Fenchel gefunden wurde. Dieses Öl ist für den Anisgeschmack der Blätter, Blüten und Samen verantwortlich und hilft bei der Verdauung von saurem, scharfem und fettem Essen.

Weitere Arten

Keine

NUDELN MIT FRÜHLINGS-KRÄUTER-SAUCE

Der Anisgeschmack der Süßdolde, die Säure des Sauerampfers, der Zwiebelgeschmack des Schnittlauchs und das frische Aroma von Petersilie machen aus den Nudeln ein wundervolles Frühlingsgericht.

Ergibt 4 Portionen
120 ml Olivenöl
1 Zwiebel, fein gehackt
4 EL frische Semmelbrösel
6 Süßdoldenblätter, gewaschen, getrocknet und grob gehackt, dicke Stiele entfernt
6 junge Sauerampferblätter, gewaschen, getrocknet und grob gehackt, dicke Stiele entfernt
1 Handvoll Schnittlauch, geschnitten
1 Handvoll Petersilie, fein gehackt
500 g frische Nudeln
Salz und frisch gemahlener schwarzer Pfeffer
Parmesan, gerieben, zum Servieren

Zwiebeln und Semmelbrösel in einer tiefen Bratpfanne in 2 Esslöffeln Olivenöl knusprig anbraten.
In einer großen Schüssel das restliche Öl mit den Kräutern vermischen.

Wasser in einem großen Topf mit Salz zum Kochen bringen und die Nudeln hinzufügen. Sobald sie al dente sind, abschütten und in der Schüssel mit dem Kräuteröl wenden. Mit schwarzem Pfeffer würzen, Zwiebeln und Semmelbrösel untermischen und sofort mit geriebenem Parmesan servieren.

RHABARBER-SÜSSDOLDEN-KUCHEN

Dieses Gericht hat seine Wurzeln in einem alten Rezept aus Yorkshire. Die Grafschaft war berühmt für ihren Rhabarber, und wer einmal durch die karge Landschaft der Yorkshire Dales gewandert ist, wird die Süßdolde überall entlang der Wege und an Feldrändern entdeckt haben. So ehrt dieser warme Kuchen Yorkshire, wo er meist mit Vanillesauce serviert wird. Aber auch Schlagsahne schmeckt großartig dazu.

Ergibt 4–6 Portionen
4 Eiweiß
120 g Mehl
180 ml Milch
75 g Rosinen
350 g junge Rhabarberstiele
3 EL Butter
1 EL Sonnenblumenöl
120 g Süßdoldenblätter, fein gehackt
2 EL brauner Zucker

Backofen auf 200 °C vorheizen. Eiweiße kurz schlagen, dann mit Mehl, Milch und Rosinen mischen. Teig setzen lassen, während die anderen Zutaten vorbereitet werden.

Blätter und helle Stielenden des Rhabarbers entfernen, Stiele waschen und in 2,5 Zentimeter lange Stücke schneiden. Diese in eine Schüssel geben, mit kochendem Wasser übergießen, 5 Minuten darin stehen lassen, dann abgießen.

1 Esslöffel Butter und das Öl in eine tiefe Auflaufform geben, die Form in den Backofen stellen, bis das Öl Blasen wirft, aber noch nicht braun ist. Den Teig in die heiße Auflaufform gießen, Rhabarber und Süßdolde in die Mitte geben und dabei einen Rand von 3 Zentimetern zu allen Seiten lassen.

Im Ofen 20 Minuten backen, bis der Teig schön braun ist. Die restliche Butter in einem Topf zerlassen und den Zucker einrühren. Köcheln lassen, bis ein Sirup entsteht. Diesen über den warmen Kuchen sprenkeln.

SODABROT MIT SÜSSDOLDE

Als Kind besuchte ich häufig Südirland, denn mein Vater wurde in Tipperary geboren. Dort gab es Sodabrot. Mein erstes selbst gebackenes Brot war jenes Sodabrot, denn diesen Teig muss man nicht stundenlang kneten.

Man kann zahlreiche Kräuter in das Brot mischen, aber Süßdolde gibt ihm einen unvergleichlichen Anisgeschmack, der das Brot zum idealen Begleiter einer Kartoffelsuppe macht.

Ergibt 1 großen oder 2 kleine Laibe

- 50 g Butter, plus etwas zum Einfetten
- 50 g Haferflocken
- 1 TL Natron
- 1 TL Weinstein (unbedingt notwendig)
- 250 g Mehl, plus etwas zum Bestäuben
- 125 g Vollkornmehl
- 1 TL Salz
- 2 EL Süßdoldenblätter, ohne Stiele, fein gehackt
- 250–275 ml Buttermilch

Backofen auf 220 °C vorheizen und ein Backblech einfetten oder mit Backpapier auslegen.

Haferflocken, Natron, Weinstein und die beiden Mehlsorten in einer großen Schüssel vermengen. Salz und Butter dazugeben, vermengen, bis der Teig krümelig wird. Süßdolde untermischen, dann gerade so viel Buttermilch dazugießen, bis sich ein weicher, aber nicht klebriger Teig formen lässt. Wenn er etwas zu feucht geworden ist, noch ein wenig Mehl dazugeben.

Wenn alles gut vermischt ist, den Teig auf einer bestäubten Arbeitsfläche ein paar Minuten sehr sachte kneten. Als runde Form auf das Backblech legen, leicht mit der Hand abflachen und mit einem scharfen Messer ein Kreuz in den Teig ritzen. 25–30 Minuten backen.

Aus dem Ofen nehmen, auf einem Rost mit einem sauberen Geschirrtuch abdecken und abkühlen lassen. Lauwarm servieren. Dieses Brot muss am gleichen Tag gegessen werden, man kann es aber auch in einer luftdicht verschließbaren Gefrierbox etwa 1 Monat einfrieren.

Überschüssige Süßdolde

Die Pflanze produziert reichlich Samen, die man ausgezeichnet trocknen kann. Getrocknet kann man sie im Herbst und Winter zur Aromatisierung von Suppen, Eintöpfen, Saucen und Apfelkuchen verwenden.

Ernte der Süßdoldensamen

Reif sind die Samen, wenn sie sich nahezu komplett verfärbt haben und abzufallen beginnen. Es ist wichtig, die Samen an einem trockenen Sonnentag zu ernten. Am besten erst ab Mittag mit dem Pflücken beginnen, damit sämtlicher Morgentau verdunstet ist.

Beim Sammeln eine Papiertüte oder eine mit Zeitung ausgelegte Saatschale unter die Pflanze halten, um möglichst viele Samen aufzufangen.

Wenn Sie noch andere Samen sammeln, sollten Sie nicht vergessen, entsprechende Namensschilder vorzubereiten, da eine spätere Unterscheidung nahezu unmöglich ist.

Nach dem Sammeln werden die Samen gesäubert und von den Stielen getrennt. Auf Musselinstoff oder Küchenpapier ausbreiten und an einem trockenen, luftigen Platz ein paar Tage vollständig trocknen lassen. Bevor man sie in die Behälter füllt, sollte man angepickte oder anders beschädigte Samen aussortieren.

Zum Aufbewahren eignen sich dunkle Gläser, Pappkartons oder feste Umschläge. Die Samen halten sich 2 Jahre lang.

THYMIAN

(auch bekannt als Kuttelkraut, Römischer Quendel)
Thymus vulgaris

Thymian zählt zu den weit verbreiteten Küchenkräutern Europas, die schon die Alten Ägypter und Griechen verwendeten. Sobald er gekocht wird, erfüllt er die Küche mit einem appetitlichen Duft. Für mich ist das besonders im Winter wichtig, denn es bringt ein Stück Sommer zurück in die Küche. Der Thymian scheint dann etwas von der Hitze abzugeben, die er während der warmen Sommermonate gespeichert hat, und das hebt zweifellos die Stimmung an langen, grauen Wintertagen.

Beschreibung

Thymian ist eine frostharte immergrüne Pflanze, die man wild wachsend in der Natur der nördlichen und südlichen Hemisphäre findet. Dabei ist er nicht nur für den Menschen, sondern auch für Insekten äußerst attraktiv. Er wächst in zweierlei Formen: aufrecht und kriechend. Beide Formen haben kleine, aromatische Blättchen, die von dunkel- bis hellgrün variieren können. Auch die kleinen Blüten können unterschiedliche Farben haben, mal Weiß, mal Violett, mal Rot.

Alle Arten und Sorten sollten an einen sonnigen, durchlässigen Platz gepflanzt werden. Thymian mag keine feuchten Winter und erst recht keine Staunässe. Daher sollte man den Boden genau prüfen und ihn gegebenenfalls mit Kies abmagern. Thymian kann leicht in Töpfen mit gut verrottetem Kompost gezogen werden, der aber ebenfalls mit grobem Material abgemagert werden sollte.

Um die Pflanze gesund zu halten, sollte man sie jährlich nach der Blüte zurückschneiden. Das regt sie zu frischem Wuchs an und verhindert eine zu starke Verholzung. Kriechende Pflanzen werden auf diese Weise begrenzt.

Als Küchenpflanze

Früher wurde Thymian vorwiegend zu Fleischgerichten verwendet, besonders zu Kaninchen. Zudem wurde er zur Aromatisierung in Wein und Wasser eingelegt. Weiterhin machte man aus den Blättern des wildwachsenden Thymians Tee, der zur Stärkung nach längerer Krankheit diente.

Ernte und Verwendung

Blätter

Als immergrüne Pflanze lässt sich Thymian während des ganzen Jahres ernten, zumindest in nicht zu frostigen Klimazonen. Für die Küche gibt es zwei Methoden: Entweder man pflückt ganze Zweige oder nur die Blättchen. Die Länge der Zweige hängt vom Alter der Pflanze und der Sorte ab.

Beim gewöhnlichen Thymian beträgt die durchschnittliche Zweiglänge 6–8 Zentimeter, wovon ein guter Teil verholzt ist. Bei der kriechenden Sorte 'Jekka' dagegen messen die Zweige 4–6 Zentimeter, bestehen aber vorwiegend aus grünem Wuchs. Wenn man nur die Blätter möchte, hält man am einfachsten den Zweig an der Spitze und strippt die Blättchen nach hinten ab.

Ihre beste Zeit haben die Blätter vor der Blüte, denn dann sind sie besonders aromatisch. Für die frühen Sorten liegt diese Zeit im Frühling, für die anderen im Frühsommer.

Blüten

Vom ausgehenden Frühling bis zum Spätsommer kann man die geöffneten Blüten pflücken. Sie werden am besten über gekochtes Gemüse gestreut oder im Teig von Backwaren verarbeitet.

Eigenschaften

Ein wesentlicher Bestandteil ist das Öl, welches aus den Blättern gewonnen wird. Es enthält Thymol, das keimtötend und auf Muskeln regenerierend wirkt. Weiterhin hilft Thymian beim Aufspalten fetter Speisen und fördert damit die Verdauung. Forschungen der vergangenen 10 Jahre bescheinigen dem Küchenkraut auch stark antioxidative Wirkung.

Verschiedene Arten

Jede Thymianart ist essbar, doch die folgenden eignen sich besonders gut und passen zu vielen Gerichten.

Breitblättriger Thymian

Thymus pulegioides
Kräftiges Aroma, schmeckt exzellent zu Fleisch, besonders zu gebratenem.

Thymian `Bertram Anderson´

Thymus pulegioides 'Bertram Anderson'
Mildes Aroma, passt gut zu Gemüse.

Kümmelthymian

Thymus herba-barona
Das Kümmelaroma geht gut mit Geflügel und Rindfleisch zusammen und eignet sich für Marinaden und Dressings.

Echter Thymian

Thymus vulgaris
Ideal für Bouqet garnis, zu Rind- und Hühnerfleisch, Fisch, Käse und in Saucen.

Kleiner Gewürz-Thymian

Thymus vulgaris 'Compactus'

Das Blatt hat ein stärkeres Aroma als das der Wildart. Schmeckt gut zu Fleisch, vor allem Ente, und in Marinaden.

Kriechender Zitronen-Thymian

Thymus 'Creeping Lemon'

Hat ein typisches Zitronenaroma. Perfekt zu Geflügel, Fisch, Gemüse oder für Marinaden und Dressings.

Französischer Thymian

Thymus vulgaris 'French'

Hat das intensivste Aroma der hier gelisteten Sorten. Mit Tomaten, Fisch und Geflügel sowie in Dressings und Saucen verwenden.

Goldener Zitronen-Thymian

Thymus citriodorus 'Golden Lemon'

Schmeckt deutlich nach Zitrone, hat zudem etwas Schärfe. Nützlich in Marinaden, Dressings und in Geflügelgerichten.

Gold-Thymian

Thymus pulegioides 'Aureus'

Hat ein mildes Aroma und schmeckt gut zu Gemüsegerichten und Tomaten.

Jekkas Thymian

Thymus 'Jekka'

Dieser Sämling keimte in meiner Gärtnerei und ich vermehrte ihn. Er ist robust und übersteht bei mir alle Wetterlagen. Passt gut zu Gemüse und Fleischgerichten.

Zitronen-Thymian

Thymus citriodorus

Duftet und schmeckt stark nach Zitrone. Eignet sich zu Fisch und Geflügel sowie in Dressings und Marinaden.

Orangen-Thymian

Thymus 'Fragrantissimus'

Von diesem Thymian bin ich total begeistert. Er hat eine zurückhaltende Schärfe mit einem Hauch Orange. Exzellent zu dunklem Fleisch und würzigen Desserts. Auch gut in Marinaden, Saucen und Dressings.

Kaskaden-Thymian

Thymus longicaulis
Dieser Thymian schmeckt leicht nach Kiefer und ist sparsam zu verwenden. Ideal in Marinaden.

Thymian ‵Porlock′

Thymus ‘Porlock’
Ein früher Thymian, im Vergleich zum Französischen deutlich milder. Ist vielseitig einsetzbar, zu Fleisch wie zu Gemüse. Auch exzellent in Brot.

Garten-Thymian ‵Silver Posie′

Thymus vulgaris ‘Silver Posie’
Erinnert an den Echten Thymian, schmeckt aber milder. Gut zu Gemüse oder Geflügel und in Saucen.

Zitronen-Thymian ‵Silver Queen′

Thymus × *citriodorus* ‘Silver Queen’
Eine interessante nach Zitrone schmeckende und duftende Sorte. Passt zu Fisch, Gemüse und Desserts, auch in Gebäck.

THYMIAN-SOUFFLÉ

Ich dachte lange, Soufflés seien ausschließlich etwas für sehr erfahrene Köche. Umso erstaunter war ich, als ich herausfand, dass dem nicht so ist. Ich erinnere mich noch lebhaft, wie stolz ich auf mein erstes Soufflé war. Wichtig ist es, das Eiweiß so lange zu schlagen, bis es steife Kuppen bildet. Außerdem darf man den Backofen nicht öffnen, während das Soufflé aufgeht, und alle Leute sollten am Tisch sitzen, bevor man das Soufflé aus dem Ofen holt.

Bei diesem kleinen Soufflé macht die Kombination von Thymian und Käse das gewisse Extra aus.

Ergibt 6 Portionen

50 g Butter, plus etwas zum Einfetten
40 g Mehl
300 ml Milch
1 Messerspitze Cayennepfeffer
¼ TL Senfpulver
etwas frisch geriebene Muskatnuss
1 gehäufter EL Blätter Französischer, Echter oder Kleiner Gewürz-Thymian, von den Stielen gezupft und fein gehackt
Salz und frisch gemahlener schwarzer Pfeffer
75 g Parmesan, frisch gerieben, oder anderer aromatischer Käse (muss streng sein, um dem Thymian etwas entgegenzusetzen)
3 mittelgroße Eier, getrennt, plus 1 zusätzliches Eiweiß

Backofen auf 190 °C vorheizen. 6 × 8 Zentimeter große Soufflé-förmchen einfetten.

In einem Topf Butter zerlassen und Mehl einrühren. Unter ständigem Rühren 1 Minute erhitzen. Von der Herdplatte nehmen und sukzessive Milch einrühren. Wieder erhitzen und einige Minuten köcheln lassen, dabei ständig umrühren, bis die Mischung geschmeidig andickt.

Von der Herdplatte nehmen und Cayennepfeffer, Senfpulver und Muskat einrühren. Thymian, Salz und schwarzen Pfeffer dazugeben und umrühren, bis sich alles gut vermischt hat. Bevor man den Parmesan einrührt, die Mischung etwas abkühlen lassen. In einer Schüssel die Eigelbe schlagen und gründlich in die Mischung einrühren. Beiseitestellen.

In einer absolut sauberen Schüssel die 4 Eiweiße steif schlagen. Die Masse sollte glänzen und in steifen Kuppen stehen bleiben. Mit einem Metalllöffel esslöffelweise das geschlagene Eiweiß vorsichtig unter die Ei-Milch-Mischung heben.

Diese Masse in die vorbereiteten Förmchen löffeln. Auf mittlerer Schiene im Backofen 15–18 Minuten backen, bis die Soufflés schön aufgegangen und oben goldbraun sind. Sofort servieren.

KÄSE-TOMATEN MIT THYMIAN

Dies ist ein wunderbares Sommergericht. Das Aroma des Zitronen-Thymians schmeckt unübertroffen gut zu Tomaten, aber auch Echter Thymian ist ein guter Ersatz. Mit einem knackigen grünen Salat und Dauphinekartoffeln servieren.

Ergibt 6 Portionen
6 große, reife, feste Tomaten
Salz und frisch gemahlener schwarzer Pfeffer
1 EL Zitronen-Thymianblätter, fein gehackt
1 EL Petersilie, fein gehackt
1 Knoblauchzehe, fein geschnitten
1 EL Parmesan, frisch gerieben
1 EL pikanter Cheddar, frisch gerieben
2 EL Semmelbrösel
8 EL Olivenöl

Backofen auf 180 °C vorheizen. Tomaten waschen, trocknen und halbieren. Mit einem Teelöffel vorsichtig Fleisch und Samen herauslösen. Dabei die Haut nicht verletzen und genug festes Fleisch übrig lassen, damit die Tomatenhälften ihre Form behalten. Das herausgelöste Fleisch in eine Schüssel und die Tomatenhälften mit der Schnittfläche nach oben in eine feuerfeste Form geben. Mit Salz und Pfeffer würzen.

Thymian, Petersilie und Knoblauch in die Schüssel mit dem Tomatenfleisch geben, dann die geriebenen Käsesorten, Semmelbrösel und 4 Esslöffel Olivenöl einrühren. Diese Mischung in die Tomatenhälften löffeln, mit dem verbliebenen Olivenöl besprenkeln und 25 Minuten backen, bis die Tomaten oben hellbraun geworden sind.

HÄHNCHEN-PÄCKCHEN MIT THYMIAN

In einer von Jamie Olivers ersten Fernsehsendungen sah ich, wie er Zutaten in Alufolie einschlug und im Backofen garte. Diese brillante Idee begeisterte mich sofort, und so habe ich eine Reihe meiner Rezepte an diese Methode angepasst.

Hier ergänzen sich die Aromen von Thymian, Lauch und Weißwein ausgezeichnet und durchziehen das Hähnchenfleisch. Dies ist eine großartige Zubereitungsweise, denn alle Aromen bleiben erhalten – und man hat am Ende weniger Abwasch.

Ergibt 2 Portionen

1 rote oder gelbe Paprika, ohne Samen und in Streifen geschnitten
1 Stange Lauch, in dünne Scheiben geschnitten und gründlich gewaschen
1 großes Glas Weißwein
45 g Butter, in kleinen Stückchen
1 EL Blätter vom Breitblättrigen Thymian (alternativ Kleiner Gewürz-Thymian, Zitronen-, Orangen-, Kümmel-, Französischer oder Echter Thymian)
2 Knoblauchzehen, fein gehackt
Olivenöl
Meersalz und frisch gemahlener schwarzer Pfeffer
2 Hähnchenbrustfilets, ohne Haut

Für jedes Filet brauchen Sie ein Stück Alufolie (36 x 40 Zentimeter) und ein Stück Backpapier in derselben Größe.

Backofen auf 170 °C vorheizen. Paprika, Lauch, Wein, Butter, Thymian, Knoblauch, Olivenöl, Salz und schwarzen Pfeffer in einer Schüssel vermischen.

Alufolien auf der Arbeitsfläche ausbreiten und das Backpapier darauflegen. Auf die Hälfte falten und die beiden kürzeren Seiten doppelt umschlagen, so dass eine Art Tasche mit einer offenen Seite entsteht. In jede Tasche kommt ein Hähnchenbrustfilet, dazu jeweils die Hälfte der angerührten Mischung aus der Schüssel. Dann wird die Tasche oben zweimal umgeschlagen und damit versiegelt.

Legen Sie die Taschen vorsichtig und ohne sie zu beschädigen in eine Auflaufform und schieben diese auf mittlerer Schiene 25 Minuten in den Backofen.

Die Taschen möglichst direkt am Tisch öffnen und auf angerichteten Tellern (z.B. mit Reis und Gemüse) servieren. Vorsicht beim Öffnen der Taschen, denn es entweicht heißer Dampf und womöglich heiße Flüssigkeit!

GEBACKENER LAMM-EINTOPF MIT KARTOFFELN UND THYMIAN

Dieses Gericht ist eine Variante von Irish Stew, das meine Mutter regelmäßig kochte und bei dem der Thymian wunderbar das Aroma des Lammfleisches ergänzt. Die Kartoffeln absorbieren während des Kochens das Fett des Lammfleisches, was ihnen wiederum mehr Geschmack verleiht. Man kann günstigeres Schmorfleisch nehmen, aber auch Lammkoteletts, wenn Sie Eindruck machen möchten. Es ist jedenfalls ein höchst geschmacksintensiver, wärmender und nahrhafter Eintopf. Dazu passt frisch gebackenes Krustenbrot und Salat oder Brokkoli.

Ergibt 6 Portionen

1 kg Lammfleisch, in Stücke geschnitten, oder 12 kleine Koteletts
2 große rote Zwiebeln, grob gehackt
1 kg Kartoffeln, geschält und grob gewürfelt
Salz und frisch gemahlener schwarzer Pfeffer
3 EL Thymianblätter (`Porlock´, Französischer, Echter oder Jekkas Thymian)
3 EL Selleriegrün, einschließlich der Stiele, gehackt (alternativ glatte Petersilie)
125 ml Wasser
125 ml Olivenöl
6 große, reife Tomaten, in dicke Scheiben geschnitten
50 g Butter

Backofen auf 180 °C vorheizen. Lammfleisch, Zwiebeln und Kartoffeln in eine große Auflaufform geben und abschmecken. Thymian, Sellerie, Wasser und Olivenöl dazugeben.

Die Zutaten mit den Händen gründlich vermengen. Kartoffeln und Lammfleisch mit einer Schicht Tomatenscheiben abdecken, etwas salzen und mit Butterflocken versehen. Mit einer doppelten Lage Backpapier oder Alufolie abdecken und 2 Stunden backen. Von Zeit zu Zeit die Zutaten mit etwas Bratenflüssigkeit begießen. Am Ende der Backzeit sollte das Fleisch zart und die Kartoffeln weich sein.

Die Auflaufform aus dem Ofen nehmen und die Temperatur auf 200 °C erhöhen. Backpapier oder Folie entfernen und das Gericht weitere 45 Minuten backen. Nach 20 Minuten Lamm, Kartoffeln und Tomaten einmal gründlich, aber vorsichtig wenden. So werden die Kartoffeln und das Fleisch gebräunt und die Flüssigkeit reduziert.

MANDELTARTE MIT ORANGEN-THYMIAN

Dies ist ein Favorit meiner Familie, der mit Clotted Cream regelrecht gefeiert wird. Vor über 20 Jahren hatte ich eine Besucherin in meiner Gärtnerei, die mich von der Idee überzeugen wollte, Thymian in süßen Nachspeisen zu verwenden. Als sie gegangen war, ging ich sofort heim, experimentierte herum und stellte fest, dass der scharfe, aromatische Geschmack des Thymians tatsächlich wunderbar die Süße von Zucker, oder wie hier von Sirup, mildert.

Ergibt 6 Portionen

Für den Teig

- 140 g Butter, plus etwas zum Einfetten
- 200 g Mehl, plus etwas zum Bestäuben
- 1 Messerspitze Salz
- 1 TL Orangen-Thymianblätter, fein gehackt
- 4 Eigelb
- kaltes Wasser

Für die Füllung

- 4 EL heller Zuckersirup
- 7 EL frische dunkle Semmelbrösel
- 2 EL Mandelflocken
- 1 EL geriebene Schale einer Bio-Zitrone
- 2 EL Zitronensaft
- 2 TL Orangen-Thymianblätter, fein gehackt

Backofen auf 200 °C vorheizen. Eine Tortenbodenform von 20 Zentimetern Durchmesser mit Butter einfetten.

Vor der Zubereitung des Teiges die Butter abwiegen und in Alu- oder Frischhaltefolie gewickelt ins Gefrierfach legen.

Mehl und Salz in eine große Rührschüssel sieben. Die hart gewordene Butter aus dem Gefrierfach nehmen und grob über das Mehl raspeln. Danach den Thymian dazugeben und mit einem Bäckermesser alles vermengen. Wenn die Masse bröselig ist, mit einer Gabel die Eigelbe mit etwas kaltem Wasser untermischen. (Ich nehme zum Schluss meine Hände.)

Den fertigen Teig aus der Schüssel nehmen, in Frischhaltefolie einwickeln und mindestens 2 Stunden in den Kühlschrank legen.

Den Teig dann auf einer leicht mit Mehl bestäubten Arbeitsplatte etwa 3 Millimeter dick ausrollen und in der gefetteten Tortenbodenform auslegen. Überschüssigen Teig abtrennen und beiseitestellen – dieser lässt sich später zur Dekoration verwenden. Den Teigboden mit einer Gabel mehrmals einstechen.

Die Zutaten für die Füllung vermischen und gleichmäßig auf dem Teig verteilen. Darüber die Teigreste zur Dekoration verteilen. Auf mittlerer Schiene 25–30 Minuten backen, bis der Teig goldgelb ist. Warm servieren. Man kann diese Spezialität auch kalt essen – wenn man sie lange genug verstecken kann.

APFELSAUCE MIT ZITRONEN-THYMIAN

Das Zitronenaroma des Thymians passt perfekt zu der dezenten Säure der gekochten Äpfel. Diese Sauce schmeckt heiß oder kalt und wird traditionell zu Schweinekoteletts oder gebratener Schweinelende serviert. Dieses spezielle Lendenstück, das man bei uns »griskin« nennt, ist außerhalb von South Gloucestershire und Bristol schwer zu finden. Es wird normalerweise für Hinterschinken gebraucht und es ist kein Gramm Abfall daran. »Griskin« schmeckt gebraten am besten und ist kalt fast besser als warm, dünn geschnitten und serviert mit dieser Apfelsauce, würzigem Rotkohl und Dauphinekartoffeln.

Ergibt 4–6 Portionen
45 g Butter
2 Kochäpfel, geschält und geviertelt, entkernt und in dünne Scheiben geschnitten
2 TL Zitronen-Thymianblätter
feiner Streuzucker

Butter in einem kleinen Topf zerlassen. Apfelscheiben und Thymian dazugeben, umrühren, Hitze auf die niedrigste Stufe reduzieren, abdecken und sachte dünsten. Von Zeit zu Zeit prüfen, dass nichts anbrennt. Die Apfelscheiben sollen auseinanderfallen, aber nicht zu Mus werden.

Die Süße prüfen und gegebenenfalls noch Zucker hineinrühren. Weitere 2 Minuten dünsten, damit sich der Zucker auflöst. Heiß oder kalt servieren.

Überschüssiger Thymian

Da Thymian eine immergrüne Pflanze ist, kann man ihn stets ernten und es besteht meistens kein Grund, Blätter zu trocknen oder einzufrieren. Dennoch gibt es Zeiten im Jahr – etwa während der Blüte oder danach, wenn die Pflanze zurückgeschnitten wird –, in denen es möglicherweise Thymian im Überfluss gibt.

Das Großartige an Thymianblättern ist, dass sie vielseitig einsetzbar sind und auf verschiedene Art und Weise haltbar gemacht werden können.

Thymianbutter

Diese Butter kann man zu gegrilltem Fisch essen, vor dem Grillen unter die Haut eines Hähnchens streichen, in Mehl reiben oder einfach auf gekochtes Gemüse geben.

Ergibt 125 Gramm
1 Handvoll Thymianblätter, von Ihrer Lieblingssorte
125 g Butter, zimmerwarm

Die Blätter hacken, damit sich die Öle entfalten können. Mit der Butter vermischen. (Es ist wichtig, ungesalzene Butter zu verwenden, denn sie ist milder als gesalzene. Die Kräuter bieten schon genug Geschmack.) Butter und Kräuter mischt man am besten mit einer Gabel.

Wenn beides gründlich vermengt ist, wird die Kräuterbutter in Backpapier eingewickelt. Davon lassen sich dann leicht die gewünschten Mengen abschneiden.

Mindestens 24 Stunden in den Kühlschrank legen. Je länger die Butter im Kühlschrank liegt, desto mehr Aroma wird sie bekommen. Innerhalb von 2 Wochen verbrauchen. Sie kann auch 3 Monate eingefroren werden.

Thymianessig

Dieser Essig lässt sich gut für Marinaden und Mayonnaise verwenden.

Ergibt 500 Milliliter
Thymianblätter
500 ml Weißweinessig

Eine saubere Flasche mit frischen Thymianblättern füllen. Mit Weißwein auffüllen und verschließen. (Einen Kunststoffdeckel oder mit Kunststoffring versehenen Verschluss nehmen, denn Essig greift Metall an.) 4 Wochen auf eine sonnige Fensterbank stellen, von Zeit zu Zeit sachte schütteln. Danach die Flüssigkeit durch einen ungebleichten Kaffeefilter in eine sterilisierte Flasche gießen. Zur Identifikation und Dekoration einen Thymianzweig in die Flasche stecken.

Wenn Sie keine 4 Wochen auf den aromatisierten Essig warten können, versuchen Sie diese schnelle Methode für Notfälle, wenngleich die vierwöchige Prozedur ein besseres Ergebnis bringt: Kräuter und Essig in ein großes, hitzebeständiges, verschließbares Glas geben und über einen mit kaltem Wasser gefüllten Topf stellen. Das Glas darf das Wasser nicht berühren. Wasser zum Kochen bringen, das Glas vom Topf nehmen und den Essig etwa 2 Stunden abkühlen lassen, bevor man ihn verwendet. An einem dunklen Ort hält sich der Essig mehrere Jahre.

VEILCHEN

(auch bekannt als Duftveilchen, Märzveilchen, Wohlriechendes Veilchen)
Viola odorata

Diesen Botschafter des Frühlings kann man mit Glück auch schon im ausgehenden Winter blühen sehen und zugleich den Duft aufschnappen, der in der kalten Luft eines frischen Morgens liegt. Meine Großmutter verwendete die Blüten als Dekoration im Essen, allerdings eher spärlich. Für sie war eine Mahlzeit weniger ein fein komponiertes kulinarisches Kunstwerk als etwas, das gut schmeckt und satt macht.

Beschreibung

Der süßliche Duft der violetten Blüten führt mich zurück in meine Kindheit. So pflückten wir häufig die herzförmigen Blätter, die sich großartig für Frühlingssalate eignen, zusammen mit Pimpinelle, Sauerampfer und Senfblättern. Alle Veilchen sind essbar, wobei die kleinblütigen Arten besser schmecken als die großblütigen. Am besten schmeckt meiner Ansicht nach das Duftveilchen.

Duftveilchen sind frosthart und können leicht an halbschattigen Plätzen gezogen werden. Sie fühlen sich in nahrhafter Gartenerde wohl, so dass man sandigen oder kiesigen Boden verbessern sollte. Mulchen Sie im Herbst mit gut verrottetem Kompost, und graben Sie diesen im Frühling unter. Man kann Duftveilchen im Herbst aussäen, die Vermehrung aus Ausläufern oder durch Teilung einer etablierten Pflanze nach der Blüte im Frühsommer führt allerdings leichter zum Erfolg.

Als Küchenpflanze

Schon seit vielen Jahrhunderten wird diese Pflanze geschätzt und seit den ersten, nun 2000 Jahre alten Aufzeichnungen sind zahlreiche Mythen entstanden. Ein Myhtos, den ich besonders mag, entstammt einer griechischen Legende. Derzufolge verliebte sich Zeus in ein Mädchen namens Io, die er alsbald in eine Kuh verwandelte, um sie vor seiner eifersüchtigen Frau Hera zu schützen. Zeus ließ ihrer Schönheit entsprechend eine ganze Wiese voller Veilchen erblühen, die Io als Nahrung dienten. Bis ins 13. Jahrhundert zurück lässt sich übrigens das Kandieren der Blüten zurückverfolgen, wobei man die Blüten in Zucker erhitzt. Angeboten wurden sie damals von französischen Apothekern.

Ernte und Verwendung

Blätter

Die Blätter sind im späten Frühling besonders aromatisch. Ihr milder Geschmack passt gut in Salate, wobei ältere Blätter eher derb schmecken und man daher nur junge nehmen sollte.

Blüten

Die Blüten kann man vom ausgehenden Winter bis zur Mitte des Frühlings finden. Für die Ernte ist der späte Morgen am besten, wenn der Tau verdunstet ist und die Blüten voll geöffnet sind.

Eigenschaften

Traditionell werden Veilchenblüten in Hustenmedizin und zur Erfrischung des Atems verwendet. Daneben sind sie gut für die Verdauung, außerdem sollen Blätter und Blüten bei Hautekzemen und Akne helfen.

Weitere Arten

Alle Veilchen sind winterhart und bleiben niedrig.

Waldveilchen

Viola reichenbachiana
Diese Art blüht blass violett-blau im zeitigen Frühling und hat herzförmige Blätter. Die Blüten duften schwach.

Hainveilchen

(auch bekannt als Rivinus-Veilchen)
Viola riviniana
Blüht im Frühsommer blass violett-blau und hat ebenfalls herzförmige Blätter.

Acker-Stiefmütterchen

Viola arvensis
Diese Pflanze hat vorwiegend weiße bis cremeweiße Blüten und ovale Blätter mit flach abgerundeten Zähnen.

Vogesen-Stiefmütterchen

Viola lutea
Die Blüten variieren in den Farben Gelb, Blau und Violett. Die unteren Blätter sind oval, die oberen schmaler.

Wildes Stiefmütterchen

Viola tricolor
Diese Art hat hübsche, dreifarbige Blüten, die in verschiedenen Kombinationen erscheinen. An Farben sind Gelb, Violett, Blau, Purpur und Weiß vertreten. Die Blätter sind tief eingeschnitten.

FRÜHLINGSSALAT MIT VEILCHEN

Dieser Salat schmeckt nicht nur, er sieht auch gut aus. Er kann aus jedem grünen Salat gemacht werden und wer das Glück hat, auf dem Land zu wohnen, kann mit jungen Löwenzahn- und Weißdornblättern sowie Blüten der Schlüsselblume einen wahren Frühlingssalat zaubern.

Ergibt 4 Portionen
1 Kopf grüner Salat
115 g Feldsalat
1 EL glatte Petersilie, fein gehackt
1 EL Kerbel, fein gehackt
½ Gurke, geschält und gehackt
1 EL junge Duftveilchenblätter, fein gehackt
je 10–15 Blüten von Duftveilchen, Wildem Stiefmütterchen und Hainveilchen

Salatdressing
3 EL Olivenöl
1 EL Zitronensaft oder Weißweinessig
Salz und frisch gemahlener schwarzer Pfeffer
1 Messerspitze feiner Streuzucker

Salat putzen, waschen, trocken schütteln und in eine große Schüssel geben. Alle weiteren Zutaten mit Ausnahme der Blüten mit dem Salat vermischen.

Für das Dressing zuerst Öl und Zitronensaft oder Essig in einer Schüssel gründlich vermischen. Mit Salz und Pfeffer abschmecken und 1 Messerspitze Zucker hinzufügen. Die Blüten über den Salat streuen, einige bis kurz vor dem Servieren aufbewahren. Dann den Salat mit dem Dressing begießen, gut vermengen und schließlich mit den verbliebenen Blüten dekorieren.

DUFTVEILCHEN-GELEE

Damit lassen sich schrumpelige Lageräpfel ausgezeichnet verwerten. Die Veilchen machen das Gelee zu einem Schatz, den man auch guten Freunden als besonderes Geschenk mitbringen kann.

Ergibt 2 Gläser à 350 Gramm
1 kg Kochäpfel, gewaschen, entkernt und gehackt
900 ml Wasser
450 g Zucker
8–10 EL Duftveilchenblüten, Stängel und Grünes entfernt, davon 1 EL zum Garnieren
2 EL Zitronensaft
2 EL Weißweinessig

Äpfel in einen großen Topf mit Deckel geben und mit Wasser zum Kochen bringen, köcheln lassen, bis die Äpfel weich und breiig werden. Das dauert je nach Apfelsorte 20–30 Minuten. Vorsichtig durch ein Musselin- oder Seihtuch 1 Tag lang oder über Nacht in eine große Schüssel abtropfen lassen.

Nach dem Abtropfen zu je 600 Milliliter Saft 450 Gramm Zucker hinzufügen. Dies in einem großen Topf zum Kochen bringen und die Blüten in einem verschnürten Musselintuch dazugeben. Etwa 20 Minuten kochen lassen, die Blüten herausnehmen und entstandenen Schaum abschöpfen. Zitronensaft, Essig und 1 Esslöffel Blüten einrühren und das Gelee in 2 angewärmte, sterilisierte Gläser (siehe Seite 12) füllen. Nach dem Abkühlen verschließen und die Gläser etikettieren.

APFEL-VEILCHEN-KUCHEN

Dieser Kuchen ist eine willkommene Möglichkeit, alte Lageräpfel zu verbrauchen. Der delikate Veilchenduft ergänzt die Äpfel vorzüglich. 1975 schenkte mir mein Vater eine Küchenmaschine. Sie veränderte meine Art des Kochens und dieses Rezept profitiert von der Maschine ganz besonders.

Der Kuchen sollte warm serviert werden und schmeckt am besten mit Schlagsahne, oder noch besser mit Clotted Cream. Aber man kann ihn auch kalt zum Tee essen.

Ergibt 6–8 Portionen

- 675 Kochäpfel (Gewicht vor dem Schälen und Entkernen)
- 225 g Mehl
- 1 ½ TL Backpulver
- 225 g feiner Streuzucker
- 2 Eier
- 1 TL Mandelextrakt
- 125 g Butter
- Puderzucker, zum Bestäuben
- 2 EL Duftveilchenblüten

Backofen auf 180 °C vorheizen. Eine runde Springform von 25 Zentimetern Durchmesser einfetten und mit Backpapier auslegen.

Äpfel schälen, vierteln und entkernen, dann mit der Hand oder in der Küchenmaschine in Scheiben schneiden. Die Scheiben während der Teigherstellung in kaltes Wasser legen, damit sie nicht braun werden.

Mehl und Backpulver in eine große Rührschüssel sieben, Zucker dazugeben, dann die Eier vorsichtig mit dem Mandelextrat verschlagen und in die Schüssel gießen. Butter zerlassen und ebenfalls in die Schüssel gießen. Mit der Hand oder in der Küchenmaschine etwa 10 Sekunden rühren. Teig vom Rand der Schüssel oder des Rührbehälters abkratzen und weitere 5 Sekunden rühren.

Die Hälfte des Teiges gleichmäßig auf dem Boden der vorbereiteten Kuchenform auslegen. Apfelscheiben abtropfen lassen und in einer gleichmäßigen Lage auf den Teig legen. 1 Esslöffel Veilchenblüten darüberstreuen. Mit der zweiten Hälfte des Teiges den Kuchenbelag abdecken. Die Teigmischung ist recht zäh und lässt sich nicht leicht verteilen, es macht aber nichts, wenn nicht alle Äpfel ganz bedeckt sind. Das wird während des Backens geschehen.

Etwa 1,5 Stunden backen, bis der Kuchen goldbraun aufgegangen ist und sich etwas vom Rand gelöst hat. Aus dem Backofen nehmen und gleich servieren, vorher reichlich mit Puderzucker bestäuben und mit den restlichen Veilchenblüten dekorieren.

KANDIERTE VEILCHEN

Mit diesen wunderschönen kandierten Blüten wurde ich bestochen, zum Tanzunterricht zu gehen. Am Ende von jeder Tanzstunde brachte mich meine Mutter zu Carwadines Konditorei, wo ich mir jedes Mal einen kleinen violetten Kuchen mit einer kandierten Veilchenblüte als Dekoration aussuchen konnte.

Ich habe in diesem Buch bereits im Kapitel »Borretsch« das Kandieren von Blüten beschrieben (siehe Seite 51). Die im Folgenden beschriebene Methode ist schneller und die Zutaten sind allesamt leicht zu bekommen. Man braucht Eiweiß, so dass ich wieder einmal vor dem erhöhten Risiko einer Salmonelleninfektion durch rohe oder nur kurz erhitzte Eier warnen muss. Für schwangere Frauen, ältere Menschen und Kleinkinder ist dieses Rezept daher ungeeignet. Wenn Ihnen diese Methode zu riskant ist, verfahren Sie nach jener, die ich für Borretschblüten beschrieben habe.

14 Veilchenblüten inklusive Stängel (Duftveilchen), gewaschen
2 Eiweiß
feiner Streuzucker oder Puderzucker

Backofen auf 120 °C vorheizen. Blüten am späten Vormittag pflücken und dabei die besten Exemplare auswählen. Zuerst in Wasser tauchen, um Staub und Insekten zu entfernen, dann vorsichtig auf Küchenpapier trocknen.

Eiweiße in einer Schüssel schaumig verquirlen, Zucker in eine andere Schüssel geben. Ein Veilchen nach dem anderen am Stängel fassen und in die geschlagene Eimasse tauchen, dann sachte in den Zucker tupfen. Dabei darauf achten, dass die Blütenteile immer von allen Seiten mit Ei und Zucker bedeckt sind.

Die Blüten auf mit Backpapier ausgelegte Bleche legen und die Stängel abknipsen. Mit einem Zahnstocher die Blüten wieder in ihre natürliche Form bringen. Zucker auf alle eventuell noch unbedeckten Teile streuen. Mit einem sauberen, feinen Pinsel alle Zuckerklumpen entfernen.

Die Blüten 30–40 Minuten im Backofen trocknen, bis der Zucker kristallisiert. Die Blüten vorsichtig mit einem Pfannenwender auf einen Rost legen. Bestreuen Sie sie erneut mit Zucker, falls sie einen sirupartigen Überzug haben. Abkühlen lassen.

In luftdicht veschließbaren Gefäßen mit Backpapier zwischen den einzelnen Lagen maximal 2 Wochen aufbewahren.

Überschüssige Veilchen

Duftveilchensirup

Dies ist ein exzellenter Sirup für Fruchtsalate, Sorbets oder andere Desserts, die einer sirupartigen Grundlage bedürfen.

Ergibt 350 Milliliter
300 ml Wasser
450 g Kristall- oder feiner Streuzucker
8–16 EL Duftveilchenblüten

Wasser in einem Topf zum Kochen bringen, Hitze herunterdrehen und den Zucker einrühren. Wenn sich der Zucker aufgelöst hat, die Blüten einstreuen und ab und an umrühren. Die Mischung köcheln lassen, bis sie zu einem Sirup wird, was etwa 8 Minuten dauern wird.

Den Sirup durch ein feines Sieb oder ein Musselintuch passieren, wenn Sie keine Blütenteile im Sirup haben möchten. Dann den Sirup in ein sauberes, sterilisiertes Glas (siehe Seite 12) gießen, abkühlen lassen, verschließen und im Kühlschrank maximal 2 Wochen aufbewahren.

VIETNAMESISCHER KORIANDER

(auch bekannt als Vietnamesische Minze)

Persicaria odorata

Ich bekam dieses Kraut von John Carter, einem der gebildetsten Menschen, die ich je kennengelernt habe, und überdies ein fleißiger Sammler von Wasserpflanzen. Er hatte die Pflanze von einem australischen Gärtner, diese war wiederum ein Geschenk von einem Flüchtling aus Vietnam. In Australien nennt man sie Vietnamesische Scharfe Minze, was etwas in die Irre leitet, weil sie nicht zur Gattung der Minzen zählt, sondern ein Knöterichgewächs ist.

Persicaria odorata ist die einzig essbare Art der Gattung, also genau hinsehen! Als ich zum ersten Mal die Blätter probierte, war ich vollkommen überrascht. Sie schmecken leicht würzig nach Zitrone und wenn sich ihr Aroma entwickelt, wird es pfeffrig scharf.

Beschreibung

Vietnamesischer Koriander ist eine immergrüne Pflanze der Subtropen. In kälteren Klimazonen zeigt sie nur selten ihre cremeweißen Blüten, auch nicht in Innenräumen. Die grünen, aromatischen Blätter tragen ein schmales, braunes V-Zeichen. In kalten Gegenden fühlt sich die Pflanze im Haus wohler als draußen. Dabei sollte sie zwar in Fensternähe stehen, aber keine Mittagssonne abbekommen, denn diese würde die Blätter verbrennen. Durch das rasante Wachstum muss man die Pflanze zweimal im Jahr umtopfen. In den Gärten seiner Heimat ist der Vietnamesische Koriander als wuchernde Pflanze gefürchtet.

Als Küchenpflanze

Das Kraut aus Vietnam gehört fest zur Thailändischen, Malaysischen und Vietnamesischen Küche, wo man mit der sauren Schärfe Suppen und Fischgerichte würzt.

Ernte und Verwendung

Blätter

Als immergrüne Pflanze liefert sie während des ganzen Jahres Blätter und so besteht kaum ein Grund zum Konservieren. Dennoch kann man Essig und Öl damit aromatisieren, wobei sich die jungen Blätter dafür mehr empfehlen als die zähen älteren.

Eigenschaften

Im gesamten Fernen Osten behandelt man mit Vietnamesischem Koriander Verdauungsstörungen, Blähungen und Magenschmerzen. Buddhistische Mönche essen die Blätter, um ihren Sexualtrieb zu dämpfen. Die Blätter werden nie gekocht, sondern stets am Ende des Kochvorgangs frisch zum Essen gegeben. Vor allem isst man sie in Asien roh als Salatbeigabe, sie schmecken aber auch gut zu Fleisch, Gemüse und Früchten. In Vietnam spielt die Pflanze besonders in Nudelsuppen eine Rolle, denn dort taucht man während des Essens Blätter in großer Menge mit Stäbchen in die Suppe.

Weitere Arten

Keine weitere *Persicaria*-Art ist essbar!

MELONE INDISCH MIT VIETNAMESISCHEM KORIANDER

Meine Mutter machte diesen ersten Gang immer, wenn sie in Eile war und ein Haus voller Leute satt bekommen musste. Erst als ich im Kochbuch meiner Großmutter blätterte, erfuhr ich, dass diese die Erfinderin dieses Gerichtes ist. Ich habe dem Rezept noch den Vietnamesischen Koriander hinzugefügt, weil sich der scharf-saure Geschmack der Blätter wunderbar mit der kühlen Süße der Melonen ergänzt.

Mit einer Küchenmaschine lässt sich leicht selbst Mayonnaise herstellen, aber für Eilige tut es gute gekaufte natürlich auch. Bedecken Sie die Melonenstücke reichlich mit der Mayonnaise. Den Rest können Sie für Sandwiches, Kartoffelsalt oder andere Gerichte verwenden. Sie lässt sich im Kühlschrank 48 Stunden aufbewahren.

Vorsicht Der Verzehr roher oder nur schwach gekochter Eier erhöht das Risiko einer Salmonellenvergiftung. Für schwangere Frauen, ältere Menschen und Kleinkinder ist dieses Gericht daher nicht zu empfehlen.

Ergibt 4–6 Portionen

1 Melone (ich nehme normalerweise eine Honigmelone; mit einer Wassermelone geht es nicht)

2 TL Currypulver (eine möglichst milde Korma-Mischung mit Koriander, Kumin und Kurkuma)

2 Blätter Vietnamesischer Koriander, sehr dünn geschnitten, plus 1 Blatt zum Dekorieren

Für die Mayonnaise

2 Eigelb

½ TL Dijon-Senf

2 EL Weißweinessig

275 ml Olivenöl

Salz und frisch gemahlener schwarzer Pfeffer

Zuerst die Mayonnaise herstellen. Dazu Eigelbe und Senf mit 1 Teelöffel Essig in der Küchenmaschine vermischen. Bei laufender Maschine sehr langsam das Olivenöl in gleichmäßigem Strahl dazugießen und verrühren, bis die Mayonnaise dick ist und glänzt. Bei laufender Maschine den restlichen Essig dazugießen.

Maschine ausschalten, Salz und Pfeffer dazugeben und nochmals kurz umrühren, dann in eine Schüssel umfüllen, abdecken und bis zum Gebrauch in den Kühlschrank stellen.

Melonenboden an einer Seite dünn wegschneiden, damit die Melone steht. Oberes Viertel der Melone abschneiden und beiseitestellen. Die Kerne aus der Mitte herauslöffeln, in ein Sieb geben und in einem Glas darunter den Saft auffangen. Mit einem Löffel das Fleisch ausschaben und in eine Schüssel geben. Schaben Sie so tief wie möglich, ohne die Schale von innen zu verletzten.

Den von den Kernen abgetropften Saft mit 2 Teelöffeln Mayonnaise, Currypulver, den geschnittenen Blättern des Vietnamesischen Korianders und den Melonenstücken mischen. Danach abschmecken.

Melonenstücke zurück in die Melonenhülle löffeln und mit 1 Blatt des Vietnamesischen Korianders dekorieren. Das abgeschnittene Melonenviertel als Deckel wieder aufsetzen und die Melone für mindestens 2 Stunden in den Kühlschrank stellen.

BOHNENSALAT MIT GEBRATENEN PILZEN UND VIETNAMESISCHEM KORIANDER

Die Schärfe des Vietnamesischen Korianders passt exzellent zu dem Gemüse und fügt dem würzigen Dressing mit Sojasauce eine überraschende Dimension hinzu. Mit Nudeln wird ein leichtes Mittag- oder Abendessen daraus.

Ergibt 2 Portionen

200 g grüne Bohnen, geputzt
3 EL Sonnenblumenöl
100 g Champignons, geschnitten
2 EL Sojasauce
2 EL Weißweinessig
Salz und frisch gemahlener schwarzer Pfeffer
2 Blätter Vietnamesischer Koriander, fein geschnitten

Zuerst die Bohnen in einem Topf mit Wasser gar kochen, dann abtropfen lassen.

2 Esslöffel Öl in einer tiefen Bratpfanne oder einem Wok erhitzen, die Pilze dazugeben und schnell anbraten. Bohnen hinzufügen und 1 Minute mitbraten. Das restliche Öl mit Sojasauce, Essig, Pfeffer und Salz vermischen.

Das gebratene Gemüse in eine Schüssel geben, den Vietnamesischen Koriander darüberstreuen, mit dem Dressing begießen und sachte, aber gründlich vermischen. Servieren.

SCHARFE FISCHKÜCHLEIN

Hier ist der Vietnamesische Koriander voll in seinem Element, denn er passt wunderbar zu Fisch und Zitronengras. Auf einer Chelsea Flower Show kochte die extravagante Nancy Lam einmal mit dem Kraut, und zwar ein Fisch-Curry – mit einer Ruhe und Souveränität, die ich nie vergessen werde. Mit hausgemachter Tomatensauce (siehe Seite 12) oder Chilisauce und gekochtem Reis servieren.

Ergibt 4 Portionen

1 Stängel Zitronengras
300 g grätenfreier Fisch (Kabeljau, Brasse, Petersfisch oder Wolfsbarsch), gehackt
1 EL getrocknete Kokosflocken
175 ml Kokosmilch
1 EL Speisestärke
2 Eiweiß, geschmeidig geschlagen
1 TL Kurkumapulver
3 Blätter Vietnamesischer Koriander, fein geschnitten
1 TL Salz
1 TL Zucker
Mehl zum Bestäuben
Butter und Olivenöl, zum Braten

Das Zitronengras in einer Küchenmaschine hacken. In einer großen Schüssel Fisch und Zitronengras vermischen und alle Zutaten außer Mehl, Butter und Olivenöl dazugeben.

Aus je einer Handvoll dieser Mischung kleine Küchlein formen. Diese im Mehl wenden, überschüssiges Mehl abschütteln.

Etwas Butter und Öl in einer großen Bratpfanne erhitzen und die Küchlein von beiden Seiten darin braten, bis sie goldbraun geworden sind. Aus der Pfanne nehmen und vor dem Servieren auf Küchenpapier abtropfen lassen.

Überschüssiger Vietnamesischer Koriander

Öl mit Vietnamesischem Koriander

Mit den Blättern dieser Pflanze lässt sich hervorragend Essig oder Öl scharf würzen. Diese eignen sich dann wunderbar für Marinaden, Dressings und Saucen.

Mehr Informationen über das Konservieren und die Risiken bei der Verwendung von Kräutern in Ölen finden Sie auf Seite 40.

Ergibt 250 Milliliter
3 gute Handvoll Blätter vom Vietnamesischen Koriander
250 ml Olivenöl oder Sonnenblumenöl
2 TL Zitronensaft

Die Blätter waschen, auf Küchenpapier trocknen lassen und fein hacken (von Hand oder in der Küchenmaschine). Öl und Zitronensaft dazugeben und gut vermischen. In ein verschließbares Gefäß gießen und in den Kühlschrank stellen. Innerhalb von 5 Tagen verbrauchen und vor Gebrauch schütteln, damit sich Öl und Zitronensaft wieder vermischen.

Man kann die Mischung auch nach 2 Tagen durch einen ungebleichten Kaffeefilter in ein verschließbares Gefäß passieren. Dieses Öl hält sich im Kühlschrank 3 Tage und muss ebenfalls vor Gebrauch gut geschüttelt werden.

Essig mit Vietnamesischem Koriander

Dieser Essig lässt sich gut für scharfe Saucen oder Gebratenes verwenden.

Ergibt 400 Milliliter
8 EL junge Blätter des Vietnamesischen Korianders, geschnitten
400 ml Weißweinessig

Die Blätter in ein Marmeladenglas geben, mit Essig übergießen und mit einem gummierten Schraubverschluss verschließen. Das Glas auf eine sonnige Fensterbank stellen und gelegentlich schütteln.

Nach 2–3 Wochen das Aroma des Essigs probieren. Bei zufriedenstellendem Ergebnis wird der Essig durch einen ungebleichten Kaffeefilter passiert und in eine saubere Flasche gefüllt. Ein einzelnes Blatt dient als Dekoration. Flasche beschriften und mit Datum versehen. Der Essig wird mindestens 1 Jahr lang halten, also viel länger als Öl.

WALD-ERDBEERE

(auch bekannt als Monats-Erdbeere)

Fragaria vesca

Dies ist eine Pflanze meiner Kindheit. Ich erinnere mich gut, wie ich Wald-Erdbeeren und Heidelbeeren in den Wäldern sammelte und nach Hause brachte, um sie mit größtem Genuss am nächsten Morgen in meinem Müsli zu genießen.

Beschreibung

Die Wald-Erdbeere ist eine niedrige, frostharte Staude, die sich weiträumig ausbreiten kann. Sie blüht mit fünf weißen Blütenblättern um eine gelbe Mitte, aus der dann die köstlichen, kleinen, roten Früchte wachsen. Das hellgrüne, dreizählige Laub hat einen gesägten Rand. Die Pflanze kann einfach vermehrt werden, indem man die langen Ausläufer, die aus der Elternpflanze herauswachsen und sich bewurzelt haben, von der Elternpflanze abtrennt und verpflanzt.

Man kann sie auch aussäen, aber das dauert länger und ist weniger verlässlich. Die Samen sind sichtbar außen in der Erdbeere eingebettet. Zum Sammeln der Samen lässt man die Früchte einfach in der Sonne vertrocknen. Wenn die Früchte ausgedörrt sind, kann man die Samen abrubbeln und bis zur Aussaat im zeitigen Frühling an einem trockenen Platz lagern. Die Wald-Erdbeere bevorzugt einen nährstoffreichen Boden in Sonne oder Schatten, der im Sommer nicht austrocknet. Man findet sie in Wäldern und Hecken und sie kann sich zu einem wunderbaren Bodendecker entwickeln, denn die Ausbreitung mit Ausläufern kann rasch geschehen.

Als Küchenpflanze

Die Wald-Erdbeere ist kein direkter Vorfahre der kommerziell angebauten Kultur-Erdbeere. Von dem bekannten Naturforscher und Autor Richard Mabey lesen wir in der *Flora Britannica*, dass er ein Rezept für Wald-Erdbeerkuchen aus Mürbeteig aus dem 16. Jahrhundert entdeckt hat, bei dem der Brei aus Mandelmehl nur durch mehrstündiges Stehenlassen in der prallen Sonne gebacken wurde. Im 17. Jahrhundert wusste der Botaniker Nicholas Culpeper, dass die Früchte neben anderen Vorzügen »exzellent die Leber kühlen, Magenschmerzen vertreiben und den Durst löschen«.

Ernte und Verwendung

Blätter

Die Blätter können während der gesamten Saison gepflückt werden, wobei die jungen am besten schmecken. Sie haben einen leicht moschusartigen Geschmack und Duft. Aus den Blättern lässt sich auch Tee zubereiten.

Früchte

Die Wald-Erbeere kann man vom Frühsommer bis zum zeitigen Herbst ernten. Reif schmecken die Beeren äußerst delikat, können aber auch leicht beschädigt werden, wenn man sie in Körben oder

Gläsern sammelt. Man sollte daher besser eine Schale nehmen, in der sie nebeneinander liegen können. Man kann die Beeren in Fruchtsalate mischen, mit Sahne essen und in Kuchen, Torten oder Bowlen verwenden. Wenn Sie genug haben, können sie auch Erdbeeressig oder Marmelade daraus machen.

Eigenschaften

Wald-Erdbeeren wirken auf milde Weise harntreibend und abführend. Man findet die Blätter in zahlreichen Kräuterteemischungen, die früher häufig bei Magenverstimmungen eingesetzt wurden. Auf die Kultur-Erdbeere treffen diese Eigenschaften allerdings nicht zu.

Weitere Arten

Monats-Erdbeere

Fragaria vesca 'Semperflorens'
Diese winterharte Staude sieht der Wildform sehr ähnlich, bildet aber keine Ausläufer. Sie muss also durch Aussaat vermehrt werden.

WALD-ERDBEER-KUCHEN AUS MÜRBETEIG

Vergessen Sie alles, was Sie bislang über Erdbeerkuchen wussten. Dieser Kuchen aus den einmalig aromatischen wilden Erdbeeren ist ein Hochgenuss.

Ergibt 6–8 Portionen

75 g Butter, in kleinen Stückchen, plus etwas zum Einfetten
250 g Mehl, plus etwas zum Bestäuben
1 TL Backpulver
3 EL feiner Streuzucker, plus etwas zum Servieren
1 Ei, geschlagen
4 EL fettarme Milch
½ TL Vanilleextrakt
90 ml Schlagsahne
85 ml griechischer Joghurt
1 TL Puderzucker
340 g Wald-Erdbeeren

Backofen auf 220 °C vorheizen. Ein Backblech mit etwas Butter einfetten.

Mehl und Backpulver in eine Rührschüssel sieben. Butterstücke mit den Fingern einarbeiten, bis die Mischung Semmelbröseln ähnelt. Streuzucker einrühren und in der Mitte eine Mulde drücken.

Ei, Milch und Vanilleextrakt vermischen und in die Mulde geben, alles verrühren und mit den Händen einen weichen Teig kneten. Diesen Teig zu einem weichen Ball formen und auf einer bestäubten Arbeitsfläche zu einem Kreis von 19 Zentimetern Durchmesser ausrollen. Auf das Backblech legen und 10–15 Minuten backen, bis der Teig aufgegangen, fest und goldbraun geworden ist. Den Mürbeteig auf einen Rost geben und abkühlen lassen.

Mit einem großen gezähnten Brotmesser den Teig horizontal halbieren. Die obere Hälfte mit einem großen Pfannenwender abheben und auf einem Brett in Achtel schneiden. Beiseitestellen. (Für ein attraktives Bild kann man diese Stücke um ein kurzes Stück kappen, damit die Oberseite etwas kleiner wird.) Die Unterseite auf eine Kuchenplatte legen.

Sahne steif schlagen, Joghurt und Puderzucker unterheben und schließlich drei Viertel der Erdbeeren vorsichtig einrühren. Diese Creme gleichmäßig auf der Unterseite verteilen, die Teig-Achtel darauf platzieren, leicht mit Streuzucker besprenkeln und die restlichen Erdbeeren darüberstreuen. Servieren.

WALD-ERDBEEREN MIT ERDBEER-BLÄTTERCREME

Dies ist eine schmackhafte, geradezu magische Sommerspeise. Die kleinen, wilden Beeren machen diesen Nachtisch zu etwas ganz Besonderem.

Ergibt 6 Portionen
250 g Wald-Erdbeeren, davon 6 zum Dekorieren

Für die Creme
10 Erdbeerblätter
50 ml Wasser, gekocht und einige Minuten abgekühlt
3 Eigelb
100 g feiner Streuzucker
150 ml Weißwein

Die Erdbeerblätter in das abgekochte Wasser einlegen, bis es kalt geworden ist, was etwa 40 Minuten dauert. Die Blätter aus dem Wasser schöpfen, das Wasser aufbewahren.

Eigelbe und Zucker in einer Schüssel zu einer blassen Masse verquirlen. Die Schüssel über einen Topf mit heißem, aber nicht kochendem Wasser stellen. Unter ständigem Rühren den Wein dazugießen. Durch weiteres Rühren sollte die Masse schaumig-cremig werden. Achten Sie darauf, dass während des Rührens das Wasser nicht zu kochen beginnt.

Wenn die Masse mousseähnlich wird, von der Herdplatte nehmen und das Wasser der Erdbeerblätter einquirlen. Die Schüssel auf eine andere Schale mit Eiswürfeln setzen und so lange quirlen, bis die Mischung kalt ist.

Die Erdbeeren in 6 kleine Schalen verteilen, je 1 Esslöffel Creme über die Früchte geben und mit je einer Erdbeere dekorieren.

WALD-ERDBEEREN MIT BALSAMICO-CREME

Als ich Erdbeeren zum ersten Mal so aß, war mir nicht klar, wie einfach die Zubereitung ist. Meine Mutter stieß auf dieses Rezept in der Toskana. Es ist wichtig, dass man dickflüssige Balsamico-Creme nimmt und keinen Balsamico-Essig, der ins Salatdressing kommt. Dieser Nachtisch schmeckt wunderbar mit Vanillegebäck. Das Rezept dafür finden Sie auf der nächsten Seite – es ist die Mühe wert. Wenn Ihnen dazu die Zeit fehlt, servieren Sie die Erdbeeren mit Vanilleeis.

Ergibt 4 Portionen
125 ml Rotwein
125 ml Wasser
500 g Wald-Erdbeeren, gewaschen und getrocknet
75 g feiner Streuzucker
1 EL Balsamico-Creme

Wasser und Wein in eine Glasschüssel füllen, die Erdbeeren dazugeben, mit Zucker und Balsamico-Creme besprenkeln. Vorsichtig vermengen und für mindestens 45 Minuten in den Kühlschrank stellen. Servieren.

VANILLE-GEBÄCK

Die perfekte Ergänzung des vorangegangenen Rezepts: Wald-Erdbeeren mit Balsamico-Creme.

Ergibt etwa 30 Plätzchen
120 g Butter, zimmerwarm
150 g feiner Streuzucker
1 TL Vanilleessenz
2 Eier
250 g Mehl, gesiebt, plus etwas zum Bestäuben

Backofen auf 180 °C vorheizen. Butter mit Zucker und Vanilleessenz in einer Schüssel verrühren, bis die Mischung leicht schaumig wird, dann die Eier dazugeben und gründlich verrühren. Das Mehl hinzufügen und mit einem Holzlöffel zu einem weichen, klebrigen Teig vermengen. Den Teig aus der Schüssel nehmen und in Frischhaltefolie gehüllt mindestens 1 Stunde in den Kühlschrank legen.

Arbeitsfläche und Hände leicht mit Mehl bestäuben, den Teig aus dem Kühlschrank nehmen und mit einem bestäubten Nudelholz etwa 5 Millimeter dick ausrollen. Wenn nötig, mit etwas Mehl bestäuben – aber nicht zu viel, sonst werden die Plätzchen zu hart.

Formen ausstechen – diese sind ganz Ihrer Fantasie überlassen – und die Plätzchen mit einem dünnen Messer auf ein eingefettetes oder mit Backpapier ausgelegtes Backblech legen. Etwas Platz zwischen den Plätzchen lassen. Im Ofen etwa 10 Minuten backen, bis sie goldgelb sind.

Aus dem Backofen nehmen und auf einem Rost abkühlen lassen. Erst dann zur Lagerung in einen luftdichten Behälter geben.

Überschüssige Wald-Erdbeeren

Wald-Erdbeeressig

Ich glaube nicht, dass man je einmal zu viele wilde Erdbeeren hat. Aber sollte dies doch der Fall sein, ist der Wald-Erdbeeressig ein Muss. Man kann ihn zu Früchten, in Salatdressings, Saucen und Marinaden verwenden.

Ergibt 500 Milliliter
500 g Wald-Erdbeeren, gewaschen
500 ml Weißweinessig
2 EL feiner Streuzucker

In einer Glasschüssel alle Zutaten gut vermischen, abdecken und 2–3 Tage durchziehen lassen.

Zuerst durch ein Sieb abschütten, um die Erdbeeren herauszufiltern, dann durch einen ungebleichten Kaffeefilter passieren. In saubere, sterilisierte (siehe Seite 12) Flaschen mit gummierten Deckeln füllen. Dieser Essig hält sich einige Jahre.

WILDE INDIANERNESSEL

(auch bekannt als Wilde Bergamotte, Wilde Monarde)
Monarda fistulosa

Ich habe ein Faible für die Indianernessel. Ihre extravagante Blüte sieht aus wie ein Hut, den jemand aus der feinen Gesellschaft bei einer Hochzeit oder auf der Chelsea Flower Show trägt. Die Heimat der Pflanze liegt in Nordamerika, wo sie den Siedlern von den Oswego-Indianern vorgestellt wurde – daher der Name Indianernessel. Obgleich man sie auch als Wilde Bergamotte bezeichnet, hat sie mit der Bergamotte *(Citrus bergamia)* nichts zu tun.

Beschreibung

Die Wilde Indianernessel ist eine winterharte Staude, die im Winter einzieht und im Frühling wieder austreibt. Sie kann 1,20 Meter hoch werden und sich in durchlässigen Böden zu Horsten von 45 Zentimetern Durchmesser ausbreiten. Die helllila Blüten erscheinen vom Hochsommer bis zum Frühherbst. Die aromatischen Blätter sind gezähnt und leicht behaart.

Ein nährstoffreicher, frischer Boden und Halbschatten, wie man ihn in den Laubwäldern in ihrer Heimat vorfindet, bieten der Indianernessel ideale Bedingungen. Wenn der Boden nicht austrocknet, toleriert sie auch volle Sonne. Wie viele andere Stauden sollte auch die Indianernessel alle drei Jahre geteilt und dabei die leblose Mitte entsorgt werden.

Als Küchenpflanze

Man sagt, dass die Blätter der Indianernessel im 18. Jahrhundert als »Oswego-Tee« bekannt wurden, nachdem ein Botaniker der Quaker in Fort Oswego (im Staat New York) einen Tee daraus machte und ihm diesen Namen gab. Er wurde in der Kolonialzeit so populär, dass die Siedler begannen, Indianernesselsamen nach England zu schicken. Als ich meine Tochter in den USA besuchte, besorgte ich mir einige alte medizinische Kräuterbücher. So erfuhr ich, dass die Siedler den medizinischen Nutzen der Indianernessel bei den Ureinwohnern kennengelernt hatten. Besonders Atemwegserkrankungen linderten sie mit dem Tee der Blätter.

Ernte und Verwendung

Blätter

Die Blätter sollte man vom Frühling an bis zur Blüte pflücken. Danach werden sie bitter. In ihrem Geschmack liegt Minze und eine angenehme Schärfe, was gut zu Käse, Schweinefleisch und Gemüse wie Blumenkohl passt. Der würzige Geschmack ergänzt auch Fischgerichte ausgezeichnet.

Blüten

Blüten können den Sommer über bis zum Frühherbst gepflückt werden. Dabei die Einzelblüten des Blütenkopfes über fruchtige und pikante Salate streuen.

Eigenschaften

Wie die Minze ist die Indianernessel ein Lippenblütler und auch sie unterstützt die Verdauung. Tee aus den Blättern hilft bei Übelkeit und Schlaflosigkeit.

Weitere Arten

Zitronen-Monarde, Indianerminze

Monarda citriodora

Diese einjährige Art hat unvergleichlich intensiv nach Zitrone duftende Blätter, die sich großartig für Süßspeisen, pikante Gerichte oder eine schmackhafte Tasse Tee anbieten. Die Zitronen-Monarde schöne rosa Blüten mit blassrosa Deckblättern.

Goldmelisse, Scharlach-Monarde

Monarda didyma

Die Blätter der Goldmelisse können als Tee und in Fisch- oder Schweinefleischgerichten sowie in Salat verwendet werden. Streut man die roten Blüten und dunkelroten Deckblätter über den Salat, kann man seine Gäste überraschen.

COUSCOUS MIT INDIANERNESSEL

Ein schmackhafter, schneller Salat. Meine Mutter verbrachte Stunden damit, einen lockeren Couscous herzustellen. Leider konnte sie nicht mehr erleben, wie man ihn heute im Supermarkt kaufen und so in kurzer Zeit ein wunderbares Essen zaubern kann. Die Blätter und Blüten der Indianernessel schmecken gut darin und sehen hübsch aus.

Ergibt 4–6 Portionen
100 g Couscous
200 ml kochendes Wasser
25 g Butter
2 Bund Frühlingszwiebeln, gehackt
225 g Tomaten, gehäutet, gehackt und abgetropft
1 TL Indianernesselblätter, gehackt
2 TL Indianernesselblüten, nur Petalen ohne Kelchblätter
4 EL Olivenöl
3 EL Zitronensaft
Salz und frisch gemahlener schwarzer Pfeffer

Couscous in einer Schüssel mit kochendem Wasser übergießen – auf der Packungsanweisung die Wassermenge beachten, denn der Wasserbedarf ist von Marke zu Marke verschieden. Butter einrühren, abdecken und 5 Minuten ziehen lassen.

Mit einer Gabel den Couscous auflockern und in eine Servierschale geben. Abkühlen lassen, erst dann die Frühlingszwiebeln, Tomatenstücke sowie Blüten und Blätter der Indianernessel dazugeben. Gründlich vermengen, dann Öl und Zitronensaft einrühren. Mit Salz und Pfeffer abschmecken.

LACHSSTEAKS MIT INDIANERNESSEL

Dies ist ein schönes Gericht für den späten Frühling, wenn die Nesselblätter am saftigsten sind. Hier ergänzen sich die Aromen des Lachses und der Nesselblätter subtil, aber vortrefflich. Mit neuen Kartoffeln und einem knackigen grünen Salat servieren.

Ergibt 4 Portionen
4 Lachssteaks (alternativ Kabeljau oder Heilbutt)
40 g Butter
1 EL Olivenöl
1 EL Indianernesselblätter, gehackt, plus einige ganze Blätter zum Garnieren
2 TL Mehl
150 ml Weißwein

Lachssteaks abspülen und mit Küchenpapier trocken tupfen. Butter mit dem Olivenöl in einer großen Bratpfanne zerlassen, Lachs und gehackte Nesselblätter hineinlegen. Fisch auf mittlerer Hitze beidseitig 3 Minuten goldbraun anbraten, danach in eine angewärmte Schale geben und abdecken.

Mehl in den Bratensaft in der Pfanne einrühren, nach 1 Minute Weißwein angießen und ständig rühren, damit sich keine Klumpen bilden. Erhitzen und 2 Minuten köcheln lassen.

Die Sauce über die Lachssteaks gießen und mit Indianernesselblättern garnieren.

SCHWEINEFILET MIT INDIANERNESSELSAUCE

Schweinefleisch schmeckt gut zu dem minzähnlichen, würzigen Aroma der Indianernesselsauce. Zu diesem Abendessen passen Kartoffelpüree und Brokkoli.

Ergibt 4–6 Portionen
2 Schweinefilets (je ca. 150 g)
75 g Butter
Olivenöl

Für die Indianernesselsauce
2 Schalotten, sehr fein gehackt
40 g Mehl
250 ml heißer Gemüse- oder Hühnerfond
2 EL Indianernesselblätter, fein gehackt
Salz und frisch gemahlener schwarzer Pfeffer
1 EL Crème fraîche

Backofen auf 200 °C vorheizen. Schweinefilets mit Küchenpapier trocken tupfen und in 1,5 Zentimeter dicke Scheiben schneiden.

Butter mit etwas Öl in einer Pfanne auf mittlerer Hitze zerlassen. Das Fleisch bei moderater Hitze 5–7 Minuten braten und nach der Hälfte der Zeit wenden. Danach in einer angewärmten Schale beiseitestellen und abdecken.

Für die Sauce die Schalotten in der restlichen Butter glasig anschwitzen. Mehl einrühren und 1 Minute unter ständigem Rühren köcheln lassen. Fond einrühren und köcheln lassen, bis die Sauce andickt, gelegentlich umrühren, damit sie nicht ansetzt. 1,5 Esslöffel Indianernesselblätter dazugeben. Einige Minuten köcheln lassen und dann mit Salz und Pfeffer abschmecken.

Von der Herdplatte nehmen, Crème fraîche einrühren und über die angerichteten Fleischscheiben gießen. Mit den restlichen gehackten Nesselblättern garnieren.

STACHELBEERGELEE MIT INDIANERNESSEL

In diesem Gelee kommt das würzige Minzaroma der Indianernessel, kombiniert mit der spritzigen Säure der Stachelbeeren, gut zur Geltung. Passt zu kaltem oder warmem Schweinefleisch, gebratenem Lammfleisch oder Cheddarkäse.

Ergibt etwa 2 Gläser à 350 Gramm
1 kg Stachelbeeren, geputzt
1 Bund Indianernesselblätter
900 ml kaltes Wasser
450 g Zucker
2 EL Zitronensaft
2 EL Weißweinessig
4 EL Indianernesselblätter, gehackt

Stachelbeeren waschen und mit dem Bund Nesselblätter in einen großen Topf mit Wasser geben. Wasser zum Kochen bringen und köcheln lassen, bis die Früchte weich und breiig werden. In ein Abtropftuch geben und über Nacht über einer Schüssel abtropfen lassen.

Am nächsten Tag auf 600 Milliliter Flüssigkeit 450 Gramm Zucker zugeben und in einem großen Topf zum Kochen bringen. Kochen, bis die Masse zu gelieren beginnt, was etwa 20–30 Minuten dauert (siehe Seite 25). Schaum abschöpfen, Zitronensaft, Essig und die gehackten Indianernesselblätter einrühren.

In warme, sterilisierte Gläser (siehe Seite 12) füllen und nach dem Abkühlen verschließen. Die ungeöffneten Gläser halten 1 Jahr. Nach dem Öffnen im Kühlschrank aufbewahren und innerhalb von 1 Monat verbrauchen.

Überschüssige Indianernessel

Indianernesselblüten in Eiswürfeln

Die Nesselblüten lassen sich gut in Eiswürfeln einfrieren. Blüten pflücken, wenn sie ganz geöffnet sind. Die Würfel machen sich gut in Getränken, Fruchtsalaten oder zu besonderen Gelegenheiten in Eiskühlern.

Indianernesselblüten
Kaltes, abgekochtes Wasser

Um klare Eiswürfel zu bekommen, sollte man gekochtes, abgekühltes Wasser nehmen. Eiswürfelschale mit dem Wasser füllen und in jedes Fach eine Blüte geben. Dies funktioniert gut mit einer Pinzette.
12 Stunden ins Gefrierfach stellen.

Damit die Eiswürfel nicht zusammenkleben, sollte man sie gleich von der Eiswürfelschale in die entsprechenden Gläser oder sonstigen Gefäße geben. Innerhalb von 3 Monaten verbrauchen.

Indianernesselsauce

Diese Sauce passt gut zu kaltem oder warmem Lammfleisch und kaltem Schweinefleisch.

1 kleines Bund Indianernesselstängel
Feiner Streuzucker (genug, um die gehackten Blätter zu bedecken)
Weißweinessig

Blätter von den Stängeln abzupfen und sehr fein hacken. Zucker darüberstreuen und weiterhacken, damit die Blattöle den Zucker durchziehen.
Wenn alles gut vermischt ist, Indianernessel und Zucker in eine kleine Schüssel geben. Weißweinessig einrühren – gerade so viel, dass die Sauce flüssig ist. Süße probieren und falls nötig noch Zucker hinzufügen. In einem Gefäß mit Schraubverschluss hält sich die Sauce 7 Tage.

Indianernesselessig

Indianernesselblätter
Weißweinessig

Eine Flasche mit weiter Öffnung mit Indianernesselblättern und dann vollständig mit Weißweinessig befüllen. Verschlossen 2–3 Wochen an einen dunklen Platz stellen.

Durch einen ungebleichten Kaffeefilter in sterilisierte Flaschen (siehe Seite 12) gießen. Etikettieren und dunkel aufbewahren. Der Essig hält sich so mehrere Jahre.

YSOP

(auch bekannt als Eisop, Isop, Josefskraut, Kirchenseppl)
Hyssopus officinalis

Ich liebe diese Mittelmeerpflanze, an deren blauen Blüten sich im Sommer Scharen von Insekten gütlich tun. Bei der Planung von Kräutergärten gehört Ysop für mich immer dazu, besonders wenn Gemüse- und Kräutergarten beieinanderliegen. Da Ysop Insekten anlockt, wird das Gemüse besser befruchtet, so dass dort der Ertrag steigt. Ich verwende ihn viel, denn er verleiht den Gerichten eine spezielle Note – sein volles Potenzial in der Küche ist noch nicht entdeckt.

Beschreibung

Ysop ist winterhart und halbimmergrün. Einige Blätter bleiben und können im Winter gepflückt werden. Mit 4–5 Jahren ist es eine kurzlebige Pflanze, die aber im Sommer hübsche kleine, dunkelblaue Blüten bekommt. Die lanzettlichen grünen Blätter duften aromatisch und schmecken etwas bitter, wenn man sie frisch von der Pflanze erntet. Wie seine Verwandten, Rosmarin und Thymian, bevorzugt Ysop einen sonnigen Platz mit durchlässigem Boden.

Er kann durch Aussaat im Frühsommer gezogen werden, aber noch einfacher aus Stecklingen, die man im späten Frühling von den neuen Trieben nimmt. Das Kraut eignet sich auch für Töpfe und wächst dort am besten in gut verrottetem Kompost.

Als Küchenpflanze

Manche behaupten, dass Ysop schon in der Bibel erwähnt wird, andere halten die dort erwähnte Pflanze jedoch für Oregano. Nachweislich nutzte schon Hippocrates (460–377 v. Chr.) Ysop gegen Atembeschwerden – und so wird er heute noch eingesetzt.

Ernte und Verwendung

Blätter

Junge Blätter pflückt man vom zeitigen Frühling bis zum Wintereinbruch. Zum Trocknen erntet man im Sommer nicht blühende Zweige. Da die Blätter ein recht strenges Aroma haben, sollte man sie sparsam verwenden. Sie können in Salate, Eintöpfe mit Fleisch, Suppen oder in Gefülltes geschnitten werden. In den USA gebraucht man Ysop für Apfelkuchen.

Blüten

Die Blüten gleich nach dem Aufblühen pflücken. Man kann sie auch trocknen, was das Aroma noch intensiviert. Die Blüten schmecken ausgezeichnet in grünem Salat.

Eigenschaften

Man sagt, dass Ysop bei der Verdauung fetter Speisen hilft und außerdem antioxidativ wirkt. In der Medizin wird er in Mitteln gegen Verstopfung und Husten verwendet.

Weitere Arten

Rosablühender Garten-Ysop

Hyssopus officinalis 'Roseus'

Dichte Ähren mit kleinen, rosa Blüten zieren diese Sorte von Sommer bis Frühherbst. Die aromatischen grünen Blätter sind lang und schmal.

Zwerg-Ysop, Felsen-Ysop

Hyssopus officinalis ssp. *aristatus*

Form, Farbe und Geschmack der Blätter sind dem Vorigen sehr ähnlich, durch die dunkelblauen Blüten unterscheidet sich diese Art allerdings deutlich.

Weißer Ysop

Hyssopus officinalis f. *albus*

Auch diese Sorte hat die typischen Ysopblätter, hier sind die von Sommer bis Frühherbst blühenden Blüten weiß.

GERÖSTETE PASTINAKEN MIT YSOP UND DATTELN

Bei diesem vegetarischen Gericht finden die Süße gerösteter Pastinaken und Datteln mit den bitteraromatischen Blättern des Ysops wunderbar zusammen.

Ergibt 2–4 Portionen

- 500 g kleine Pastinaken, geschält, längs halbiert und in 6 Zentimeter dicke Stücke geschnitten (bei größerer Winterware die häufig verholzte Mitte ausschneiden)
- 350 g kleine Zwiebeln, geviertelt
- 4 Knoblauchzehen, geschält und geschnitten
- 4 Zweige Ysop, Blätter abgezupft
- Olivenöl
- 125 g Fetakäse, gewürfelt
- 1 Handvoll schwarze Oliven, ohne Kerne
- 1 Handvoll Datteln, ohne Kerne

Backofen auf 200 °C vorheizen. Die vorbereiteten Pastinaken, Zwiebeln und Knoblauchzehen mit den Blättern von 3 Ysopzweigen auf einem Backblech verteilen. Mit Olivenöl besprenkeln und 45 bis 50 Minuten goldbraun rösten. Während des Röstens die Zutaten auf dem Blech mehrmals wenden, damit sie von allen Seiten gebräunt sind und nicht anbacken.

Feta, Oliven, Datteln und die restlichen Ysopblätter darüberstreuen und nochmals 5–10 Minuten backen.

GEBACKENE PAPRIKA MIT YSOP

Dies ist ein frisches Mittag- oder Abendessen. Auch hier ergänzen sich der leicht bittere Ysop und die süßen Paprika und Tomaten vortrefflich. Mit frischem Krustenbrot servieren, um die Flüssigkeit aufsaugen zu können.

Ergibt 2–4 Portionen

- 4 rote Paprikaschoten
- 3 Knoblauchzehen
- Salz
- 2 Zweige Ysop, die Blätter abgezupft und fein gehackt
- Olivenöl
- 16 reife Kirschtomaten
- 8 Anchovis

Backofen auf 200 °C vorheizen. Paprika längs halbieren, Samen entfernen und die Hälften mit der Schnittfläche nach oben in eine gefettete Auflaufform legen.

Knoblauch schälen, fein schneiden und einige Scheiben mit etwas Salz, einer Messerspitze Ysopblätter und etwas Olivenöl in jede Hälfte geben. (Wenn Sie Anchovis in Öl verwenden, nehmen Sie dieses Öl.) Tomaten halbieren – diese Tomaten muss man nicht häuten – und in den Paprikahälften verteilen. So lange backen, bis die Paprikahälften fast ganz zusammengesackt und voller Flüssigkeit sind. In Öl eingelegte Anchovis auf Küchenpapier abtropfen lassen, in Salzlake eingelegte abspülen und trocknen. Die Filets grob hacken und je 1 Teelöffel davon in die Paprikahälften geben. Weitere 10 Minuten backen und servieren.

SPANISCHE YSOP-TORTILLAS

Spanische Tortillas, gebratene Omelettes, sind einfach und sehr vielseitig. Sie können warm oder kalt und als Mittag- oder Abendessen gegessen werden und aufwändig oder schlicht zubereitet werden. Ich mag sie am liebsten warm, mit einem Rucolasalat und einem kühlen Glas Weißwein. Mit dem Ysop kommt ein bitter-minziges Aroma in das Essen.

Ergibt 3–6 Portionen
1 mittelgroße Zwiebel
275 g kleine, vorwiegend festkochende Kartoffeln (z.B. Desiree)
3 EL Olivenöl
Salz und frisch gemahlener schwarzer Pfeffer
2 TL Ysopblätter, fein gehackt
5 Eier

Zuerst die Zwiebeln schälen und halbieren, dann die Hälften fein schneiden und mit den Fingern zerteilen. Kartoffeln in dünne Scheiben schneiden. Wenn Sie dies per Hand tun, können Sie die Scheiben in eine Schüssel mit kaltem Wasser legen – so verfärben sie sich nicht braun. Das Wasser dann abgießen und die Kartoffelscheiben mit einem sauberen Tuch trocknen.

2 Esslöffel Olivenöl in einer 20 Zentimeter großen Bratpfanne mit Deckel und starkem Boden erhitzen. Kartoffelscheiben und Zwiebeln in das heiße Öl geben und gründlich darin verrühren. Hitze auf niedrigste Stufe reduzieren, Salz, Pfeffer und die fein gehackten Ysopblätter einrühren. Zwiebeln und Kartoffeln zugedeckt 20 Minuten sachte braten, bis sie gar sind. Hin und wieder wenden und die Pfanne schwenken, denn sie sollen nicht zu braun, sondern nur gar werden.

Eier in eine große Schüssel schlagen und mit einer Gabel leicht verrühren, etwas Salz und Pfeffer hinzufügen. Sobald die Kartoffeln gar sind, gleich zu den Eiern in die Schüssel geben.

Bratpfanne wieder erhitzen und das restliche Öl hineingeben. Kartoffeln und Eier gründlich vermengen, in die Pfanne geben, sofort die Hitze auf die niedrigste Stufe verringern und ohne Deckel 20–25 Minuten sachte braten. Wenn die Eiflüssigkeit auch an der Oberfläche fest geworden ist, das Omelette wenden. (Am besten gelingt das, indem man den Pfannendeckel aufsetzt, das Omelette dort hineinwendet und es von dort mit einem Pfannenwender wieder in die Pfanne gleiten lässt.)

Pfanne wieder auf die Herdplatte setzen, das Omelette noch einige Minuten braten. Es sollte zum Schluss noch etwas Feuchtigkeit auf der Mitte vorhanden sein.

FISCHPUFFER MIT YSOP

Ich wohne auf dem Land und kann nicht mal eben einkaufen gehen. Daher habe ich eine moderne Form einer Speisekammer, in der ich jede Menge Nahrungsmittel lagern kann. Das ist besonders dann nützlich, wenn wir eingeschneit sind oder ich einfach keine Zeit zum Einkaufen habe. In der Speisekammer finden sich Tomatenkonserven, Honig, Anchovis und Thunfisch, um nur ein paar Kleinigkeiten zu nennen. Dieses Gericht ist nur aus dem gemacht, was die Speisekammer jederzeit hergibt. Mit einer hausgemachten Tomatensauce (siehe Seite 12), grünen Bohnen oder einem frischen grünen Salat servieren.

Ergibt 4 Portionen
etwa 150 ml Olivenöl
1 Zwiebel, fein gehackt
250 g Thunfisch aus der Dose, abgetropft
250 g kaltes Kartoffelpüree
1 TL Ysopblätter, fein gehackt
2 Eier, geschlagen

Etwas Öl in einer Bratpfanne erhitzen und die Zwiebeln darin glasig andünsten. In eine Schüssel geben und abkühlen lassen.

Wenn die Zwiebeln abgekühlt sind, zuerst den Thunfisch untermischen, dann das Kartoffelpüree und die gehackten Ysopblätter. Zum Schluss die Hälfte der geschlagenen Eier dazugeben und aus der Mischung 8 flache Puffer formen. Jeden Puffer in das übrige geschlagene Ei tauchen.

Noch etwas Öl in die Pfanne geben und erhitzen. Die Fischpuffer darin von jeder Seite 5 Minute braten.

Überschüssiger Ysop

Ysopbutter

Diese Butter kann für Gemüse, Suppen, Eintöpfe, Aufläufe und für Fleisch oder Fisch vom Grill verwendet werden.

Ergibt 125 Gramm
1 Handvoll Ysopblätter
125 g Butter

Ysopblätter von den Stängeln zupfen, grob hacken und zu der Butter geben. Beides zusammen hacken, so dass sich die Öle des Ysops mit der Butter vermischen.

Wenn das Verhältnis von Blättern zu Butter Ihrer Meinung nach stimmt, die Butter mit einer Gabel weiter gründlich mischen, in Backpapier wickeln und mindestens 24 Stunden in den Kühlschrank legen. Je länger die Kräuterbutter dort liegt, desto aromatischer wird sie.

Die Butter hält sich eingefroren bis zu 3 Monaten. Füllen Sie sie dazu in einen Gefrierbeutel oder eine Gefrierbox. Beschriftung nicht vergessen, damit Sie wissen, um welche Kräuterbutter es sich handelt.

ZICHORIE

(auch bekannt als Gewöhnliche Wegwarte, Gemeine Wegwarte)

Cichorium intybus

An diese Pflanze knüpfen sich sehr viele Erinnerungen. Als Kind mochte ich Chicorée nicht, den meine Mutter und Großmutter häufig kochten – er war zu bitter für einen Kindergaumen. Als meine Kinder noch klein waren, machten wir eine Reise auf dem Canal du Midi in Frankreich, und an zwei Dinge erinnere ich mich besonders: Wie Hannah und Alistair jeden Morgen frisches Brot kauften, um stolz ihr Französisch anzuwenden, und wie die Zichorie wild an den Ufern des Kanals wuchs und in voller Blüte stand.

Beschreibung

Die Zichorie sieht toll aus, wenn sie blüht. Allein diese blaue Blüte macht es schon notwendig, diese Pflanze im Garten zu haben. Sie wird während der Blüte im Hochsommer etwa 1 Meter hoch. Daher sollte man sie hinten ins Beet pflanzen oder an einen Zaun, an dem sie Halt findet. Als winterharte Staude friert sie im Winter zurück und treibt im Frühjahr wieder aus. Die Blätter sind mittelgrün, unterseits behaart und grob gezähnt.

Die Wegwarte kann leicht aus Samen vermehrt werden. Dazu frische Samen im Frühling oder Spätsommer aussäen. Man kann auch die Wurzeln im Frühjahr teilen, allerdings muss jedes Wurzelstück mindestens eine Knospe zum Austreiben haben. Die Pflanze schätzt einen sonnigen, kalkhaltigen Standort. Wenn Sie die Wurzeln ernten möchten, sollten Sie den Boden vor der Aussaat tief umgraben und reichlich verrotteten Kompost einarbeiten.

Als Küchenpflanze

Die Nutzung der Zichorie lässt sich bis zu den Alten Ägyptern zurückverfolgen, die wie die Araber die gebleichten Blätter als Salat aßen. So machen wir es heute noch. Kluge Hausfrauen zogen die Zichorie in ihren Kräutergärten, weil sie als reinigend und gut für die Blase bekannt war. Ab dem 17. Jahrhundert machte man aus den getrockneten, gerösteten und dann gemahlenen Wurzeln einen Kaffee-ersatz. Charles Dickens beschrieb in seiner Zeitschrift *Households Words* den umfangreichen Zichorienanbau in England genau für diesen Zweck.

Ernte und Verwendung

Blätter

Blätter sollte man vom zeitigen Frühling bis zum Frühherbst sammeln und frisch verwenden, denn man kann sie weder einfrieren noch trocknen. Junge Blätter geben einem Salat einen leicht bitteren Beigeschmack. Getriebene Blätter werden als recht bittere Wintersalate verwendet.

Blüten

Die Blüten kann man während des Sommers ernten und in Salate streuen.

Wurzeln

Die Wurzeln ab dem zweiten Jahr im Spätherbst ausgraben, auf 20 Zentimeter kürzen, alle Seitenwurzeln wegschneiden. Die Wurzeln in trockenem Sand dunkel lagern. Geröstete Zichorienwurzeln werden noch immer als Kaffeeersatz genutzt. Junge Wurzeln können früh im zweiten Herbst geerntet und wie Möhren gekocht werden. Eine weiße Sauce bildet einen guten Kontrast zum bitteren Geschmack der Wurzeln.

Die Zichorienwurzeln können auch gebleicht werden. Man isst dann die Triebe als Chicorée. Traditionell bleichte man im Herbst, dabei wurden Wurzeln im Garten ausgegraben, das Grüne gekappt und die Wurzeln dicht in eine Kiste mit Lehmboden eingeschlagen. Die Kiste wurde dunkel gelagert und nach 4–6 Wochen waren bleiche, dicht gewachsene Blattköpfe getrieben. Wer dies versuchen möchte, sollte Folgendes wissen: Während der Phase des Treibens muss es vollkommen dunkel bleiben. Die getriebenen Chicoréeköpfe erst kurz vor dem Verbrauch ernten, denn sie werden schnell nach dem Abschneiden schlaff.

Eigenschaften

Eine Rückbesinnung auf die positiven Wirkungen von bitteren Nahrungsmitteln ist nötig. Besonders der Verdauungsapparat profitiert davon. Ein Sprichwort sagt: »Bitter zur Zunge ist gut für den Bauch.« Frische Blätter enthalten viel Vitamin A, B und C.

Weitere Arten

Chicory Brussels Witloof Chicorée

Diese Sorte wird als Chicorée angeboten.

Magdeburg oder Brunswick

Diese Wurzeln eignen sich am besten für die Produktion von Kaffeeersatz.

Radicchio

Ein roter fester Salatkopf, der sich nicht zum Bleichen eignet.

Radicchio di Verone

Hat einen Kopf aus burgunderroten Blättern. Wie Salat zubereiten.

Zuckerhut (Fleischkraut)

Sieht aus wie Salat und kann auch so verwendet werden. Kein Bleichen notwendig.

GESCHMORTER CHICORÉE

So kochten meine Mutter und Großmutter Chicorée. In diesem Gericht kann man seinen vollen Geschmack genießen – klar, pur und leicht bitter. Ich serviere ihn meist mit gekochtem Schinken oder Hühnerfleisch, aber auch gegrillte Tomaten schmecken gut dazu.

Ergibt 4 Portionen
4 große Köpfe Chicorée
300 ml Gemüsefond
geriebene Schale und Saft von 1 Bio-Orange
Salz und frisch gemahlener schwarzer Pfeffer
frisch geriebene Muskatnuss
25 g Haselnüsse, grob gehackt (wahlweise)

Chicorée längs halbieren und in einen großen Topf geben. Fond, Orangenschale und -saft , Gewürze und Nüsse (falls gewünscht) mischen und darübergießen. Zum Kochen bringen und dann abdecken. Hitze reduzieren und 5–10 Minuten köcheln lassen, bis der Chicorée gar, aber noch knackig ist.

Chicorée abtropfen lassen, dabei die Flüssigkeit auffangen und das Gemüse in einer Servierschale warm halten. Die Flüssigkeit über großer Hitze auf 150 Milliliter reduzieren und über den Chicorée gießen. Sofort servieren.

ZICHORIEN-KÄSE-AUFLAUF

Der leicht bittere Geschmack des Chicorées in Verbindung mit dem salzigen Schinken und dem cremigen Käse ergibt ein gelungenes Abendessen.

Ergibt 4 Portionen
50 g Butter, plus etwas zum Einfetten und zum Backen
450 g Chicorée, gewaschen und getrocknet
275 g magerer Kochschinken
1 EL Öl
Salz und frisch gemahlener weißer Pfeffer
2 EL Mehl
250 ml Milch
150 ml tockener Weißwein
100 g Schmelzkäse
2 EL Zichorienblätter, gewaschen, getrocknet und fein gehackt
2 Eigelb, geschlagen
2 EL Semmelbrösel
1 EL Petersilie, gehackt

Backofen auf 200 °C vorheizen und eine feuerfeste Form mit Butter einfetten.

Chicoréeköpfe und Schinken in 1 Zentimeter breite Streifen schneiden. Öl in einer Bratpfanne erhitzen, Chicorée und Schinken hineingeben, mit Pfeffer und Salz würzen und alles von einer Seite anbraten.

In einem Topf die Butter zerlassen und darin das Mehl goldbraun anschwitzen. Schluckweise die Milch einrühren und unter ständigem Rühren 5 Minuten köcheln lassen. Wein dazugeben und so lange umrühren, bis sich alles gut vermischt hat. Käse in kleinen Stücken hineingeben und umrühren, bis er schmilzt, dann die gehackten Zichorienblätter hinzufügen. Die Sauce von der Herdplatte nehmen und die geschlagenen Eigelbe einrühren.

Schinken-Chicorée-Mischung in die feuerste Form geben, mit der Käsesauce begießen, Semmelbrösel, Petersilie und Butterflocken darüberstreuen. Im Ofen 25 Minuten backen, bis die Oberfläche goldbraun ist.

CHICORÉESALAT MIT BLAUSCHIMMELKÄSE UND ZICHORIE

Das Bittere der Zichorie und die salzige Schärfe des Blauschimmelkäses machen diesen Salat aus.

Ergibt 3–6 Portionen
6 Chicoréeköpfe
1 Handvoll Zichorienblätter, klein gezupft
200 g Walnüsse, geschält
200 g Blauschimmelkäse (Stilton, Roquefort)
Für das Dressing
6 EL Olivenöl
2 EL Estragonessig (siehe Seite 73) oder Zitronensaft
2 TL Dijon-Senf
½ TL feiner Streuzucker

Backofen auf 150 °C vorheizen. Blätter der Chicoréeköpfe waschen und mit Küchenpapier trocken tupfen. Zusammen mit den Zichorienblättern in einer flachen Schale arrangieren.

Die Walnüsse im Backofen auf Backpapier 4–10 Minuten rösten. Aus dem Ofen nehmen und abkühlen lassen.

Die Rinde vom Käse abschneiden, den Käse in kleine Stücke zerbröseln und zu den abgekühlten Walnüssen geben. Gründlich vermischen und über die Chicoréeblätter streuen. Zutaten für das Dressing mischen und vor dem Servieren über den Salat sprenkeln.

RADICCHIO-ORANGEN-SALAT

Früchte schmecken gut in Salaten, besonders zu den bitteren der Gattung der Zichorien. Diesen pikanten Salat mit Krustenbrot und/oder dünnen Räucherlachsscheiben servieren.

Ergibt 2–4 Portionen
350 g Radicchio
100 g Endivienblätter
100 ml Crème fraîche
Salz und frisch gemahlener weißer Pfeffer
1 große Messerspitze Zucker (wahlweise)
15 g Butter
1 EL Mandelflocken
1 Orange, in mundgerechte Stücke geschnitten

Radicchio- und Endivienblätter gründlich unter laufendem, kaltem Wasser waschen. Die Radicchioblätter in große Stücke rupfen, die Endivienblätter in Streifen schneiden.

Crème fraîche mit Salz, weißem Pfeffer und bei Bedarf Zucker abschmecken. Butter in einer Bratpfanne zerlassen und die Mandelflocken goldbraun braten.

Unter die Salatblätter Crème fraîche und Orange mischen, die gerösteten Mandelflocken darüberstreuen.

Überschüssige Zichorie

Zichorie kann man meist problemlos verbrauchen, wenn man mal einen Überschuss hat. Meine Lösung gegen eine Überproduktion ist der harte Rückschnitt der Pflanzen, die dann frische Blätter nachtreiben. Die abgeschnittenen Blätter gehören auf den Komposthaufen.

ZITRONENGRAS

(auch bekannt als Westindisches Lemongras, Sereh, Citronella)
Cymbopogon citratus

Als ich vor etwa 20 Jahren meine Kräutergärtnerei eröffnete, gab es Zitronengras fast ausschließlich in asiatischen Spezialgeschäften zu kaufen. Heute ist es das ganze Jahr über in so gut wie jedem Supermarkt erhältlich. Über die Jahre bin ich zu einer echten Anhängerin dieser Pflanze geworden, besonders nachdem ich es in Südafrika wachsen und blühen gesehen habe. Dort konnte ich elegante, klassische Graspflanzen bewundern, die bedeutend beeindruckender waren als die kümmerlichen Exemplare in meiner Gärtnerei, geschweige denn die kurzen Stiele, die man damals kaufen konnte.

Beschreibung

Zitronengras wächst in den Tropen und bildet Horste, die nur dort in Büscheln mit kleinen Blüten grasähnlich blühen. Die geraden, graugrünen Blätter und kräftigen creme- bis beigefarbenen Stängel schmecken nach Zitrone.

Man kann Zitronengras aus Samen ziehen oder durch Teilung vermehren, allerdings ist dies außerhalb der Tropen nur in Warmhäusern möglich, denn die Außentemperatur darf nicht unter 8 °C fallen. In unseren Breiten kann das Gras damit nur im Sommer nach draußen gepflanzt werden. Dort toleriert es auch schwere Böden, solange die Sommer feucht und warm sind. Die Winter müssen trocken und warm sein.

Zitronengras ist eine exzellente Topfpflanze. Man sollte Mutterboden mit Lehmanteilen verwenden, der im Sommer nicht austrocknet. Im Winter muss die Pflanze in eine helle, frostfreie Umgebung, wo die Temperatur nicht unter 5 °C sinkt.

Mit der Abnahme von Lichtmenge und Temperatur beginnt die Pflanze mit der Winterruhe, das Gras wird zunehmend braun und die äußeren Blätter welken. Während des Winters wird nur minimal gewässert und die Blätter des Grases 10 Zentimeter über den Stängeln abgeschnitten. Mit den länger werdenden Tagen und steigenden Temperaturen des zeitigen Frühjahrs wird die Pflanze wieder wachsen. In dieser Zeit sollte man alle abgestorbenen Pflanzenteile abschneiden und das Gras bei Bedarf umtopfen.

Als Küchenpflanze

Seit Jahrtausenden wird Zitronengras in Thailand, China, Malaysia, Vietnam, Indonesien und auf den Karibischen Inseln verwendet. In der Karibik spielt es zudem wegen seiner medizinischen Eigenschaften eine große Rolle. In Europa und Australien ist das Gras seit 20 Jahren auf dem Vormarsch.

Ernte und Verwendung

Blätter

In gemäßigten Breiten erntet man die Blätter im Sommer, in den Tropen dagegen während des ganzen Jahres. Junge Blätter schmecken intensiver als ältere, die einen leicht bitteren Beigeschmack haben. Die frischen Blätter und Stängel nutzt man seit jeher in der thailändischen, vietnamesischen und karibischen Küche. Dort ergänzt der Zitronengeschmack Currygerichte und Speisen mit Meeresfrüchten, Knoblauch und Chili. Mit einer Handvoll zusammengeknoteter Blätter kann man Reiswasser und Gemüsegerichte aromatisieren. Diese Bündel vor dem Servieren herausnehmen.

Stängel

Die Stängel erntet man in Europa im Sommer, in den Tropen kann man Zitronengras während des ganzen Jahres schneiden. Man schneidet dabei die verdickten Stängel gleich über dem Boden und dann die oberen Blätter ab. Entfernt man die Blattscheide, wird eine weiße Stängelmitte sichtbar. Diese vor dem Zugeben in Gerichte fein schneiden oder zerstampfen, damit die Öle und damit die Aromen freigesetzt werden.

Eigenschaften

Blätter und Stängel sind reich an Eisen, Chrom, Magnesium, Zink, Selen, Kalium und Phosphor sowie an den Vitaminen A, B und C. Weiterhin wirken sie Blähungen entgegen und sind harntreibend. Ein Tee von den jungen Blättern erfrischt und wirkt gegen Magenschmerzen. Nicht zuletzt hilft er bei depressiven Stimmungen.

Weitere Arten

Zitronengras

Cymbopogon flexuosus

Diese Art gleicht *C. citratus*, wird allerdings größer und die Stiele sind an der Basis eher rot als beige. Das Gras schmeckt erfrischend nach Zitrone und kann in der Küche wie *C. citratus* verwendet werden.

Palmarosa

Cymbopogon martinii var. *motia*

Palmarosa bleibt kleiner als die beiden Zitronengras-Arten und die geraden, graugrünen Blätter duften himmlisch nach Rosen. Daher empfehlen sich die Blätter für Kuchen, Desserts und zur Aromatisierung von Sirup. Man kann die Blätter in Milch einlegen und diese dann für Süßspeisen verwenden.

SCHARFE KÜRBISSUPPE MIT ZITRONENGRAS

Eine großartige Kombination: Aromatisches Zitronengras, scharfes Chili und milder Butternusskürbis ergeben eine raffinierte Suppe.

Ergibt 4–6 Portionen
2 EL Olivenöl
1 Stück frische Ingwerwurzel, 1 cm dick, geschält und gerieben
½ TL fein geschnittene rote Chilischote
1 TL Zitronengrasstängel, geschält und fein geschnitten
1 große Zwiebel, fein geschnitten
500 g Butternusskürbis, geschält, halbiert, entkernt und gewürfelt
2 Knoblauchzehen, fein gehackt
1 EL helle Sojasauce
400 ml Kokosmilch oder fettarme Milch
400 ml Wasser
Salz und frisch gemahlener schwarzer Pfeffer

Öl in einem großen Topf erhitzen, darin Ingwer, Chili, Zitronengras, Zwiebeln und Butternusskürbis anschwitzen. Dann den Knoblauch einrühren und ein paar Minuten andünsten. Sojasauce, Kokos- oder fettarme Milch und Wasser dazugeben. Zum Kochen bringen, dann 25 Minuten köcheln lassen, bis der Kürbis weich ist.

Mit einem Pürierstab oder in der Küchenmaschine zerkleinern und mit Pfeffer und Salz abschmecken. Erneut erhitzen, dabei aber nicht kochen lassen, und servieren.

LACHS-ZITRONENGRAS-PÄCKCHEN

Wenn man Fisch in Alufolie gart, wird er nicht trocken und die Nährstoffe bleiben erhalten. Aromen, zum Beispiel das von würzig-saurem Zitronengras, durchdringen den Fisch dabei besonders intensiv. Mit Reis und grünen Bohnen oder einem frischen grünen Salat servieren.

Ergibt 4 Portionen

2 TL Butter
1 Zwiebel, in sehr feine Scheiben geschnitten
3 Knoblauchzehen, sehr fein gehackt
2 Tomaten, gehäutet und fein gehackt
1 Messerspitze Salz
2 Stängel Zitronengras, geschält, gestampft und fein geschnitten
1 TL Kumin, zerstoßen
Zitronengrasblätter, zum Auskleiden des Päckchens
300 g Lachsfilet, in große Stücke geschnitten
2 Bio-Limetten, in Scheiben geschnitten
1 EL Korianderblätter, gehackt
1 EL Mandelflocken, gehackt

Backofen auf 160 °C vorheizen. Butter in einem Topf zerlassen und darin die Zwiebeln glasig andünsten. Knoblauch dazugeben und 1 Minute andünsten. Die gehackten Tomaten, Salz, Zitronengrasstängel und Kumin dazugeben. Umrühren, abdecken und auf niedriger Hitze 5 Minuten köcheln lassen. Von Zeit zu Zeit umrühren, damit nichts ansetzt.

Ein großes Stück Backpapier oder Alufolie auf einem Backblech ausrollen und mit Zitronengrasblättern belegen. Lachs auf die eine Hälfte geben, die gedünstete Mischung darüberlöffeln, Limettenscheiben, gehackte Korianderblätter und Mandelflocken darauf verteilen. Mit der anderen Hälfte der Folie oder des Backpapiers abdecken und die Ränder verschließen, indem sie doppelt umgefaltet werden. Im Ofen 25 Minuten backen.

Das Päckchen öffnen (Vorsicht: Heißer Dampf wird entweichen!), wieder in den Ofen schieben und geöffnet weitere 10 Minuten backen.

FORELLE MIT ZITRONENGRAS-FÜLLUNG

Das Gericht habe ich auf einer der berühmten Geburtstagsfeiern meines Mannes Mac serviert. Unsere Gäste waren beeindruckt, wie wunderbar sich Zitronengras und Forelle ergänzen. Versuchen Sie es einmal, es schmeckt vorzüglich – besonders mit neuen Kartoffeln und einem knackigen grünen Salat oder Bohnen dazu.

Ergibt 4 Portionen
4 ganze Forellen
50 g Butter
1 EL Zitronensaft
1 Bio-Zitrone, geviertelt, zum Servieren

Für die Füllung
50 g Butter
175 g Schalotten, fein gehackt
2 EL Zitronengrasblätter, fein geschnitten
2 Stängel Zitronengras, geschält und fein geschnitten
175 g frische Semmelbrösel
Meersalz und frisch gemahlener schwarzer Pfeffer

Bereiten Sie zuerst die Füllung zu: Dazu die Butter in einer Bratpfanne zerlassen und die Schalotten darin glasig dünsten. Zitronengrasblätter und -stängel dazugeben und ein paar Minuten weich dünsten. Semmelbrösel einrühren, Pfanne von der Herdplatte nehmen, mit Salz und Pfeffer abschmecken. Die Füllung vollständig abkühlen lassen.

Fisch ausnehmen und abspülen. Auf jeder Seite dreimal flach diagonal einritzen und in die Ritzen etwas von der Füllung streichen. Butter in einem Topf zerlassen, Zitronensaft einrühren – mit dieser Flüssigkeit wird der Fisch während des Grillens besprenkelt.

Backofengrill auf höchster Stufe vorheizen, Pfanne mit den Forellen für 5 Minuten unter den Grill stellen, die Fische nach 2 Minuten wenden und mit der Flüssigkeit besprenkeln. Auf mittlerer Hitze weitere 6–8 Minuten grillen, erneut wenden und besprenkeln. Vorsichtig wenden, damit die Forellen nicht auseinanderfallen. Mit den Zitronenvierteln servieren.

Überschüssiges Zitronengras

Zitronengrasöl

Dieses Öl kann man für Salatdressings, Mayonnaise, gebratene Gerichte und Suppen verwenden.

Mehr Informationen über die Konservierung und die Risiken bei der Verwendung von Kräutern in Öl finden Sie auf Seite 40.

Ergibt 500 Milliliter Öl
5 verdickte Stängel Zitronengras
500 ml Olivenöl
2 TL Zitronensaft

Die Stängel von den äußeren Blättern befreien – man verwendet nur das weiße Innere. Dieses fein schneiden und die Stücke in einem Mörser zu einer Paste zerstoßen. Das wird man in mehreren Portionen machen müssen. Etwas Öl in die Paste mischen und diese in eine mittelgroße Schüssel löffeln. Wiederholen, bis sämtliches Zitronengras verarbeitet ist. Die gesamte Masse dann mit dem verbliebenen Öl und dem Zitronensaft gründlich verrühren.

In ein verschließbares Gefäß geben und in den Kühlschrank stellen. Innerhalb von 5 Tagen verbrauchen und vor Gebrauch stets gut schütteln, damit sich Saft und Öl wieder vermischen.

Alternativ kann man das Öl nach 2 Tagen durch einen ungebleichten Kaffeefilter in ein sauberes, sterilisiertes und verschließbares Gefäß passieren. Im Kühlschrank hält sich dieses Öl 3 Tage. Auch dieses vor Gebrauch gut schütteln.

ZITRONENMELISSE

(auch bekannt unter Melisse, Zitronenkraut, Herztrost)

Melissa officinalis

Manch ein Gärtner mag dieses Kraut schon verflucht haben, da es sich so stark ausbreitet. Dem Koch dagegen kann eine solch vielseitige Küchenpflanze gar nicht willkommen genug sein. Meine Mutter und meine Großmutter verwendeten Zitronenmelisse allerdings nicht in der Küche. Meine Großmutter pflanzte es allerdings neben ihre Bienenkörbe, da die Blüten reichlich Nektar haben. Mit den Blättern rieb man die neuen Bienenkörbe aus, um die umherschwärmenden Bienen anzulocken.

Beschreibung

Zitronenmelisse ist eine winterharte Staude, die im Herbst oberirdisch abstirbt und im Frühjahr neu austreibt. Im Sommer blüht sie unscheinbar in cremefarbenen Quirlen. Ihre mittelgrünen Blätter sind oval, gezähnt und haben ein intensives Zitronenaroma.

Die Staude kann durch Samen und Teilung vermehrt werden und ist mit jedem Boden zufrieden, der keine Staunässe aufweist. Ideal ist ein wasserdurchlässiger Standort in voller Sonne. Auf leichten Böden neigt die Zitronenmelisse zum Wuchern, dem man mit dem Anbau in Töpfen begegnen kann.

Als Küchenpflanze

Bei den Alten Griechen und Römern war Melisse nicht nur als wohlschmeckendes Küchenkraut beliebt, sondern wurde auch als verdauungsförderndes und Melancholie vertreibendes Mittel eingesetzt. In Elisabethanischer Zeit nahm man die Blätter als Salatkraut und als Tee sowie zur Aromatisierung von Wein.

Ernte und Verwendung

Blätter

Besonders intensiv schmecken die Blätter vor der Blüte oder solche von nicht blühenden Trieben. Man kann Zitronenmelisse vom zeitigen Frühjahr bis zum Herbst ernten. In gekochtem Obst reduziert sie die Menge des benötigten Zuckers, da sie die Fruchtsäure ausgleicht. Zudem können frische Blätter in Frischkäse, Essig, Tee und Gemüse verwendet werden.

Blüten

Die Blüten kann man in den Sommerwochen pflücken, allerdings sollten alle grünen, fade schmeckenden Blütenteile entfernt werden. Verfeinern Sie mit den Blüten Frucht- und Blattsalate, Gelees und Butter.

Eigenschaft

Zitronenmelisse hat viel Vitamin A, B und C, wirkt bei Blähungen und Husten und ist verdauungsfördernd. Ein Tee aus den Blättern fördert nicht nur die Verdauung, er beruhigt, entspannt und soll angeblich das Erinnerungsvermögen steigern.

Weitere Arten

Zitronenmelisse ´All Gold´

Melissa officinalis 'All Gold'

Die Sorte hat im Unterschied zur gewöhnlichen Zitronenmelisse goldgelbe Blätter. Diese sind empfindlich gegen grelle Sonneneinstrahlung, daher sollte die Staude einen Platz bekommen, der mittags im Schatten liegt. Um die Blattfarbe so leuchtend zu erhalten, sollte man die Staude im Sommer radikal zurückschneiden. Die Sorte kann man nur durch Stecklinge oder Teilung vermehren.

Goldene Zitronenmelisse ´Aurea´

Melissa officinalis 'Aurea'

Auch diese Sorte ähnelt der gewöhnlichen Zitronenmelisse, hat allerdings gelb-grün panaschierte Blätter.

Beide Sorten können in der Küche verwendet werden, wobei die Blätter etwas milder schmecken als die der gewöhnlichen Zitronenmelisse.

ZITRONEN-MELISSEN-SALSA

Die Sauce schmeckt ausgezeichnet zu gegrilltem Fisch, Fleisch oder Gemüse. Wenn die Melissenblätter zerrieben werden, entwickeln sie ihr Aroma besonders intensiv.

Ergibt 4 Portionen
3 EL Zitronenmelissenblätter, fein gehackt
1 scharfe Chilischote, ohne Samen, fein gehackt
1 Knoblauchzehe, zerdrückt
1 mittelgroße rote Zwiebel, grob gehackt
140 g eingelegte getrocknete Tomaten, abgetropft und gehackt
Saft von ½ Zitrone
6 EL Olivenöl
1 EL Weißweinessig

Alle Zutaten vermischen, dabei Öl löffelweise untermischen, bis die Salsa die ideale Konsistenz bekommen hat. In eine Servierschale löffeln, abdecken und mindestens 30 Minuten in den Kühlschrank stellen, damit sich die Aromen voll entfalten können.

GEFÜLLTE ÄPFEL MIT MANDELN UND ZITRONEN-MELISSE

Gebackene Äpfel gehörten zu den Lieblingsspeisen meines Vaters. Er war wahrlich kein Koch, aber wenn Mutter diese Äpfel backte, machte er eine Weinbrandbutter oder Meerrettichcreme dazu. Beides schmeckt ausgezeichnet zu gebackenen Äpfeln. Dabei verströmt die Zitronenmelisse ein milderes Zitrusaroma, als es eine Zitrone tun würde.

Mit Sahne, hausgemachter Vanillesauce oder, im Andenken an meinen Vater, mit Weinbrandbutter servieren.

Ergibt 4 Portionen
4 große Kochäpfel (ich nehme Bramleys)
40 g Butter, plus 25 g als Flocken
2 EL Zucker
50 g gemahlene Mandeln
2 EL Zitronenmelisse, fein gehackt
Schale von 1 Bio-Zitrone
1 TL Zimt
25 g Mandelflocken, geröstet
4 EL heller Zuckersirup

Backofen auf 180 °C vorheizen. Äpfel waschen und entkernen. Mit einem scharfen Messer die Schale einmal um den Apfel herum einritzen. Äpfel auf ein Backblech setzen.

Butter und Zucker vermengen, die gemahlenen Mandeln einkneten, dann Zitronenmelisse, Zitronenschale, Zimt und Mandelflocken dazumischen. Mit einem kleinen Löffel in jeden entkernten Apfel ein Viertel der Mischung füllen, etwas Zuckersirup über die Äpfel sprenkeln und Butterflocken darauf verteilen. Im Ofen 15 Minuten backen, bis die Äpfel weich, aber noch nicht zerfallen sind.

GEMISCHTES ZITRUSSORBET

Ich habe kein schlechtes Gewissen, wenn ich so viele Sorbets in dieses Kochbuch aufnehme. Sie sind eine wunderbare Methode, die Aromen von Küchenkräutern einzufangen, und außerdem gut für die Verdauung. Die Alten Römer aßen bei ihren üppigen Gelagen Sorbets zwischen den einzelnen Gängen, um ihre Gaumen zu reinigen.

Ergibt 4–6 Portionen
200 g feiner Streuzucker oder Kristallzucker
275 ml Wasser
1 großes Bund Zitronenmelisse, Blätter von den Stängeln gezupft und fein gehackt
Schale und Saft von 5 Bio-Limetten
Schale und Saft von 5 Bio-Zitronen

Zucker und Wasser in einem kleinen Topf auf mittlerer Stufe erhitzen und mit einem Holzlöffel umrühren, bis sich der Zucker aufgelöst hat. Zum Kochen bringen und 5 Minuten köcheln lassen. Von der Herdplatte nehmen und abkühlen lassen.

Sobald der Sirup kalt geworden ist, Melissenblätter sowie Schale und Saft der Zitronen und Limetten dazumischen. In eine Gefrierbox füllen und in den Gefrierschrank stellen.

Nach 30 Minuten aus dem Gefrierschrank nehmen, mit einer Gabel das Eis aufbrechen und erneut in den Gefrierschrank stellen. Dies nach 30 Minuten und danach weitere 3-mal wiederholen. Wenn Sie das Sorbet nicht innerhalb von 24 Stunden servieren, muss es abgedeckt und innerhalb von 1 Monat verbraucht werden.

Überschüssige Zitronenmelisse

Zitronenmelissen-Vinaigrette

Diese Vinaigrette passt gut zu Salaten, einschließlich Meeresfrüchte- und Geflügelsalat. Außerdem lässt sich damit auch Fisch und Fleisch vor dem Kochen marinieren. Zudem kann man sie den Gästen in einer Schale anbieten, damit sie löffelweise ihren gebratenen Fisch beträufeln.

1 EL Schalotten, sehr fein gehackt
2 EL Zitronenmelissenblätter, fein gehackt
½ TL geriebene Zitronenschale
6 EL frisch gepresster Zitronensaft
4 EL Weißweinessig
1 EL Dijon-Senf
1 EL brauner Muscovado-Zucker (weich, leicht feucht)
8 EL Olivenöl

In einer Schüssel Schalotten, Melissenblätter, Zitronenschale und -saft, Essig, Senf und Zucker mischen, dann in geringen Portionen Öl dazugeben. In eine fest verschließbare Flasche füllen. Diese Vinaigrette hält sich im Kühlschrank 1 Woche. Vor Gebrauch gut schütteln.

ZITRONEN-VERBENE

(auch bekannt als Zitronenstrauch)
Aloysia triphylla Syn. *Lippia citriodora*

Der Duft dieser Pflanze führt mich tief in meine Kindheitserinnerungen zurück. Allein das Zerreiben der Blätter lässt mich an die saure Zitronenlimonade meiner Großtante Anne denken. Gleich neben ihrer Türe zum Garten hinter dem Haus stand ein Zitronenstrauch, dessen Aroma man immer mitbrachte, wenn man vom Garten kommend das Haus betrat.

Beschreibung

Die Zitronenverbene ist nicht frosthart und braucht Schutz, wo die Temperaturen unter 4 °C fallen. Im Winter verliert das Kraut sein Laub und sieht wie tot aus, was es aber nicht ist, denn spät im kommenden Frühling treibt es wieder neue Blätter. Die sich im Sommer bildenden Ähren bestehen aus kleinen, weißen Einzelblüten, die violett angehaucht sind. Das blassgrüne, schmale Blatt duftet intensiv nach Zitrone.

Man sollte der Zitronenverbene einen sonnigen, geschützten Standort in durchlässigem Boden vor einer Wand geben. In kälteren Gegenden gehört die Pflanze in einen Topf mit abgemagerter Komposterde. Auch dieser Container gehört an einen sonnigen, luftigen Platz und sollte während der Sommersaison stets ausreichend gewässert werden. Vor dem Frost muss die Pflanze in ein unbeheiztes Gewächshaus umziehen oder in milden Gegenden mit Vlies oder Folie geschützt werden.

Als Küchenpflanze

Diese Pflanze hat wenig Geschichte in Europa, wohin sie im 18. Jahrhundert aus ihrer Heimat Südamerika kam. Zunächst nutzte man sie nur zur Aromatisierung von Fingerschalen auf Festbanketten.

Ernte und Verwendung

Blätter

Sie können während des ganzen Sommers gepflückt werden. Allerdings haben die jungen Blätter das beste Aroma und sehen frisch aus. Im Spätsommer verlieren sie Farbe und kräuseln sich. Sie werden zur Aromatisierung von Öl und Essig sowie Fruchtdesserts und Gelee verwendet. Auch verzaubern sie hausgemachte Kuchen. Dazu das eingefettete Backblech mit den Blättern auslegen, den Kuchenteig darüberschichten und backen.

Blüten

Die im Sommer erscheinenden Blüten haben ein intensiv zitroniges Aroma und machen sich gut über Frucht- und Blattsalate gestreut oder in Gelee gemischt.

Eigenschaften

Die Blätter enthalten Vitamin A, B und C, fördern die Verdauung, stillen Husten und wirken beruhigend. Ein Tee aus 3–5 Blättern kurz vor dem Schlafengehen unterstützt die Verdauung und sorgt als sanftes Beruhigungsmittel für einen guten Schlaf.

Weitere Arten

Ninarupa

Aloysia gratissima

Dieser nicht frostharte, laubabwerfende Strauch hat kleine, weiße oder blass violette, leicht nach Vanille duftende Blüten und länglich ovale, raue Blätter. Sie schmecken leicht nach Minze und sind daher ideal für Tee und zur Aromatisierung verschiedener Speisen geeignet.

CRÈME BRÛLÉE MIT ZITRONEN-VERBENE

Meine Mutter machte die beste Crème Brûlée. Mein Sohn Alistair hat die Passion für dieses Dessert geerbt und bewertet Restaurants und Köche stets danach, wie sie es zubereiten können. Nach diesem wunderbaren Rezept bekommt die Crème einen Hauch von Zitrone, was sie wirklich speziell macht.

Ergibt 4 Portionen
225 ml Milch
1 Handvoll Zitronenverbenenblätter, fein gehackt, plus einige ganze Blätter zum Garnieren
7 Eigelb
100 g feiner Streuzucker
60 ml Crème double
50 g Demerara-Zucker

Backofen auf 140 °C vorheizen. Milch zusammen mit den gehackten Zitronenverbenenblättern in einem kleinen Topf zum Siedepunkt bringen, von der Herdplatte nehmen und zur weiteren Aromatisierung abkühlen lassen.

Die Eigelbe in einer Rührschüssel mit dem Streuzucker verquirlen, bis die Masse dick und blass wird. Dann die abgekühlte Milch mit Crème double verquirlen und durch ein feinmaschiges Sieb passieren.

Die Mischung in 4 Auflaufförmchen geben und auf ein Backblech oder in eine Bratenform stellen. Wasser auffüllen, so dass die Förmchen bis zu drei Vierteln im Wasser stehen. 1 Stunde backen, abkühlen lassen und bis zum Servieren in den Kühlschrank stellen.

Vor dem Servieren den Demerara-Zucker darüberstreuen und mit einem Hand-Gasbrenner oder unter dem Backofengrill karamellisieren lassen. Mit den ganz gelassenen Blättern der Zitronenverbene dekorieren.

ZITRONEN-VERBENEN-SORBET

In diesem sommerlichen Dessert mag ich Zitronenverbene am liebsten.

Ergibt 4 Portionen
150 ml Wasser
150 g feiner Streuzucker
4 EL Blätter Zitronenverbenenblätter, fein gehackt, plus 8 ganze Blätter zum Garnieren

Die Blätter der Zitronenverbene in einem kleinen Topf mit Wasser zum Kochen bringen und 7 Minuten köcheln lassen, um das Wasser zu aromatisieren. Zucker dazugeben und 5 Minuten köcheln lassen, dabei ständig umrühren, damit sich der Zucker vollständig auflöst und nicht ansetzt. Von der Herdplatte nehmen, 30 Minuten abkühlen lassen, damit sich das Verbenenaroma entwickeln kann.

Wer möchte, kann dann die Flüssigkeit durch ein Sieb passieren. Ich hingegen mag die Blätter darin und fülle alles gleich in eine Gefrierbox, die ich in den Gefrierschrank stelle. Grundsätzlich braucht Sorbet 2 Stunden zum Setzen. Dabei sollte man das Eis alle 30 Minuten aufbrechen und umrühren, damit sich kein fester Eisblock bildet.

Wenn Sie das Sorbet nicht am gleichen Tag servieren, muss es abgedeckt werden. Dann hält es sich 1 Monat. Mit frischen Verbenenblättern garniert servieren.

HIMBEERCREME MIT ZITRONEN-VERBENE

Die Qualitäten dieses Spätsommer- oder Frühherbst-Nachtisches kann man mit Worten kaum beschreiben. Ich schätze mich glücklich, eine späte Himbeersorte im Garten zu haben, und so kann ich diese Köstlichkeit aus Himbeeren und Zitronenverbene noch lange genießen.

Ergibt 4 Portionen
10 Zitronenverbenenblätter, plus 4 fein gehackte zum Garnieren
2 EL Wodka
500 g Himbeeren
100 g feiner Streuzucker
150 ml Schlagsahne

Die Blätter der Zitronenverbene in einer kleinen Schüssel mit dem Wodka übergießen. Mit einem Holzlöffel die Blätter im Wodka zerstoßen und über Nacht ziehen lassen.

Am nächsten Tag die Himbeeren mit einer Gabel zerdrücken und den Streuzucker löffelweise darüberstreuen. Wodka auf die Himbeeren passieren. Sahne anschlagen, so dass sie noch nicht ganz steif ist, und mit der Himbeermasse vermengen.

In einzelnen Schälchen servieren, garniert mit jeweils einem fein gehackten Zitronenverbenenblatt.

PFLAUMEN-CLAFOUTIS MIT ZITRONEN-VERBENE

In jedem zweiten Jahr haben wir eine reichliche Pflaumenernte. Die Früchte sind genau dann reif, wenn auch Unmengen an Zitronenverbenenblättern da sind. So kombiniere ich die leicht herben Pflaumen mit dem Zitronenaroma der Verbene zu einer zauberhaften Eierspeise.

Ergibt 4–6 Portionen
Butter, zum Einfetten
500 g Pflaumen (z.B. `Königin Viktoria´), gewaschen, halbiert und entsteint
3 EL Zitronenverbenenblätter, fein gehackt
4 Eier
60 g feiner Streuzucker
50 g Mehl
300 ml Crème fraîche
3 El Weinbrand (wahlweise)
2 EL Puderzucker, zum Bestäuben

Backofen auf 180 °C vorheizen. Eine Auflaufform mit Butter einfetten, die Pflaumen mit der Schnittseite nach unten hineinlegen und mit den Zitronenverbenenblättern bestreuen.

In einer Rührschüssel die Eier verquirlen, den Zucker und dann langsam das Mehl einrühren. Crème fraîche und (falls gewünscht) Weinbrand dazugeben und gut vermengen. Diese Mischung über die Pflaumen gießen und 30–40 Minuten backen, bis die Oberfläche goldbraun und bei Berührung fest ist.

Aus dem Ofen nehmen und 5–10 Minuten stehen lassen. Mit Puderzucker servieren.

Überschüssige Zitronenverbene

Trocknen von Zitronenverbenenblättern

Tatsächlich ist dies die einzige Pflanze, die ich trockne, und zwar deshalb, weil sie im Winter ihre Blätter verliert und ich auch dann gerne eine Tasse Zitronenverbenentee trinke. Die beste Art, mich zu entspannen und gut zu schlafen.

An einem warmen, sonnigen Tag die gesündesten Blätter von der Zitronenverbene pflücken, denn diese haben die besten Eigenschaften. Dabei jegliche Verletzung vermeiden, da dies ihr Aroma beeinträchtigt. Beim Pflücken nicht zu gierig sein, kleinere Mengen lassen sich besser auf Qualität kontrollieren.

Beim Trocknen kommt es darauf an, aus den Blättern sämtliche Flüssigkeit verdunsten zu lassen, ohne dass die essentiellen Öle entweichen. Dazu breitet man die Blätter auf einem Musselintuch aus, legt dieses auf ein Holzgestell in einem warmen, dunklen, trockenen und gut gelüfteten Raum. Wenn Sie ein Gästezimmer haben, kann man sie dort bei zugezogenen Vorhängen wunderbar trocknen lassen. Oder man legt sie im Küchenschrank aus und lässt diesen einen Spaltbreit offen. In der ersten Woche muss man die Blätter mehrmals mit der Hand wenden. Nach etwa 5 Tagen sollten sie vollständig trocken sein – man erkennt das daran, dass sie sich sehr leicht zerbröseln lassen.

Am besten verwahrt man die Blätter in dunklen, mit Namen und Datum versehenen Gläsern mit Schraubverschluss auf. Man sollte in den ersten Tagen immer wieder nachsehen, ob sich unter dem Deckel Feuchtigkeit abgesetzt hat. In dem Fall müssen die Blätter erneut einige Tage zum Trocknen ausgelegt werden.

Im Durchschnitt halten getrocknete Blätter 1 Jahr. Ihr Aroma ist drei- bis viermal so intensiv wie das der frischen Blätter, so dass man sie in Speisen und Tees entsprechend sparsam verwenden sollte.

GLOSSAR

BOTANISCH

Alkalischer Boden

Ein Substrat mit einem pH-Wert zwischen 7 und 14.

Aromatische Pflanzen

Pflanzen mit einem hohen Anteil flüchtiger Öle.

Dolden

Schirmförmige Blüten, bei denen die einzelnen Blütenstiele an einem Punkt sitzen.

Einjährige Pflanzen

Pflanzen, die ihren Lebenszyklus in einem Jahr durchlaufen.

Empfindliche Pflanzen

Diese Pflanzen benötigen Schutz bei Temperaturen unter 5 °C.

Frostempfindliche Pflanzen

Pflanzen, die für Temperaturen unter –5 °C Winterschutz benötigen.

Immergrüne Pflanzen

Pflanzen, die während des ganzen Jahres Blätter tragen.

Krautige Pflanzen

Pflanzen, die zum Winter hin oberirdisch absterben und im Frühling wieder austreiben.

Laubabwerfende Pflanzen

Pflanzen, die in den kalten Monaten ihre Blätter abwerfen.

pH-Wert

Diese Zahl zeigt an, wie sauer oder alkalisch der Boden ist. Substrat mit einem pH-Wert von 7 ist neutral, zunehmend sauer wird es mit kleinerer Zahl, alkalischer mit größerer Zahl.

Rhizome

Unterirdische Sprossachsensysteme, die in Abschnitten zwischen zwei Knoten wachsen. Die Knoten sind Knospen gleichzusetzen. Die Minze ist ein typisches Rhizomgewächs.

Saurer Boden

Ein Substrat mit einem pH-Wert zwischen 1 und 7.

Stauden

Krautige Pflanzen, die mindestens drei Wuchsperioden durchmachen.

Winterharte Pflanzen

Pflanzen, die Temperaturen unter –20 °C überstehen.

Zweijährige Pflanzen

Pflanzen mit zweijährigem Lebenszyklus, die im ersten Jahr Blätter und im zweiten Blüten und Samen produzieren.

MEDIZINISCH

Anaphylaktische Reaktion

Potenziell lebensbedrohliche Überempfindlichkeitsreaktion des Immunsystems auf eine bestimmte Substanz.

Antibakteriell

Tötet Bakterien ab oder hemmt deren Vermehrung.

Antibiotisch

Tötet Mirkoorganismen wie Bakterien, Viren und Pilze ab oder hemmt deren Vermehrung.

Antioxidativ

Verhindert die Oxidation und die Zerstörung von Gewebe.

Keimtötend

Hemmt Mikroorganismen, Infektionen auszulösen.

REGISTER

DANK

Ich möchte so vielen Menschen danken, die bei der Entstehung dieses Buches geholfen haben. Meiner Familie – den verstorbenen Generationen und den lebenden –, besonders meinem Mann Mac, meinem Sohn Alistair und meiner Tochter Hannah für ihre Begeisterung und die wunderschönen Illustrationen. All meinen Freunden, die probiert und kommentiert haben oder die mir ihre Rezepte zur Verfügung stellten. Und großer Dank gebührt Jamie Oliver, der trotz aller Hektik die Zeit für ein schönes Vorwort fand – er ist immer eine Inspiration für mich.

Ich danke auch dem Team bei Ebury Press, besonders Imogen für ihr wachsames Auge, wenn mal der Zusammenhang fehlte; ebenso meinen MitarbeiterInnen in der Gärtnerei, auf die ich mich bei jedem Wetter verlassen kann. Ich danke Will für das schöne Buch und meiner Agentin Martine, die nie den Überblick verloren hat. Und schließlich ein großes Dankeschön an meinen Hund Hampton, der dafür sorgte, dass der Abfalleimer immer leer wurde.